刘红 主编

传统文化视角下的小学思政教育创新

CHUANTONG WENHUA SHIJIAO XIA DE XIAOXUE SIZHENG JIAOYU CHUANGXIN

天津社会科学院出版社

图书在版编目（CIP）数据

传统文化视角下的小学思政教育创新 / 刘红主编
. --天津：天津社会科学院出版社，2021.9
ISBN 978-7-5563-0760-9

Ⅰ.①传… Ⅱ.①刘… Ⅲ.①思想政治教育－教学研究－小学 Ⅳ.①G623.152

中国版本图书馆 CIP 数据核字（2021）第 177055 号

传统文化视角下的小学思政教育创新
CHUANTONG WENHUA SHIJIAO XIA DE XIAOXUE SIZHENG JIAOYU CHUANGXIN

出版发行：天津社会科学院出版社
地　　址：天津市南开区迎水道 7 号
邮　　编：300191
电话/传真：（022）23360165（总编室）
（022）23075303（发行科）
网　　址：www.tass-tj.org.cn
印　　刷：北京建宏印刷有限公司

开　　本：787×1092 毫米 1/16
印　　张：18.75
字　　数：270 千字
版　　次：2021 年 9 月第 1 版 2021 年 9 月第 1 次印刷
定　　价：68.00 元

编委会

前言

Qian Yan

思想政治教育是落实立德树人根本任务的关键。办好思想政治理论课，最根本的是要全面贯彻党的教育方针，解决好培养什么人、怎样培养人、为谁培养人这个根本问题。青少年是祖国的未来、民族的希望。把下一代教育好、培养好，要从学校抓起、从娃娃抓起。在大中小学循序渐进、螺旋上升地开设思想政治理论课非常必要，是培养一代又一代社会主义建设者和接班人的重要保障。办中国特色社会主义教育，要理直气壮开好思政课，用新时代中国特色社会主义思想铸魂育人，引导学生增强中国特色社会主义道路自信、理论自信、制度自信、文化自信，厚植爱国主义情怀，把爱国情、强国志、报国行自觉融入坚持和发展中国特色社会主义事业、建设社会主义现代化强国、实现中华民族伟大复兴的奋斗之中。思政教育作用不可替代，教师队伍责任重大。

多年来，为弘扬爱国主义精神，传承革命传统，天津市南开区宜宾里小学坚持以传承中华传统文化的系列活动为引领，开展思政教育，提高思政课水平。在师生中掀起的系列教育活动，不仅为师生鼓足了精气神，也成了学校思政教育一道靓丽的校园文化风景。

在开展思政教育活动过程中，学校着眼于引导学生走近历史、了解时代、热爱祖国，按照“突出经典主线、着眼启迪心灵、重在经典育人、贵在持之以恒”的总体思路，坚持“传播经典主流、丰富校园文化、培育学校精神、提升学生素养”的基本原则，面向全体师生，有序组织、强力推进，努力提升活动的参与度，增强了活动的思想性、广泛性和持续性。

为加强对学生开展思政教育的领导，学校成立了学生思政教育领导小组，把思政教育摆到立德树人的首要位置，列入学校重要议事日程，科学制定并组织实施思政教育活动计划，各相关部门积极参与、分工负责，建立起责任明确、领导有力、运转有序、保障到位的工作体系。党员干部教师率先把培养社会主义接班人作为一种人生追求、一种职业责任、一种生活时尚。榜样示范，精读细读，学思结合，学以致用，教师努力引导学生积极向上。学校还开设思政教育阅读区，布置校园环境，以宣传栏、黑板报、标语牌等宣传阵地，形式多样地营造浓厚的思政教育氛围。

多年来，学校开展了丰富多彩的以传承传统文化为主题的思政教育活动。组织培训歌曲领唱员、故事讲解员、诗文朗诵员、节目表演员等，确保唱、读、讲、诵活动经常化、长期化。学校创新思政教育活动形式，在重要纪念节日精心策划和组织举办参观、演讲、征文、文艺演出等生动多样的系列活动，引导学生读诗文、讲故事等。学校培育典型，按照“抓典型示范、促全员参与”的思路，选择培育示范班，以点带面，推动全校活动开展，形成班班会讲、班班会诵、班班会唱的格局。学校还建立健全评比激励和督促检查机制，把思政教育活动纳入学生年度宣传文化工作考核评比之中，发现典型及时推广，每年评比并表彰一批先进班级和先进个人。学生通过系列活动的教育，变得更加珍惜现在的学习生活，能够为祖国更美好的未来而奋发努力。

为了丰富学校思政教育宝库，搭建教育研究成果交流平台，本着倡导学习、经验互通、成果共享的目的，我们将学校的思政教育经验和成果汇总，编辑了《传统文化视角下的小学思攻教育创新》一书，展示了学校教师的研究成果、教育经验、教学论文等内容，并推动学校现代思政教育改革与实践向纵深推进。这本书是关于学校开展思政教育的力作，凝结了学校党员干部锐意创新及敢为人先之志；凝结了教师聪睿的才智和艰辛的劳动；凝结了学生孜孜以求和努力向上的精神。这本书是多年来学校坚持全面育人、合力育人及开展教育新探索的结晶。由于水平有限，其中不乏疏漏，请大家帮助指正。

最后，衷心希望天津市南开区宜宾里小学创新学生思政教育实践取得更加丰硕、更高水平的成果，祝愿全体学生健康成长！

天津市南开区宜宾里小学校长　刘　红

2021 年 6 月

目 录

Mu Lu

总 论

传承中华传统文化 开展思政教育

刘 红

随着社会的多元化发展，传统文化教育面临多方面的冲击。当今的小学生，与伟大的革命精神产生了距离，新时期，我们应该把传统文化教育与践行社会主义核心价值观有机地结合起来，更好地挖掘、发挥社会主义核心价值观的教育作用，在课程的建设过程中将它上升到民族文化教育的高度，以更好地发挥红色基因的教育作用，带领、引导我校师生践行社会主义核心价值观。

一、传统文化教育是历史赋予我们的责任

（一）党培养人的要求

新时代倡导富强、民主、文明、和谐、自由、平等、公正、法治、爱国、敬业、诚信、友善，倡导积极培育和践行社会主义核心价值观，并把培育和践行社会主义核心价值观纳入国民教育全过程。践行社会主义核心价值观，是全面贯彻党的教育方针、培养全面发展的社会主义建设者和接班人的首要任务。

（二）传承历史的责任

中华民族有着不屈不挠的奋斗史、民族史。在中国共产党的正确领导下，涌现出许多革命领袖和革命英雄，他们坚定的理想信念，可歌可泣的人生历程，对当今的青少年有很大的启迪作用，是对青少年进行人生观、价值观教育最生动的教材。可以说，这些内容在相当长的时期内，深深地打动并震撼了人们的心灵，激励着几代中国人的成长与奋进，发挥了不可忽视的教育功能。

(三)提升德育工作,加强队伍建设

学校将传统文化教育作为德育工作的有力抓手,探寻一种师生民主、氛围宽松、能激发学生学习兴趣和积极性的德育方式;积累经典教育经验和教学案例,提高教师的业务素养和德育科研能力水平,为学校培养学科骨干和学科带头人,提高学校德育水平。

(四)培养学生的"三观"

学校不断提高学生对历史的认识,促进学生思想品德、健全人格的发展,培养阳光文雅学子。在践行社会主义核心价值观过程中,学校通过课堂讲授、活动实施、实践管理等,充分挖掘和利用经典课程,使它在践行社会主义核心价值观过程中真正落实德育,为学生终身发展奠定坚实的基础,为学校文化的传承注入新的活力。

二、传统文化教育的目标

为了发扬精神的指引作用,培育学生的坚毅品格,一直以来,学校以传统文化经典教育特色作为学校特色发展的品牌。传统文化教育,旨在通过经典作品,对当今的青少年进行潜移默化的思想陶冶,帮助学生树立正确的人生观、世界观、价值观,使学生在多元社会文化的冲击下,保持正确的立场与态度,不忘却历史,不随波逐流。传统文化教育是学校近几年来努力打造的学校品牌,现已取得阶段性的成果。学校现已完成校本教材的编写和出版,开展并实施了经典校本课程,并以传统文化为主题优化了校园育人环境。如何将传统文化教育课程与践行社会主义核心价值观相结合,将传统文化教育从单一的活动向纵深发展,丰富学校文化的内涵,成为需要思考的问题。

三、传统文化教育的研究

我们把整个传统文化教育的研究总体分为了准备阶段、实施阶段、推进阶段和总结阶段。

第一阶段:准备阶段。学校成立课题组,确定课题研究方向,做好立项申报工作。学校组织课题组成员学习与本课题相关的教育理论，搜集相关文献资料。课题组成员召开研讨会，拟定具备可行性且相对完善的研究方案。反复论证后申报立项。在发展学校特色的基础上，课题组通过查阅文献资料，深入了解分析具体情况，拟定和完善实验方案，进行反复论证和修正，使其完善和合理，更具操作性。各种条件具备、资源充足，我们的研究课题向天津市教育学会"十三五"课题组申报并被批准立项。

第二阶段：实施阶段。课题组成员积极配合拟定研究方案。召开开题会，组织实验教师学习相关理论，要求教师教学时明确课题的意义与目标，尊重学生自身已有认知，开发经典教育素材，编辑校本教材。学校注重对经典教育内容的深层挖掘和利用，结合社会主义核心价值观教育进一步深入相关研究，组建研究团队，借助专家指导，并以课程为引领，实施德育课程的校本化，新编了相关教材。新教材突出了榜样英雄教育、革命理想教育、传统教育、爱国主义教育、家国情怀教育等，为更好践行社会主义核心价值观提供宝贵的精神食粮。

首先，教材内容丰富多样，扩展了学生视野。教材让学生清楚了解历史和光荣传统，热爱祖国，热爱人民，自觉践行社会主义核心价值观，能够为实现中华民族伟大复兴而不懈奋斗。

其次，根据学生的年龄特点和认知规律，教材内容由浅入深，循序渐进，一年级到六年级，每个年级一册教材，针对性、实效性较强，学生更加易于接受。

再次，人物的内涵更加丰富，英雄人物的故事、家书等，能够反映人物的高尚情操、思想道德精神内涵，展现时代旋律和主题基调，引领学生树立正确的人生观、价值观、世界观。

最后，教材的编写注重本土特点，特别加入天津地方特色的内容（共分为十个项目），突出了经典教育的全面性，增强了实践性。

为了开展好思政教育，我们做好"四保障"：一是组织机构保障。学校建立以校长为组长的建设项目活动领导小组，由德育处、少先队具体负责经典教育活动的实施，从上至下，层层管理，责任到位，分工合作。二是管理制度保障。建立相应的活动细则，保证活动时间，使活动的实施和管理走向规范化。三是评价机制保障。建立活动档案管理，表彰奖励先进，展示师生、家长的优秀成果。四是资金投入保障。学校加大资金投入，保障红色经典教育活动所需资金的开支。老师们利用校本教材上好校本德育课程。学校做到“四有”“两固定”，“四有”即有教材、有教研、有教案、有考核；“两固定”即固定人员、固定时间。学生们通过学习，达到知、情、意、行相统一的教育效果。课题组成员及时总结交流实践经验，把已经取得的成果进行分析、整理、撰写论文，并召开中期汇报会。

第三阶段：推进阶段。深化经典教育，扎实推进社会主义核心价值观教育。将经典教育与开展“以周恩来为人生楷模”的主题教育活动结合起来。学校认真制定了“以周恩来为人生楷模”主题教育实施方案，做到“四结合”：

一是结合“学习周恩来 实现中国梦”主题教育活动。通过课堂主渠道、学校广播大力宣传周恩来事迹，召开“学楷模周恩来，做有志少年”观摩班会，各班制作“学习周恩来 实现中国梦”班级集锦册、图文并茂的板报，并开展读书、观影活动；召开“学习周恩来 实现中国梦”演讲比赛。通过系列教育活动的开展，学周恩来事迹、讲周恩来故事、观周恩来影片，树学子形象，为创建周恩来班打下坚实基础。

二是结合班集体建设。学校以五星班集体争创活动为载体，认真落实《小学生守则》《小学生日常行为规范》，“五尊”“五不”“五远离”及“新五不”要求，积极践行社会主义核心价值观，师生与家长共同熟记社会主义核心价值观的基本内容，开学初，各班签订了社会主义核心价值观的承诺书，图文并茂地完成了以此为主题的一期板报设计，每位同学都能熟练背诵社会主义核心价值观内容，同学们在家长的指导下制作了精美的手抄报，通过上述活动内容，我们将践行社会主义核心价值观基本内容落实在学生一日生活当中，从而培育学生“爱国”“民主”“敬业”的核心价值观,鼓励学生“为中华之崛起而读书”。

三是结合社会教育资源拓展社会课堂。为了给学生搭建了解社会、参与社会的舞台,加大实践课堂的体验,我们充分挖掘社会资源,在平津战役纪念馆、周邓纪念馆建立校外爱国主义教育基地,让学生在实践中感受民族精神的丰富内涵,受到潜移默化的熏陶。社会教育资源的挖掘,进一步形成教育“三位一体”的良好局面。学生从中能够体会祖国“富强”的成果、感受社会“文明”的进步、分享人与人之间“诚信”的快乐,从小培养公民意识和劳动观念,进而增强社会责任感。

四是结合学校经典教育,让经典伴学生健康成长。学校以丰富多彩的教育活动为依托,大力开展“诵、读、传、唱”活动。学校以举办校园艺术节的方式展示同学们学习与实践的成果,举办主题歌曲演唱赛、主题诗文朗诵赛、主题征文评选及图画评选,等等。一系列教育活动的开展,进一步彰显了经典教育的内涵及其巨大的教育意义,让经典深入学生内心,辐射校园的每一个角落。

第四阶段:总结阶段。学校主要做的工作有:整理资料,迎接专家组现场评估验收。即收集、整理、完善各种实验资料,总结经验,撰写课题研究报告和工作报告,完成研究。

四、学校开展传统文化教育的创新点

(一)设计经典课程

学校立足自身优势,丰富课程资源,促进教师学生与学校共同发展。学生在参与、感受、体验中树立社会主义核心价值观,为实现“中国梦”而勤奋学习。教师水平整体提高,专业能力得到有效发挥,践行社会主义核心价值观的教育理念深深植入教师心中。学校积淀丰富课程资源,形成鲜明的校园文化风格,在特色性基础课程建设中探索路径方法,最终,培养一批又一批的“阳光、文雅的学子”。经典课程将以“经典浸润人生”为目标,以人的发展为核心,积极组织和引导全校师生开发资源、亲近文化,扎实有效地进行经典教育特色课程的实践研究，使学生了解和感受民族精神的丰富内涵，受到潜移默化的熏陶、感染和教育。在课程中，渗透、学习、践行社会主义核心价值观内容，使学生以立志做一名“阳光、文雅的学子”为目标。在经典教育中广泛传播中华民族伟大精神，牢固树立社会主义核心价值观，营造良好的教育氛围，增强学生的道德规范意识和高尚的道德情操，培养学生艰苦奋斗、奋力拼搏的精神和历史使命感、责任感，真正让学生受益、进步、成长、成材。

（二）编辑家风教材

为了加大经典教育课程的广度与深度，学校广泛搜集家教、家规素材，在汲取中华优秀传统家风精华的基础上，分析并归纳家风的精神内质和价值取向，编辑了家风教材。全书共分七个篇章，包括爱国之情、家国情怀、奋发向上、勤奋努力、勤俭朴素、诚实正气、和善有礼等内容，学生能够有侧重地理解家风的内涵。教材采取理论与实践相结合的方式，通过具有代表性的家风故事循序渐进地诠释英雄人物的人格力量，并形成一个完整的家风教学体系。通过亲子共学，学生和家长可以从中得到启发和借鉴。

学校立足校情，开展对经典课程在践行社会主义核心价值观中的实践研究，积极运用教育规律、学生认知规律、人的发展和成长规律，实行多元结合，传播先进的社会主义核心价值观文化，塑造高尚的灵魂。

（三）拓宽实践基地

学校以德育为抓手，拓展校外德育实践基地，认真组织开展各种主题教育活动，精心开辟第二课堂，大力开展经典进课堂活动，创新星级管理，持久地进行养成教育。学校“周周有活动、月月有比赛”，充分发挥兴趣小组、社团活动、校园广播站等渠道的作用，以经典教育为抓手，丰富学生课余生活，全面培养学生良好的劳动习惯、礼仪习惯、生活习惯，有效地锻炼和培养学生的综合实践能力，牢固树立社会主义核心价值观，营造良好的教育氛围，增强学生的道德规范意识和高尚的道德情操，培养学生艰苦奋斗、奋力拼搏的精神和历史使命感、责任感。

第一章

行为世范

——打好学校思政教育的基础

发挥党员教师先锋作用　带头开展学生思政教育

■刘　红

《中国共产党党章》指出，“中国共产党党员是中国工人阶级的有共产主义觉悟的先锋战士”，中国共产党员要在“生产、工作、学习和社会生活中起先锋模范作用”。党提出了建设学习型、服务型、创新型马克思主义执政党的目标任务，进一步回答了在新的历史条件下建设一个什么样的党、怎样建设党这个重大问题，为党的建设指明了方向。每一个党员都是中国共产党的肌体细胞，是执行党的路线、实践党的任务的基本力量。教师是太阳底下最光辉的职业，是人类灵魂的工程师，党员教师发挥先锋模范作用，既是共产党员先进性的集中体现，又是教师这一崇高、神圣的职业的要求。在新时期，每个党员教师都应该充分认识发挥先锋模范作用的重要意义，以强烈的责任感、使命感，保持共产党员的先进本色，坚持人民教师诲人不倦的育人精神，才能真正当好一名党员教师，成为党员中的优秀者、教师中的佼佼者，自觉地把党和国家、人民群众对教育的要求自觉落实到行动上。党员教师要以习近平新时代中国特色社会主义理论精神武装头脑、指导实践、推动工作，将学生思政教育任务要求落实到教育教学工作实践中，把学习的理念、服务的理念、创新的理念贯穿教育教学全过程，不断提高教育教学的科学化水平。

党员教师要不断学习，顺应人类社会的潮流发展要求，及时转变观念，要从“教书匠”转变成为“学习型”“研究型”“专家型”的教师，要从“教师”转变成为“教育家”，从“教育家”转变成为“教育艺术家”，要把教师工作由“教书”转变成为"育人",要使学生"学会知识"转变为使学生"会学知识",要使学生"接受"转变为使学生"创造",真正落实"以人为本"的教育。奋斗在教育战线上的党员教师,在教育教学工作中,如何通过自己的党员先锋模范作用体现中国共产党的先进性,这是每一名党员教师必须深刻思考的问题,也是这一伟大时代赋予每一名党员教师的崭新课题。

一、坚定信念,提高政治素质

用党的理论武装自己的头脑绝不是一句可有可无的空话,而是党的领导和推进社会主义现代化实践得出的结论,是把我们的事业全面推向 21 世纪的需要。通过学习党的理论,解答面临的各种问题,树立正确的世界观、人生观和价值观,才能为我们党员教师保持良好的精神状态提供永恒的动力和不竭的源泉。

党员教师要不断加强对马克思列宁主义、毛泽东思想、邓小平理论的学习,以科学发展观等先进的思想武装头脑,积极主动地加强党性修养。自觉地以马克思列宁主义的立场、观点、方法认知世界和人类社会的发展规律,以共产主义信念不断改造主观世界,以此为指导,建立正确的世界观、人生观和价值观。每一名党员的语言、行动都是在正确的世界观、人生观和价值观的作用下发生的,因此,只有树立坚定共产主义理想信念,不断地改造主观世界,才能实现共产主义普遍真理与党员个体个性的结合,否则,共产党员的先进性和共产党员的先锋作用会大打折扣。

一名合格的党员教师想要保持先进性,就必须时刻注意学习,全面提高自身素质。只有不断学习,不断提高,才能紧跟时代步伐;只有做到与时俱进,才能适应教学改革和发展的需要,才能时刻保持共产党员的先进性。党员教师作为知识群体中的先进分子,应当通过理论学习,不断提高政治理论素质,加强思想道德修养,提高政治理论素质。

二、爱岗敬业,坚持修德修身

百年大计,教育为本。教育以人为本,以德育为先。教师的世界观、人生观、价值观对学生人生道路的选择和科学文化素质的提高，起着十分重要的导向作用。如果教师没有正确的世界观、人生观、价值观，是无法承担起教书育人的使命的。所以每一名党员教师都应该要有坚定的共产主义信仰、远大的共产主义理想以及为共产主义事业奋斗终身的信念，坚决捍卫和执行党的路线、方针、政策，在组织上、思想上、行为上与党中央保持高度一致，成为科学发展观的学习者、宣传者、实践者，真正做到"理想常在，党性常驻，宗旨不变，本色不褪"。

教育是一门艺术，是艺术就需要激情；教育是一类科学，是科学就需要智慧；教育是一项工程，是工程就需要严谨；教育是一种公益，是公益就需要爱心。教师所从事的是教育人、塑造人、升华人的事业，教师的世界观、人生观和价值观，甚至一言一行，都会对学生产生潜移默化的影响。教师给予学生的教育和影响并不会因学生的毕业而终止，而会在他们的工作和生活中继续产生着巨大的影响，甚至会伴随他们的一生，乃至影响其下一代和社会的其他人。换言之，教师这一职业是在成就人，所以教师不仅应该具有高深扎实的专业知识，而且还应具备良好的道德修养。而党员教师对自己要有更严格的要求，为一般教师做出榜样，率先垂范。一方面，党员教师必须热爱本职工作，忠于人民的教育事业，关心学生、爱护学生，对教育事业具有无私的奉献精神；另一方面，党员教师要时刻注意自己的形象，以身作则，为人师表，真正起到"学高为师，德高为范"的作用，以正确的思想来引导学生，用高尚的德行来感化学生，用大方的仪表来影响学生。

三、努力工作，争取创造佳绩

提高专业技能最重要的途径，就是不断加强学习。当今时代是知识经济的时代，知识的更新速度越来越快，每个人都会面临"落伍"的危险。在未来社会中，无论从事哪种职业，都将存在终身学习的需要，作为共产党员，不求新知，就会缺乏做好本职工作的专业知识和本领，就无法适应新形势、新任务的要求，就无法提高为人民服务的本领，无法体现共产党员的先锋作用。

党员教师仅仅有发挥先锋模范作用的热情是不够的，还必须能够创造出一流的工作业绩。共产党员努力工作,出色地完成工作任务,不仅是切实履行岗位职责的需要,也是保持先进性、发挥先锋模范作用的必备条件。党员教师的先锋作用发挥得怎么样,先进性体现得如何,最经常、最大量、最直接地反映在本职工作上,工作业绩是评价先进性唯一的指标。通过不断学习,笔者深深地认识到:待人以德、爱生以情、敬业以精,真爱自己的职业,真爱每一位学生,在教育这块神圣的苗圃里,要用自己的实际行动实践入党誓言——为党的教育事业奋斗终身!选择教师职业,就如蜡烛一样,燃烧自己,照亮别人。要做到这一点,应该遵守职业道德,遵守法纪、爱岗敬业,努力钻研业务、积极进取、教书育人、为人师表,工作兢兢业业,积极、主动承担教学和多项科研工作,不断提高学术水平和自身素质,保质、保量、按时完成承担的各项工作任务。只有做好本职工作,力争取得优异的成绩,才能更好地发挥党员的先锋模范作用。

党员教师应立足本职岗位,埋头苦干,把崇高理想与祖国需要和时代要求结合起来,把坚持为人民服务的宗旨与时代精神结合起来,把敢为人先的魄力和追求卓越的精神结合起来,走在教育改革、课程改革的最前沿,走在优秀教师的最前列。

四、终身学习,不断强化技能

党员教师不仅要成为“学习型”“研究型”“专家型”教育工作者,而且要具备一定的教科研能力。以科研促教研,是教育改革和提高教师教学质量的关键。党员教师仅仅提高学术水平是远远不够的,还必须具有较高的科研能力。因为提高教学水平离不开教科研;探索素质教育的教学方法离不开教科研;培养新世纪和高科技时代需要的人才离不开教科研;保障学生潜力的持续发展,教师素质的持续提高,管理机制的持续优化,教育质量的持续增长离不开教科研;实现充满生命活力的学校办学目标离不开教科研;总结教育教学经验、开展教育实验、探索教育规律、推动学校发展离不开教科研;培养学生的科研意识离不开教科研;自身教育教学的追求和发展同样离不开教科研。因此,党员教师必须努力提高业务水平和教研能力，成为科研队伍里排头兵和领头羊。

只有这样，党员教师才能带动一般教师参与教育教学科研实践，才能完成好祖国和社会赋予教师的光荣而崇高的使命，才能更好地体现出共产党员的先锋作用。所以，党员教师更应该站在终身学习的高度，力求把握机会，拓展未知领域，增加知识的广度和深度，完善知识体系结构，以适应新技术革命引发的新挑战。

三、团结协作，正视个人荣誉

团结协作是教师职业道德的又一个方面，是教师对待其所属的劳动集体的基本态度。教师的劳动是一种群体性和个体性相结合的劳动，学生的成长主要是教师集体劳动的结果。因此，教师不仅要正确处理好与学生之间的关系，还要正确处理与教师集体之间的关系。只有团结一致的教师集体，才能保证教育的一致性和完整性，才能使教育工作有效地进行，才能使教师集体给学生集体以良好的道德影响。团结协作就要求教师要发扬集体主义精神，用集体主义原则来调节教师个人与集体、个人与其他教师的关系；团结协作还要求教师相互尊重、密切配合，要善于肯定同事取得的成绩，虚心向优秀教师学习等。教师要学会合作与分享，党员同志更要成为团结协作的典范。

吃苦在前，享乐在后，这是中国共产党一贯的优良传统，是每一个共产党员的本色。党员教师在不仅要做好本职工作，还要做到有报酬的工作认真做，没报酬的工作也要乐于做认真做，自己的工作精心做，临时工作争着做，面对利益和个人荣誉，我们要讲风格、讲奉献，树立正确的荣誉观。

在教育战线上，我们每位共产党员都要站在维护党的先进性的高度，着力塑造自己的先进形象。只有这样，才能充分发挥中国共产党员的先锋模范作用，才能不断提高全党的威望，永葆党的青春活力。平凡之中孕育着崇高，涓涓细流汇成江海，作为一名党员教师，一言一行不仅影响着一般群众，更影响着未来的祖国建设者和接班人。所以党员教师更应以科学发展观的理念来严格要求自己，自觉加强党性磨炼，树立与时俱进的时代精神，执着追求，开拓创新。

培养青年党员教师　提升学校教师队伍水平

刘　红

面对青年党员教师在学校党员教师队伍中的比例日益增大并逐渐成为主体的情况，在教育教学实践中，我们要通过党建工作发挥青年党员教师的先锋模范作用，以实现教师队伍水平的提高和学校不断地发展。

作为新生力量，青年党员教师正日益加入党员教师队伍，并且逐渐成为主流。学校发展的历程中，有过辉煌的昨天，这些成绩的取得是学校一大批师德高尚、专业精湛、经验丰富的优秀教师克难奋进、兢兢业业、共同努力的结果。回忆过去喜人的成绩，审视目前严峻的形势。我们应该怎样继续发扬光大学校的办学传统，促进学校持续稳定地发展？面临社会对教育需求日益增长的压力，怎样让奋进的南开区宜宾里小学在竞争中立于不败之地？答案只有一个：我们必须建设一支高水平的一流的教师队伍。对这批新生的教育力量要加以科学有效的管理与培养，因为其直接影响学校的未来发展。尽管，这批青年党员教师都是大学本科毕业，然而，这一批改革开放后出生的而且基本是独生子女的新教师，他们能否担当起推动学校未来发展的重任？成长时代背景的不同，使得“80后”“90后”教师与现今的老党员教师形成明显的对比，他们在职业理想、日常工作方式等方面存在不同。学校有责任积极有效地引导他们，使他们适应教育规律，促进他们的成长，让青年党员教师迅速成长为一支强大的力量，与全体教师一起形成学校发展的坚强脊梁。

一、强师德，提高青年党员教师的政治素养

只有用党的理论武装自己的头脑，才能为我们青年党员教师保持良好的精神状态提供永恒的动力和不竭的源泉。首先，学校党支部经常组织党课，召开党员民主生活会、青年党员教师座谈会，帮助青年党员教师运用马克思列宁主义的立场、观点、方法分析和认清当前形势，了解现实的复杂性及社会主义现代化建设的艰巨性，增强历史责任感和时代紧迫感，加强对党的政策的理解，树立正确的世界观、人生观和价值观。其次，加强青年党员教师职业道德教育，树立良好的师德风范。为使青年党员教师具备良好的师德师风，使他们有强烈的事业心，崇高的使命感、责任感，把远大的教育理想投入具体工作实践中。要时刻注意自己的言行，以身作则，为人师表，真正起到“学高为师，德高为范”作用，以正确的思想来引导学生，用高尚的师德来影响学生。

二、建制度，创造青年党员教师成长的良好环境

没有规矩，不成方圆。在青年党员教师成长中，必须用制度去指导和监督青年党员教师的成长，为青年党员教师成长创造良好环境。首先，建立青年党员教师成长目标制度。每位青年党员教师根据自己学科和年级的不同特点，从教育教学、科研、学历学习等方面为自己制定自我成长的三年长期发展目标和一学期短期目标，让自己的成长有目标，有规划，有方向。根据其制定的成长目标，学校每学年对青年党员教师的成长进行公开、公平、客观的评价和考核，督促其实现目标。其次，建立青年党员教师的校本培训制度。坚持在每学期开学初对全体青年党员教师进行为期两个半天的校本培训，由校长、主任、工会主席从自己分管的部门的工作特点及工作要求，对青年党员教师进行有针对性的讲课。让大家对学校的每一项工作了解清楚，明白做法。第三，建立每月的青年党员教师座谈会制度。每月学校与青年党员教师进行面对面的交流，听其倾诉，赞其优点，特别是对他们工作中遇到的挫折和困惑给予帮助，指导具体做法，帮助他们处理好日常琐事，让他们感受到在交谈中学习，在交谈中得到关

注，在困难面前不觉得孤单，进而更加信心百倍地工作。

三、师带徒，让青年党员教师在成长中有榜样

青年党员教师刚从学校毕业，不管是生活阅历、工作经验还是教学业务水平都有很大提升的空间，“师带徒”这种传统的帮教形式，能够帮助青年党员教师尽快成长。学校为每一位青年党员教师在校内安排师傅，启动了“拜师工程”，为所有青年党员教师确定了师德高尚、教学水平高的教师作为导师，举行“拜师仪式”，“师徒”双方签订协议书，双方要严格按拜师协议书的要求，认真履行职责。在日常备课、听课、评课三个环节，青年党员教师以师傅为榜样，使师带徒达到良好的效果。上课前，师徒一起备课，针对所关注的教学问题，师傅帮助青年教师形成可实现的教学行为；上课中，师傅听徒弟课，观察教学过程，并将教学过程尤其是重要环节做好详细的记录；下课后，青年教师对师傅在教学观察中所得到的原始资料以及提出的建议和意见做好归纳与整理，进行分析，提炼经验，寻找不足，制定有效的改进措施，并在后面的课堂上逐一纠正。学校拥有南开区特级教师，运用这一强有力的榜样的辐射作用，让区级特级教师成为青年党员教师人生和事业的领路人，帮助他们尽快实现从学生到教师的角色转变，尽快熟悉教育教学规范，成为合格教师。

四、施压力，加快青年党员教师业务水平的提升

青年党员教师在成长的过程中，学校要不断为青年党员教师们的成长提供各种活动和表现能力的机会。学校在班主任和教学任务的安排上，克服论资排辈的思想，大胆启用青年党员教师，做到“在使用中培养，在培养中使用”。首先，学校让青年党员教师担任班主任工作。班主任工作是一线最辛苦也是最能锻炼人的岗位，从某种意义上可以说，没有当过班主任就不算做过教师。因此，学校中每一位青年党员教师都有班主任工作的经历。现在学校三分之一班主任由青年党员教师担任，这使得学校的班主任队伍充满青春与朝气。其次，承担展示课。青年党员教师除了必须积极主动参与学校或教研组安排的公开课、教研活动课以外，还需要不定期地邀请同学科或相关学科老师以及在教学方面很有经验的老师来听自己的课，充分展现自己的教学设计、教学艺术、教学方法、教学手段，通过老师们一次又一次的指导、点拨，让自己能够尽快成长。再次，把关毕业班。近年来，学校每一届毕业班的岗位上，大多为青年党员教师，由他们担任语文、数学和外语主科的教学工作。第四，除了教育教学工作以外，学校为每一位青年党员教师都安排兼岗工作，如兴趣小组辅导工作以及兼任学校的一些事务性工作。尽管工作量大，但青年党员教师有了更多的锻炼机会，业务水平在实干中得到提升。

五、搭展台，为青年党员教师积极主动工作树立信心

学校采取多种形式，创造机会，提供舞台，让青年党员教师施展和发展自己的聪明才智。学校定期举办青年党员教师优质课比赛、说课竞赛、范读课文比赛等专业知识的比赛活动，鼓励青年党员教师积极参加各种教研学习活动和各种竞赛活动，选派青年党员教师参加各种培训，帮助青年党员教师参与课题研究，支持青年党员教师攻读硕士，提高学历层次。学校让青年党员教师更多地接受新的教育理念和教学方法，转变青年党员教师的教育观念，提高青年党员教师的创新意识和创新能力。让青年党员教师展示自己的才能，保持青年党员教师的激情，激发他们干好工作的热情，建立良好的友情，克服自卑心理，坚定干好工作的信心，使他们的精神抖擞起来，工作热情高起来、教学方法活起来、潜能迸发出来。当他们看到自己工作的成绩和进步时，收获的是勇于攀登的信心和干劲。

总之，青年党员教师是学校的未来与希望。我们认为，帮助青年党员教师在较短时间尽快地融入学校，尽快地成为学校教育、教学和科研的骨干力量，是学校教师队伍建设中的一项具有战略意义的课题，是学校长远利益和全体教师共同利益之所在，是学校实现可持续发展的重要保证。学校不断探索青年党员教师培养的模式和方法，精心打造青年党员教师成才之路，多途径帮助青年党员教师迅速成长。

弘扬民族精神和时代精神　引领教师发展

李虹燕

大力弘扬民族精神和时代精神，对于坚持和发展中国特色社会主义，实现中华民族伟大复兴，具有重要意义。只有把握时代脉搏，才能以世界眼光和宽阔胸怀弘扬民族精神；只有振奋民族精神，才能把握时代脉搏，紧跟时代潮流。在新的时代条件下，必须大力弘扬民族精神和时代精神，激发全民族昂扬向上的精神动力。作为教育系统的党员干部教师，我们肩负着教书育人的重任，更应率先垂范，带头弘扬民族精神和时代精神，以身作则，言传身教，为夺取全面建设小康社会新胜利，推进中国特色社会主义事业发展，实现中华民族伟大复兴培养合格的建设者和接班人。

民族精神是一个民族赖以生存和不断发展的精神支柱。民族要有精神支柱，个人要有精神支柱，教师队伍也要有精神支柱。教师队伍建设就是要建设好以爱国主义为核心的民族精神支柱。在基层工作的教师，工作繁杂、琐碎，条件比较艰苦，但他们依然安贫乐道，忍辱负重，埋头苦干，无私奉献，支撑起民族教育、国家未来发展的伟大事业。与此同时，也形成了尊师重教、全社会关心支持教育的风尚，带动了全社会精神文明的建设。

民族精神凝聚的是民族的文化力量。一个民族的文化模式是在历史长河中逐步形成的，会对这个民族的思维方式、行为模式、价值观念和情感取向产生强大的作用，长期的文化积淀就会升华为民族精神。民族的凝聚力就是由于文化认同而产生民族归属感。民族文化及其凝聚的民族精神，是维系民族生存和发展的思想黏合剂，是能够长久、持续起作用的精神力量。

中国共产党是中国人民和中华民族的先锋队，代表着中国先进文化的前进方向。教育担负着弘扬和传承民族文化的重任，教育系统的广大党员教师要在日常的教育教学工作中提高自觉性，增强责任感，弘扬民族精神，加强爱国主义教育。

一个民族、一个国家如果没有自己的精神支柱，就等于没有灵魂，就会失去凝聚力和生命力。中华民族有丰富的文化遗产，有几千年的文明史，有历经磨难、经久不衰的民族精神。我们要立足本岗，教书育人，充分利用课堂教学的主阵地，弘扬民族精神，激发学生的民族自豪感和奋发图强、昂扬向上的精神，推动民族复兴伟业，为祖国的明天培育良才。

在大力弘扬民族精神时，要注意继承两个传统。一个是民族的传统，即中华民族在长期生存和发展实践中形成的以爱国主义为核心的团结统一、爱好和平、勤劳勇敢、自强不息的民族精神。另一个是革命传统，就是中国共产党领导人民在革命、建设、改革开放中形成和铸就的新传统。这两个传统都是民族精神最现实、最生动的内容，都是中华民族的宝贵精神财富，需要我们倍加珍爱，不断发扬光大。

社会主义核心价值体系要求民族精神一定要和时代精神紧密结合在一起。民族精神属于一个民族，而时代精神属于一个时代。时代精神是在理论上把握世界潮流，把握人类历史发展方向的进步观念，是一种与时俱进、把握时代脉搏的精神状态。我们要不断以时代精神来强化和提高我们的现实性和时代性。脱离时代的民族精神是没有活力的，也是没有时代基础和价值的。民族精神应当是永远流淌的时代活水，我们不仅要从本民族的优秀传统文化中汲取营养，而且要从自己所处的时代中吸收时代精神的精华。

我们的时代是科学技术革命的时代，网络化、信息化成为推动经济社会发展的强大动力，科学技术创新成为世界的潮流。创新是民族进步的灵魂，是国家兴旺发达的不竭动力，是实现民族复兴的必经之路。我们不仅要在科学技术方面，而且要在体制机制方面，在社会科学理论研究方面大力创新。创新意识是时代在高速发展思想理论观念上的凝结。中国是世界仅存的文明古国，我们有悠久的历史和灿烂的文化。改革开放以来，我们走科教兴国之路，奋起直追，加快发展。我们的神舟飞船等无不闪耀着创新的智慧和光芒。

随着对外开放的扩大，教育交流也日趋广泛。随着中国文化的传播，中国在世界中的重要性和影响力在不断提高。我们应抓住机遇乘势而上，把中华民族的优秀文化瑰宝奉献给全世界，为世界的和平与发展做出新的贡献。

中华民族伟大复兴既取决于弘扬民族精神，还取决于我们在新的时代条件下以时代精神丰富民族精神。只有将时代精神与民族精神相结合，才能最大限度地激发民族复兴的精神力量。充分发挥民族精神和时代精神的凝聚力，就是要建设以民族精神和时代精神为主要内容的社会主义核心价值体系。我们每一位教师要时刻牢记党的嘱托，肩负起历史赋予我们的使命，充分认识社会主义核心价值观的重大意义，做社会主义核心价值观的忠诚践行者。

落实立德树人 探索教育创新

杨 莹

教育的根本任务是立德树人。所谓立德，便是德育，在教育中通过教师的引领与指导，帮助学生树立科学的思想和正确的道德观；树人，就是全面贯彻以人为本的思想，通过一定的科学的教育来培育全面发展的、德行兼备的人才。

中小学阶段的学生在经历了一定的教育和成长后，逐渐形成了一定的世界观、人生观和价值观，但这一阶段的学生正处于成长期，各个方面都在不断地发展变化。我们作为教师，除了要做到规范学生的日常言行，更应关注学生的成长状态和不断变化着的心理状态，出现问题时要及时给予学生关怀和疏导。当然，课堂上的教育必不可少。教师应精心研读教材，优化课堂教学设计，在教育教学中全面贯彻落实立德树人的根本教育任务。

一、教师规范自身言行，做好人格示范

“学高为师，身正为范”是陶行知先生的名言，教师在注重提升专业素养的同时，更要注重自身道德修养。教师的人格是影响学生的重要的教育因素，因此教师要格外注意自己的言谈举止，利用好学生的模仿性和向师性，时时刻刻为学生做好表率。

立德树人，首先要从教师自身做起。

首先，要提升教师的学科专业素养。要想教好一门课，教师首先要有过硬的学科专业知识作为基础。因此教师应自觉加强学科专业知识的学习，做到自己提升自己，自己充实自己，自己发展自己。

其次，要加强师德建设，提高教师的道德水平。语文学科作为立德树人的重要学科，对教师个人的道德水平要求较高。帮助学生形成良好的核心素养的前提是教师自己首先要建立良好的核心素养。

最后，教师要与学生建立良好的共情关系，用爱包容学生、理解学生，为学生营造充满爱的课堂氛围、班级氛围、年级氛围。教师之间也要建立良好的共情关系，团结和谐的教师间的关系有助于为学生树立榜样。

在与学生建立共情关系方面，教师要学会和学生换位思考，并教会学生换位思考。在与学生沟通时，教师一方面要注意沟通方式，从心底里理解学生、关爱学生，以爱待生、以爱育生；另一方面，要与学生平等地交流，在与学生平等交流的过程中感受学生的世界，注意自己的言语行为。我们自己不在意的或许恰恰是学生所关注的，教师的一言一行在学生的世界都会被放大，因此教师在与学生沟通的过程中要格外注意自己的态度和用语习惯，力争将立德树人的根本任务渗透到在校时间和日常生活当中，有效、高效地推进立德树人这一根本任务的完成。

二、研读教材，细化教育目标

中小学阶段的思想政治教育应遵循学生的身心发展规律——针对低年龄段的学生，要侧重学生道德素养的提升，强化生命教育，注重法治和公民意识教育；针对中年龄段的学生，要侧重培养学生的法治意识和基本法律素养；针对高年龄段的学生，教学内容要更加侧重于让学生了解国家大政方针，培养学生的大局意识和国际视野。教师应结合社会主义核心价值观，遵循生活逻辑与知识逻辑，使知识贴近学生生活，便于学生理解。

教师应仔细研读教材，确定每一年级的整体教学目标，依照课程标准与知识内容，确定教学重难点。思想政治教育更为重要的是提升学生的道德水平和法制意识，因此教师在进行教学设计的过程中应做到避免“教教材”的刻板现象出现。

中小学阶段的学生处于成长发育期,每一年级的学生都存在较大的差异,教师应注重观察不同阶段学生的心理变化与特征,并通过生活实际的方式引起学生共鸣,便于学生加深对某一问题的理解。

立德树人,不能简单停留在口号上,更应落实在教学上。课堂是教师进行立德树人的主要活动场所,我们需要重视课堂的作用。教师需要全面深入了解学生情况,将学情与教学重难点相结合,制定科学的目标并将其细化,争取实现课堂效益最大化。

三、教学回归生活,拓展学科张力,培养学生的创新精神和创造能力

为了把思想政治教育设置得较为贴近日常生活,教师在课堂教学中应注意把握素材,让教育教学素材更接地气、直面生活,拒绝假大空和过分抽象等不便于学生理解的内容。但教学案例的设计又不能完全脱离时政热点,教师要注意整合多种教学方法,让学生自主探究问题,放手让学生剖析问题、解决问题,才能够实现有效的课堂教学。

教师为学生营造积极的课堂环境,有助于学生完善个人修养,形成社会关爱和家国情怀。但教师要注意避免"纸上谈兵",给学生提供适当的实践机会,更有助于学生将书本上的道德、法律、社会等方面的知识内化到自己的日常生活行为当中。

教师应拓展课程的广度和深度,这就需要教师在进行课前准备的过程中注意信息的采集和提炼,提取时政热点和生活常识中有效的部分,与学生生活实际进行加工重组,确保学生能够理解,且能够达到更好的效果。

提升课堂的张力,便是让思想政治教育不仅在课上的四十几分钟发挥其最大的教育教学作用,更要将其延伸到课下,延伸到日常的学习生活中,实现思想政治教育的生活成果。教育的创新,体现在教育活动不局限于课堂,即创新教育的时间与空间不受限。将日常教学延伸至日常生活中,实现学校教育与日常生活的有机结合，使学习与生活相辅相成、相互指导、相互促进，既延伸了课堂教学的广度与深度，又提升了课堂的张力。教师既要在教学过程中实现立德树人，也要在日常生活中渗透德育和素质教育精神。

四、创新教育教学理念，将社会主义核心价值观与思想政治教育有机结合

为迎接知识经济时代的挑战，实现人的全面发展，在强调素质教育的今天，我们更应注重提升学生的整体核心素养，改变过去应试教育中"考试为大、成绩为主"的局面，培养学生形成受益终生的思维力和学习力。改变，首先应从教师开始，从"教教材"积极向"用教材教"转变，也就是说，教师不再是教材的简单执行者，而是实现教学的主体和设计师。其次，教师要做到"以终为始、逆向思维"，结合学情与教学重难点，凝练核心问题，优化课堂设计，在教学中，一定要做到尊重学生的主体性，让学生在不断探究与知识的建构中获得知识与技能，拓展三维目标，让教材中的平面知识立体起来，真正掌握解决问题的能力。

在课堂教学中，教室还应做到创新利用多种资源以及学生学习的小组，变"自己学习"为"探究式学习"和"自主学习"。在这一过程中，教师还应做到创新评价方式，让评价方式变得多元化，从以往的成绩评定转向为多角度的综合评价，将教育的最终目的回归到人的发展中来。

自党的十六届六中全会第一次明确提出"建设社会主义核心价值体系"起，社会主义核心价值观及社会主义核心价值体系就始终是社会的热点话题。结合近些年社会发展状况来看，我国大部分人民对于社会主义核心价值观的认识还停留在较为浅显的层面。课堂为我们的社会主义核心价值观的内化教育提供了场所，我们应利用好课堂教学的有效时间，做好思想政治教育的衔接，创新教育思维与教育理念，遵循自主与探究相结合的教学，结合多重课堂活动，通过创设情景，让学生融入课堂中并进行体验式探究，在这个过程中，帮助学生将社会主义核心价值观内化于心，外化于行，从而实现立德树人背景下的思想政治教育教学。

教师的工作不能仅仅停留在教学方面，更应体现在育人方面。立德树人和创新驱动发展，不能仅仅停留在口号上。我们在教育学生的过程中更应体现以人为本，把“人的教育”作为使命，让学生不仅在小学阶段的学习过程中形成一定的学科专业素养和核心素养，更将所学的知识内化到日常生活中，为学生的未来做好铺垫。教育不应简单停留在知识层面，更应体现在培养人、发展人的高度上，教师在教育教学中，在做到教会学生知识的同时，更要教会学生获得知识的方法，教会能够让孩子们受益终生的学习力和思维力，使其离开学校后，依然具备习得新知识和掌握新技能的能力，这便是教育创新与立德树人有机结合的最终目的。

以专业学习共同体引领教师成长

■刘　红

受传统的教师专业发展观的影响，目前教师专业发展存在这样的现象：其一，重外部“灌输”，轻内部“自主”，忽略了教师自主发展的主体性。其二，教师的发展主要依赖于自我学习和反思，形成个人的“单兵作战”，而忽略集体的“团体作战”。如何寻找一条能够唤起教师心灵觉醒的自主发展的道路呢？近几年工作的开展和成效让我们认识到，教师专业学习共同体是教师自主成长的有效途径。

一、教师专业学习共同体的含义

教师专业学习共同体是在学校推动下或在教师自发组织下，教师基于共同的目标和兴趣而自行组织的，旨在通过合作、对话和分享性活动来促进教师专业成长，推进教学改革的教师团体。

为建立学校教师专业学习共同体，学校特级教师和五十多位教师共同组成了一个学习共同体。作为教师主动研究的平台，它体现出多元化和多层次的特点。多元化指构成人员多元，涵盖了学校各个学科的所有教师和学校管理者等。多层次指的是组织结构包括年级备课组、学科教研组、课题组和“80后”青年教师团队，从而构成了网络状、立体的组织结构。

二、教师专业学习共同体宗旨

成立教师专业学习共同体，可以支持和帮助教师改进和完善自身的教学实践，帮助他们解决由于学校的改革和变化而出现的危机感和不确定感，使教师去应对变化的环境和新的挑战，从而为学校走向成功提供了适宜的组织和精神资源。教师们利用这个专业共同体进行日常的阅读、相互评议批注教育作品、相互听课议课、研究讨论问题。在一种和谐的学校文化中，通过有效活泼的共同对话、共同协作、共同帮助、共同学习等方式，使存在各种差异的教师学会分享，学会共同探究，最终能获得主动的发展。

三、建立教师专业学习共同体的策略

教师专业发展共同体是一种不同于学校行政组织的组织，是一个靠“共同愿景”凝聚起来的开放团队。

（一）树立合作意识，激发教师形成自主发展的共司愿景

专业学习共同体是一个自发形成的团体，每位成员都具备强烈的专业成长意识。组长有二十三年的教龄，是数学特级教师，主动研究意识强，专业发展方面的追求目标高；组员自由报名参加，工作积极性高，有强烈的专业成长要求。这正是专业学习共同体与一般研训不同的地方，专业学习共同体改变了“被培训”“被学习”“被要求提升”的尴尬局面，成为“我要学习”“我要交流”“我能提升”的一个团队。专业学习共同体不仅要求教师自己主动积极地追求专业成长，而且要保持开放的心态，随时准备接受好的、新的教育观念，更新自己的教育信念和专业技能。

（二）开展读书活动，提高学习实效

专业学习共同体大力倡导“让读书成为习惯”“让读书成为教师最基本的生存方式”。教师专业学习共同体成员与好书为友，进行专业阅读，读好三种书：夯实精神底蕴的书、拓宽教育教学视野的书以及教育教学理论方面的书。专业学习共同体成员们把自觉学习作为一种习惯，向书本学习、向同伴学习、向大师学习、向网络学习，不断给自己以新鲜信息的滋润。

（三）加强对话互动，分享学习成果

教师成长需要交谈，教师专业成长共同体是一个“开放的社区”，鼓励各种意见和看法的自由表达。教师专业成长共同体定期举办成长沙龙活动，围绕一个主题或成员近期的读书与工作，利用课后时间进行探讨。这种文化引领着成员成为学习者，以共同探究的精神来处理他们的共同学习。

（四）“名师”引领，明晰成长目标

学校鼓励教师们追寻“名师”成长路径，与“名师”交朋友。基于数学特级教师在校任教的优势，充分发挥其辐射引领带动作用，把一个人的优势，扩大为一个学校的优势。学校以数学特级教师为核心，组建了数学团队，着手打造学校的数学文化特色……在我们的周围，活跃着一群特殊的教育“名师”，他们有的已接近退休，但教育的激情不减。因此，学校经常让年轻教师拜访老教师，与他们结为“忘年交”，年轻教师从老教师那里不仅能够得到许多教育问题的答案，更能够学习到为人处事的人生哲学。与此同时，教师专业学习共同体中的年轻人也以他们新的生机激发年长者的热情，双方在接触与交流中共同进步。

（五）共修研究课题，提高教学水平

教育研究是实现教师专业成长的必经之途。针对一线教师的特点，我们提倡教师专业成长共同体成员根据自己的兴趣、爱好和学校工作的需要确立一个行动研究“课题”。有了“课题”研究的“任务驱动”，教师的学习就有了明确的方向，会更加主动。一边研究，一边行动，教师在行动与研究的互动中收获成长。

教师专业学习共同体激发了成员们主动发展的热情，成员之间相互激励、相互帮助，共同提高，从而带动整个团队的每一位成员的专业发展。仅两年间，学校多位教师获市级、区级荣誉。更为重要的是，在教师专业学习共同体活动中，教师们深刻地体会到：教师工作，不仅是一种职业，也不仅是一种事业，更是生命的一种历程；教师的工作，不仅是付出，不仅是奉献，同时也是在获取，获取自身的成长，获取成功的愉悦，获取生命的价值，获取人生的快乐。

教师专业学习共同体最可贵的在于共同体成员昂扬向上、活力奔放的“生命状态”以及专业学习共同体传递的正向积极的价值观和文化。一个教师的改革力量是有限的，但一群教师的改革力量将是不可低估的。有了大家的相互扶持和相互协助，我们将充满力量地行走在教育改革的路上。如此，教育的发展将焕发出新的生机与活力……

做一个有爱的好教师

董佑琪

陶行知先生说过:“捧着一颗心来,不带半根草去。”对于新入职的我来讲,这句话意义非常重大。刚一入职就是班主任的我,不仅要担负着教学责任,还要管理好班级里的每一个学生。刚开始的时候确实是“困难重重”,开学一个月后我整理了一下思绪,通过观察其他教师和班主任,我发现,对于工作,他们积极上进,永远保持着一颗年轻的心;对于学生,他们认真负责,充满了“爱”。作为新教师的我也要努力赶上大家。

转眼我已经和学生们相处了三个多月。学生时代的我还不懂教师的辛苦,当自己成为教师的时候则深深体会到了。作为数学教师,我会从学生角度去思考,尽可能在做课件的时候比较吸引学生,因为大部分学生认为数学是比较枯燥的。首先,我要先让学生“爱”上数学,认为数学不只是枯燥无味的数字,而是充满着欢乐的游戏王国;其次,我要和学生做“朋友”,站在他们的角度去思考问题。我所教的班级里有一个新转来的小男生,比较羞涩,在不熟悉的环境下不爱说话,数学基础一直不好,数学课上也从来不举手发言,课间我试着找他聊天,鼓励他勇敢一些,尝试着举手发言,几次交流后,上数学课我提问的时候,他试着举手,我喊他回答问题,其他同学都以好奇的眼光看着他,认为他不会。他尝试着说出答案,结果正确,我让大家鼓掌激励他,几次课之后,他很快融入了课堂,每次都积极回答问题,也慢慢喜欢上数学课了。这个孩子的变化,让我在教学上有了前进的动力,我终于理解了教师是“伟大”的职业。

数学教师要有创新精神,以学生为主体,通过辅助他们一点点去探索数学,慢慢地构建数学基础,然后才能具有数学精神,这就是我在学科领域的感悟。出身数学专业的我,教学不是很困难的问题,并且我也能想出办法去应对教学上的各种问题,但是在班主任工作中,我确实遇到了比较“难”的问题。

当我还是学生的时候,总认为班主任非常严厉。当我成为班主任之后,才深刻体会到班主任的不容易。班主任的工作和教学是完全不同的。班主任需要在工作中融入更多的“爱”,不仅要抓紧学生的学习,日常生活管理也不能缺少,还要和家长及时做好沟通工作。我认为,一个合格的班主任要做到:

首先,要了解学生,包括家庭情况、学习情况、健康状况和性格等。此外,还要了解学生的兴趣和爱好,对待不同的学生要做到因材施教。我们班级中有一个比较内向的孩子,从来不和同学交流,完全封闭自己,最严重的问题是只要有同学稍微碰他一下,他都会去打那个同学。每次有同学和我反映问题时,我都会把他喊到身边讲道理:“不应该去打同学,有事一定要及时和老师说啊。”他都会很痛快地答应我。一次课间,他和一个男生抢着出门,对方不小心撞到他了,他就动手打人,后来直接把对方的手咬破了。我看到后及时拉开两个人,然后先处理受伤男孩的伤口,及时和家长沟通联系,在等待家长的过程中,我询问情况,他一个字也不说,被咬的男生和旁边的同学说出了情况。我当时很生气,觉得他一点进步都没有。家长处理好事情后,我询问了一下他的妈妈。他的妈妈告诉我,他的爸爸特别严厉,孩子犯错了就会动手打他。我一下子明白了为什么他很内向,这和家庭是有关系的,他受到了心灵的创伤。我和他的妈妈进行了深度沟通,劝说她回家后要多陪陪孩子,并且不要动手打孩子。家长意识到了问题的严重性。了解情况后我又再一次找他交谈,首先我先严厉地批评了他,然后和他约定“不许再动手,以后遇到事情先想一想自己做得对不对,否则再这样下去,就没有小伙伴和你玩耍了”。他点头,他的内心还是很喜欢和小伙伴玩要的，在班会课上，我和大家讲清楚，大家彼此之间一定要好好相处，善良对待每一个人，千万不能动手去伤害别人，要及时向教师反映情况。对于低年级学生来说，此时正是向别人学习的时候，如果不及时制止，不太好的习惯会产生很糟糕的影响。我很怕再出现类似问题，每节课间我都让他来找我，我教他如何与小伙伴相处，从一点一滴小事情去改变他，时常和他的父母联系，慢慢地，他改变了很多，告状的人少了，他也慢慢地敞开心扉和前后桌交流起来。有一次，他前面的同学没有带橡皮，他积极主动地将他的橡皮借给同学用，我在全班同学面前夸奖了他，他开朗了很多，同学之间有了小问题，他会主动过来和我说，学习一直不错的他，打开心扉后，变得让很多同学以他为榜样。有时候小孩子可能就是需要关心，需要爱。

当然，除了了解学生之外，还要学会关心照顾学生。我时常有种感觉，自己既是爸爸又是妈妈。我不会嫌孩子们吵闹，体育课我会陪他们一起做游戏，刚开始学生们有些惧怕我，通过几次游戏后，大家和我熟络了起来，开始和我讲一些他们自己的事情，比如在家里做了哪些题，喜欢玩什么，喜欢吃什么……很快我和孩子们融成了一片。对于犯错的学生，我并没有去批评他们或者对学生发脾气，我一直认为小学生还是不太懂事情的，发脾气可能只是当时有用处，并不能让他从这件事情中学习到什么，不如用一种既能让学生感觉到爱，又能从犯的错误中感受到一些的方式。

通过这几次新教师的培训，我更是深有体会。我们作为教师，一定要尊重学生，注意教学要有方，不能侮辱学生人格。小学生的心灵是非常脆弱的。我全心全意地为了学生着想，不求回报，只想学生变得更好。

第二章

传承经典

——确立学生理想信念的航标

传承经典，加强德育建设

郭 静

党的十九大报告指出："文化是一个国家、一个民族的灵魂。文化兴国运兴，文化强民族强。"2020 年 7 月 23 日，中国少年先锋队第八次全国代表大会在北京开幕。中共中央总书记、国家主席、中央军委主席习近平发来贺信，在贺信中强调："新时代，少先队要高举队旗跟党走，传承红色基因，培育时代新人，团结、教育、引领广大少先队员做共产主义事业接班人，为坚持和发展中国特色社会主义、实现中华民族伟大复兴的中国梦时刻准备着。各级党委要加强对少先队工作的领导，各级政府及全社会要加强对少先队工作的支持，为新时代少年儿童茁壮成长提供有利条件。共青团要带领少先队履职尽责、奋发有为，为红领巾增添新时代的光荣。"近年来，我校按照习近平总书记的重要指示，充分利用丰富的教育资源，坚持立德树人的教育任务，积极开展系列教育活动，引导学生学习和弘扬爱国主义精神，提升道德素养。

一、立足课堂教学

多年来，学校运用经典文化引导师生树立正确的世界观、人生观、价值观。学校深入开展师德教育活动，切实加强思想政治工作，大力弘扬和培育进取精神，全体教师从自身做起，从点滴做起，把立德树人任务落到实处，并结合小学生身心特点，以"经典浸润人生"为理念，坚持用经典教育塑造人、用校园文化感染人、用特色活动教育人、用家校合力引导人，持续深入推进文明校园创建。

课堂是推进教育的主阵地。学校充分挖掘学科教材中的资源，把爱国主义、革命传统融入校本课程和各学科的学习中，教育和引导学生争做新时代的好少年。

（一）充分发挥班主任的主力军作用

学校把班主任作为推动经典教育的引导者，定期组织老师们培训，不断提高班主任的工作能力和教育水平，引导老师们充分利用晨会、夕会、主题班队会，以培养学生吃苦耐劳、坚韧勇敢、自信阳光、团结协作的品质为总目标，对学生进行思想教育、劳动教育和文化教育，促进学生健康人格的养成。

（二）发挥学科渗透的主渠道作用

学校把课堂教学作为德育的主阵地，如在语文课堂教学中，指导学生阅读经典佳作；在音乐课堂教学中，让学生学唱革命歌曲；在美术课堂教学中，弘扬剪纸等优秀传统文化……

（三）切实加强相关课题研究

学校高度重视经典教育的理论研究，成立了专门的课题组，积极申报市区各级规划课题，并加强课题研究。

（四）积极研发校本教材

学校充分挖掘校内外的教育资源，积极研发校本教材，编写了《宜宾里小学经典教育》等校本教材，构建了具有学校特色的教育课程体系，引导学生积极践行社会主义核心价值观。

二、开展主题活动

《中小学德育工作指南》指出，德育实践是实施德育的重要且有效的途径之一。学校是德育工作的主阵地，我校积极落实社会主义核心价值观教育进教材、进课堂、进头脑的要求，利用天津市丰富独特的德育资源如平津战役纪念馆、周邓纪念馆、烈士陵园等，采用社会实践、研学旅行等多种形式，通过丰富多彩、形式多样的教育活动，提高德育教育的针对性和实效性，连通校园内外。我们充分利用班级、校级微信公众号、微校云等新媒体，搭建德育交流平台，促进新媒体与德育深度融合，构建校内、校外、多媒体立体育人网络，将德育工作从基础抓起，从源头抓起，充分发挥先进典型的带动作用，培养少先队员树立正确的世界观、人生观、价值观，使青少年按照党的要求健康成长，从小牢固树立共产主义远大理想，激发学生的民族情怀，形成以爱国为根本的社会主义核心价值观，以实现全方位文化育人的目标。

（一）树立信念

学校充分挖掘革命烈士、革命英雄的精神内涵，举办主题班会，讲解革命斗争的光辉历程，结合当代中国的发展成就，帮助学生学习领会革命者知行合一、信念坚定、坚忍不拔的精神。

（二）宣讲经典故事

学校定期邀请革命英雄、现役军人、先进模范走进校园、走进课堂、走进学生，定期给学生宣讲革命故事，他们诉说自己的亲身经历，讲述一个个小革命英雄的感人故事。在动人心弦的故事中，学生感受了中国历经的风雨沧桑，感受了中国共产党成长壮大的曲折历程，也明白了中国人民前赴后继英勇抗争的热血豪情，进而能够从小树立远大理想，立志报效祖国。

（三）追寻先烈足迹

学校先后组织学生走进平津战役纪念馆、周恩来邓颖超纪念馆，鼓励家长带着孩子到盘山烈士陵园、天津市规划展览馆、大沽口炮台遗址博物馆、天津博物馆等天津经典景区参观，帮助学生了解烈士事迹、学习烈士精神，深化爱国主义和革命传统教育。

（四）观看经典影片

学校充分利用网络资源，定期组织学生观看爱国主义教育影片，师生一起观看了《长征》《地道战》《铁道游击队》以及《闪闪的红星》等一系列经典电影。学生观看完影片后写体会、谈感受，积极参加观后感征文活动，充分感受革命年代的艰苦、革命先烈的英勇献身精神，进而珍惜今天的幸福生活，切实发挥经典影片的育人功能。

（五）传唱经典歌曲

学校除了在音乐课上教唱的经典歌曲，还充分利用校园广播、音乐课堂、升旗仪式、班集合唱、主题队会、校园艺术节传唱经典歌曲，《没有共产党，就没有新中国》《五星红旗》《红星歌》《游击队歌》《歌唱二小放牛郎》《团结就是力量》等歌曲在校园中传唱，成为一道亮丽的风景线。

（六）诵读经典书籍

学校充分利用网络及图书资源，为学生提供不同时期的经典教育读本，让学生在学习中感受革命先烈的英雄气概和丰功伟绩，明白中国共产党如何带领中国人民走向繁荣富强，使中华民族傲然屹立于世界民族之林。中国共产党的奋斗历程中，形成了很多可歌可泣的精神。如“军民团结、艰苦奋斗”的井冈山精神，“不怕艰难险恶”的长征精神，“艰苦奋斗、勇于开拓”的北大荒精神，“自力更生、艰苦奋斗、勇攀科学高峰”的“两弹一星”精神……可以说，这些精神是中国共产党革命精神的象征，是激发中国共产党人对理想和信念执着追求的力量之源，是中国共产党得到人民拥护的根本原因。

（七）缅怀革命英雄

学校结合清明节、国庆节等重大时间节点，组织学生开展主题教育活动，开展“学党史·颂党恩”“向国旗敬礼”等主题教育活动，使学生深切感受到革命先辈在艰苦岁月里学习、生活和战斗的情景，让学生缅怀革命先烈，继承优良传统，弘扬民族精神，进而产生爱祖国、爱家乡的家国情怀，立志报效祖国。在2020年的国庆节，我们倡议每位学子参与“向国旗敬礼”活动，拍下自己向国旗敬礼的照片，并发布在微信朋友圈，让一个学生影响一个家庭，让一群学生影响整个社会。

三、整合家校共育

2016年,习近平总书记在会见第一届全国文明家庭代表时指出,要"继承和弘扬革命前辈的红色家风",做好新时期家风建设。因此,将红色家风更好地融入家庭教育、公民道德建设工程中,是贯彻落实习近平总书记重要讲话精神的具体行动,也是提升城市文明、促进"家校社共育"的有力抓手,是关心下一代工作的生动实践。

家风教育对少年儿童的世界观、人生观、价值观以及生活习惯等的形成具有重要作用。把革命前辈的精神融入家风教育,能够形成与时俱进、具有强大生命力的家风,便于创造一种积极向上、符合新时期家庭文化的氛围,培养青少年形成正确的世界观、人生观和价值观,更加符合当代社会对新时代人才的培养。我校利用家长学校活动、家长会等时机,引导学子和每个家庭积极传播革命先烈精神,帮助家长教育孩子养成无私奉献、艰苦奋斗、团结拼搏、砥砺前行、勇于创新的精神;帮助学生正确认识国家、集体和个人的关系,树立全心全意为人民服务的意识和严于律己、诚实守信的良好风尚;帮助学生从个人、社会、国家三个层面认识、理解、践行社会主义核心价值观,充分发挥革命情感教育,引导学生坚定传承社会主义理想信念,升思想道德水平,全面塑造中华民族的自豪感、自信心和自尊心,将中华民族伟大复兴的历史责任和重担在家庭教育层面持续牢固、传承和践行。

我校近年来的德育课程建设已经初见成效。学生们提高了思想觉悟,培养了爱国情怀,学会了吃苦,懂得了坚强。作为教师,我们有责任传承并发扬革命精神,用激情去拥抱时代,努力学习,发奋图强,带领学生接过前辈手中的接力棒,不断奋发向前。

将经典融入德育工作之中

董 静

德育是学校的首要任务。当前,如何做好德育工作,促使小学生思想道德发展,成为迫切需要解决的重要课题。

在中华民族伟大复兴的过程中,有大量充满正能量的爱国事例。这是中国共产党人领导中国人民经过长期革命和建设实践形成的精神财富。作为教师,我们要将其传承下去。校园文化不仅要体现学校特色,更要体现社会主义特点,这样的校园文化才是高品位的校园文化。高品位的校园文化对于一个学校自身发展来说至关重要,对小学生的自我发展更是不可缺少。在丰富多彩的校园文化活动中,我们要把学习和实践爱国主义精神作为开展校园文化各项活动的重要内容。这可以从两个方面着手。

一、构建校园红星班,凸显小学生自我教育、自我发展的主体作用

教育学的基本原理告诉我们,课堂的主体是学生,学生的学习潜力是无穷的。教师教学的最重要的目的就是要把学生培养成具有主体性的健全发展的社会人,所以,在教学过程中,教师有必要激发学生的自尊心和自信心,调动他们的积极性和主动性,促进学生自我教育、自我发展。

小学生的自我教育、自我发展是实现自身思想品德发展的最佳方式。在小学生德育活动中,有必要凸显小学生自我教育、自我发展的主体作用,发挥学生积极性、主动性和创造性,组建红星班,将经典教育渗透于班级的各种活动

之中。

红星班是学校开展课堂教育之外最重要的教育舞台，发展好红星班对于提升学生的综合素养、提高校园文化品位有着无法估量的作用。从德育的角度来说，红星班是实现小学生道德品质自我教育、自我提高的一个教育载体。因此，学校应该加强引导，将经典内容渗透于班级的活动之中，将社会主义核心价值观教育融入班级的活动之中。要达到这样的效果，最便捷的方法莫过于引导成立红星班，发挥红星班在小学生思想品德教育、弘扬社会主义核心价值观过程中的重要作用。

对于一年级的学生来说，一些经典内容较难理解，作为班主任的我，为了给孩子们创造一个良好的学习氛围，开设了“争做红星少年”的评比，让孩子利用国庆节放假的几天，在家里帮家长做些简单的家务，然后照一张做家务的照片，再写一写自己的感想，之后把孩子们的作品贴在评比栏上。这样做，一方面，能够让孩子知道家长做家务的不容易；另一方面，可以通过这种活动让孩子养成爱劳动的好习惯。

二、举办丰富多彩的经典校园文化活动，引导小学生提升人文素养

提升校园文化品位，还有一个重要手段就是开展丰富多彩的校园文化活动。对小学生开展思想品德教育，光靠课堂的几十分钟是不够的，还需要在课外校园文化活动中继续进行。从实践来看，在校园文化活动中充分利用经典内容，能够创造形式活泼多样的活动，这对小学生思想品德教育的效果来说作用巨大。

如在课外校园文化活动中组织举行经典歌曲比赛、主题演讲比赛，播放经典影视作品，阅读经典文学作品等。教师带领学生充分挖掘在各种各样经典作品中的时代特征，提炼具有永恒价值和超凡魅力的思想，进而对学生进行思政教育。

德育工作要重视运用现代教学手段，把小学生思想品德教育课堂延伸到网上，使德育教学更加灵活、有效和充满吸引力。我让学生在家长的帮助下，利用课余时间在网络上搜集一些关于爱国主义精神的资料，或者向家长们提供一些影片名称，让孩子在网上观看一些主题教育影片。我积极利用网络优势，及时收集、整理、充实与德育相关的经典资源，利用网络技术对声音、图像、文字等多种信息的综合处理优势，为小学生德育提供大量生动形象、有趣活泼的素材和背景材料，使学生在声像结合、图文并茂的信息引导下，加强对德育内容的理解和吸收，改变德育内容滞后、信息单调、缺乏时代感和吸引力等弊端，使小学生在课余也能接受熏陶，并且能与课堂所学形成良性互动。

小学生德育是一个家庭、学校、社会都需要参与的全方位、立体式教育。对学校德育工作者来说，我们还需要注意教育方式的丰富多彩。我们在实践中，要将经典教育与人文素质教育以及多元文化结合起来，将它上升到民族文化教育的高度，这样才能够产生较好的效果。

在读书活动中培育学生的核心价值观

刘 红

一、为什么要开展读书活动

目前小学生课外阅读现状并不乐观，有的学生被束缚在教材中，自觉阅读课外书的意识较差；有的学生热衷卡通书，以消遣为主要目的，从中很难感受到人物形象的美、思想情操的美和文学艺术的美；有的学生迷恋上网，在网络中虚度时光……这种情况如果持续下去，必将导致知识、思想的贫瘠，进而缺少创造力。

培养良好的读书习惯是学校的重要任务之一，是弘扬优秀精神文化的一种良好的方式。我校大力开展读书活动，让孩子们在读书中理解优秀的精神文化，在实际生活中传承优秀的精神文化。

二、让学生们读什么书

我们引导师生走进书海，博览群书，让他们在图书中与历史对话，与高尚交流，与智慧撞击，积蓄人文素养。

(一)让学生们阅读我国古代的经典著作，从中汲取思想精髓

中华民族有许多伟大的思想家、文学家、政治家、军事家，在几千年中，他们为我们留下了丰富的文化典籍。我们有选择地让学生们阅读这些经典书籍，吸收其中的精华，传承中华民族的传统美德。

学校教学楼的文化主题墙，是一面古朴的竹简，上面镌刻着《弟子规》。学校要求学生从入学起，人人背诵《弟子规》，让典型的传统文化知识、中华民族的

传统美德种在孩子的心里。学校弘扬中华民族的传统美德，致力于培养一代新人，用爱祖国、爱人民、爱科学、爱劳动、爱社会主义的道德观念，陶冶一代新人，这样我们的事业才能后继有人，兴旺发达。

《出师表》《岳阳楼记》这两篇经典美文如千年古槐，历经岁月的沧桑，愈显其旺盛的生命力。“鞠躬尽瘁，死而后已”，现在已被赋予全心全意为人民服务的新义。“先天下之忧而忧，后天下之乐而乐”这句名言告诉世人，做官要做这样的官，做人要做这样的人，我们要无私奉献，全心全意为人民服务。

学校推荐学生阅读《中国经典神话传说》，通过《大禹治水》的故事，学习大禹知难而上、艰苦奋斗、公而忘私的精神。学校推荐学生阅读《论语》，学会“一日三省吾身”，加强反思和自我批评。

（二）让学生们阅读现代的经典著作，感受积极向上的奋斗精神

学校带领学生阅读《雷锋的故事》，做雷锋精神的坚定拥护者和践行者，使雷锋精神在校园里发扬光大；带领学生阅读《纪念白求恩》，学着做一个高尚的人，一个纯粹的人，一个有道德的人，一个脱离了低级趣味的人，一个有益于人民的人。

除此之外，学校还带领学生阅读《中华精魂》《窑洞春秋》《颂歌献给党》《光辉的旗帜》等优秀的书籍。

三、开展读书活动的具体做法

（一）领导、教师带头读书

学校校长首先带头读书，并把老师们组织起来，专门成立了“教师读书沙龙”，每年举办读书演讲活动。学校每学期组织教师阅读一部教育名著，每读一部书，校长都要首先为大家导读，保证教师读书活动的扎实与高效。

学校鼓励教师在读书中创作。读书的目的在于提升自我，同时也是为了展示自我。学校鼓励教师认真读书，同时鼓励大家积极创作、撰写文章。目前学校青年教师人人都有一个电子演示文稿，人人都有一本汇集自己教育教学精彩

随笔的文集。学校倡导教师读书、教书、写书，构筑丰富多彩的读书生活，养成读书的好习惯，促进教师专业成长。

（二）让图书“走出”图书室，让每一个班级都充满书香

学校方厅设立小书架，我们定期将图书室的书更换到小书架上，使学生能够自由阅读。孩子们还把阅读后的感言记在借阅本子上，与大家共同分享阅读感受。

班级图书角是同学们比较喜欢的地方。孩子们将自己喜爱的书籍带到学校，进行图书漂流，与其他同学分享书籍的美妙，感受读书的乐趣。这样不仅让每本书尽量发挥它的最大作用，学生也达到了“捐一读十”的效果，并形成了一种良好的读书氛围。

班级图书角和方厅小书架，让每一个孩子随手都能拿到书，随时有书读。课余时间，追逐玩闹的学生少了，自觉看书的多了，学校处处都充满了积极向上、比学赶帮的良好氛围。

学校每个班级都有读书目标，各个班级根据学生的年龄特点，每一学年以一个喜欢的作家为榜样，走进作家，了解作家的成长经历，读名家的作品，学名家的人品，提高审美修养和文化底蕴。

（三）成立百灵朗诵艺术团，让无声的文字变得有形有声

在天津市教育局的支持下，2007 年我校成立百灵朗诵艺术团，在师生中推广朗诵艺术，使读书活动向纵深发展，让无声的文字，转化为师生的朗诵。学校聘请著名的朗诵艺术家刘青和天津市朗诵艺术团王桂兰团长为我校顾问，电台主持人定期来学校对师生进行辅导，提高整体朗诵水平。我校师生代表曾应邀做客天津广播电台生活频道，进行现场直播。此外，学校经常举办朗诵汇报活动，南开有线电视台、天津广播电台对此都进行过报道。学校百灵朗诵艺术团与天津市朗诵艺术团联手，先后到学校、机关、社区等演出，至今已经演出了十几场。百灵朗诵艺术团成员承接了在中国大戏院举行的全国京剧小票友大赛的主持活动，学生出色的表现获得好评。

百灵朗诵艺术团使学校读书活动不再局限于单纯地用眼睛去看，而且学会了用甜美的声音表达、用耳朵去聆听、用心去想象，从而启迪心灵，提升综合能力。

（四）营建书香家庭，幸福共读时光

身教胜于言教，良好的读书习惯的养成离不开家庭的影响，读书活动要真正取得成效，争取家长的支持与配合至关重要。我们利用家长学校，宣传“读书改变命运，知识成就未来”，激发家长关注孩子读书的积极性，号召家长参与我们的亲子共读活动。在浓浓的亲情氛围中，一家人持书共读，非常幸福。学校“书香家庭”的评选活动中，父子、母女、祖孙甚至一家三口同台读书、汇报展示，展现了温馨快乐的共读场景。

（五）辐射社区文化建设，丰富学生的人生体验

几年来，学校与所在的兴南街党委密切联系，开展各种社会实践活动。学生走上街头，通过捡白色垃圾，争当环保小卫士，增强“爱我家园”的意识。学生定期参加社区的读书朗诵、演讲比赛，参加“温馨的夏夜”晚会，慰问孤寡老人，参与亲子乐园等活动，实现了读书与生活、成长的融合，同时学校的读书文化也带动了社区文化的建设，具有一定的社会意义。

（六）读书剪报，拓宽视野

读报纸是了解世界的最佳途径，学校开展读报剪报活动，让学生拓展知识面，在书报的海洋中汲取营养。学校参加了《今晚报》剪报展活动，并请《今晚报》剪报作者给学生们讲授剪报的制作方法，让更多的同学体会到剪报这项文化活动的独特魅力。《今晚报》以《小报迷现场拜师学剪报》在报纸头版做了特别的报道。

中华民族优秀的精神文化是我们宝贵的财富，我们将其融入读书活动中，培育学生的社会主义核心价值观，使其能够发奋读书，健康成长，成为未来的建设者和接班人。

班主任是思政教育的指导者

董 静

随着时代发展，社会不断进步，科技越来越发达，小学生接触的事物越来越多。如何在新时代对学生们进行爱国主义教育？如何让经典作品中英雄人物的精神在学生的心灵深处扎根？如何对小学生进行思政教育？这些都是班主任应当思考的关键问题。

一、课堂教学以学生为主体

传统的教学方法都是以老师教授为主，学生只是听，比较单调，教育效果一般。因此，班主任在课堂教学中，不能单纯地由教师来讲解，要调动学生学习的积极性，让学生自己主动学习。我们可以改变传统的以教师讲授为主的教学方法，在教学过程中可以尝试让学生当教师，上台讲解经典作品。师生换位之后，学生要充当教师的角色，他们要讲好文章和作品，就必须认真阅读，这样可以促进学生提高阅读效果。

让学生上讲台来讲经典作品，班主任必须在这之前进行周密布置，要根据本班学生的特点，对学生的预习提出一些要求。学生对作品的理解不一定那么准确，因此在学生讲完之后，班主任要对其所讲内容进行小结，肯定其讲得好的地方，对其讲得不够全面的地方进行补充，对有些讲错了的地方要加以纠正。班主任只有在学生主讲时前后配合，才能起到良好的学习效果。

二、运用多媒体进行辅助教学

现在,很多经典作品都被拍成了电视剧或电影,这为我们进行多媒体教学提供了极大的方便。文学作品是通过形象化的手段来反映时代和社会生活的,从文字到形象有一个转化过程。为了让学生更容易接受经典作品,我们可以采用多媒体进行教学,可以播放影片给学生们观看,让学生更直观地感受经典作品的魅力。

对于小学生来说,用多媒体进行经典教育可以极大地增加他们对经典内容学习的兴趣,提高教学效果。为了提高学生对经典作品的兴趣,我们可以从当代新推出的革命战争题材的影视剧入手,组织学生先观看一些热播的经典作品。当代新创作的革命历史题材的作品中,不乏深受人们喜爱的影视作品,如《亮剑》《潜伏》等作品就非常吸引人,学生非常感兴趣,看过之后就会喜欢上它们。看过热播剧后再来看文字作品,学生与经典之间的距离缩小了,教学效果就会更好。

当然,放经典作品的影片给学生看,不能一看了之。班主任需要对学生加以引导、总结,让学生看过之后进行讨论。时间允许的话,还可以通过对原著与影视作品的比较,探讨经典作品改编的得失,进一步深化教学。只有这样,才能起到更好的教育作用。

三、延伸阅读,举办研讨会

进行经典教育,必须采取灵活多样的形式。经典教育必须将课堂教学与课外活动紧密联系,延伸阅读是一种效果较好的方式。因此,班主任需要引导学生延伸阅读。通过学习所选章节内容,让学生对整部作品产生浓厚兴趣,从而在课余时间将整部作品读完,达到更全面、更准确地理解经典作品的目的。

延伸阅读并不是简单地把一部长篇作品读完就了事,教师不仅要带领学生认真阅读作品,还要结合所学的课文,经常性地开展一些与经典相关的读书研讨活动。比如:指定一些经典作品进行阅读,之后开展感悟交流会、征文比赛或举办故事会、作品研讨会。

延伸阅读的另一种做法是与当代流行文化相结合。班主任在课外阅读的辅导中，可以将经典作品与青少年喜欢的流行作品进行比较，通过阅读对比，让他们感悟经典的思想深度。学生们自己通过阅读而潜移默化地接受，这样才能产生好的教育效果。

四、课外辅助

当前的经典教育之所以不能最大限度地发挥其作用，不能取得预期的成效，主要是经典作品与青少年之间存在代沟。造成这种代沟有许多方面的原因，而要消除这种代沟，必须加强历史文化教育。围绕革命战争年代的重大事件，加强历史文化教育，使学生对历史的真实性有一个基本的认识，这样反过来可以加强他们对历史真实性的认识。班主任把文学教育与历史教育结合起来，增强青少年的历史文化知识，可以提高经典教育的成效。

经典作品是我们的教育资源，我们应当采取多种多样的形式，将经典教育与德育、爱国主义教育有机地结合起来，将它上升到民族文化教育的高度，这样才能更好地发挥经典教育的作用。

第三章

探索创新

——开展思政教育课程的研究

经典教育特色课程的建设

刘 红 雷 莹

一、经典教育特色课程的建设意义

中华民族有着不屈不挠的奋斗史和民族史。近代以来，在中国共产党的正确领导下，我们这个伟大的民族涌现出了许多英雄。他们用坚定的理想信念和可歌可泣的人生历程书写了一部经典教育史，他们的事迹对当今的青少年仍然具有很大的启迪作用，能够对青少年进行世界观、人生观、价值观教育。他们的精神曾经哺育过一代又一代人的成长，指引着我们向着新生活大步迈进。时至今日，英雄人物的事迹和精神仍在思想教育方面发挥着极大的作用，激励着中国人的成长与奋进。

经典教育的意义和价值显而易见。在新时期，我们把经典教育与课程建设有机结合起来，更好地挖掘、发挥经典教育的作用，将它上升到民族文化教育的高度。我们从本校的实际出发，灵活挖掘并有效地整合运用经典教育特色课程建设资源，从而全面提高学生思想道德素质和学校德育的整体水平。

经典教育的内容主要包括反映革命历史和英雄人物的文学、音乐、舞蹈、戏剧、影视及绘画等，这是我们宝贵的民族文化遗产，具有跨时代的教育意义和价值。

一直以来，学校秉持着“经典浸润人生”的教育目标，把经典教育作为学校的特色品牌来打造。我们力图通过这样的教育，带领、引导学校师生践行社会主义核心价值观。在经典教育中广泛传播中华民族伟大革命精神，营造良好的教育氛围，增强学生的道德规范意识和高尚的道德情操，培养学生艰苦奋斗、奋力拼搏的向上精神和历史使命感、责任感，真正让学生在经典教育中受益、进步、成长、成材，成为阳光、文雅的学子。

二、研究目标

党的十八大强调，要倡导富强、民主、文明、和谐，倡导自由、平等、公正、法治，倡导爱国、敬业、诚信、友善，积极培育和践行社会主义核心价值观，并把培育和践行社会主义核心价值观纳入国民教育全过程。

为践行社会主义核心价值观，我们要努力寻求有效的教育实现形式和教育内容。作为我们宝贵的文化精髓，经典教育不失为一种重要的教育举措。在新时期，我们应该把经典教育与践行社会主义核心价值观有机地结合起来，更好地挖掘、发挥经典内容与社会主义核心价值观的教育作用，在课程的实践过程中将它上升到民族文化教育的高度，以更好地发挥经典教育的作用，带领、引导学校师生践行社会主义核心价值观。

三、研究内容

为发扬精神的指引作用，培育学校学生的坚毅品格，一直以来，我校都以经典教育作为学校特色发展的品牌。经典教育特色课程，旨在通过经典作品，对当今的青少年进行潜移默化的思想陶冶，帮助学生树立正确的世界观、人生观、价值观，使学生在多元社会文化的冲击下，可以保持正确的立场与态度，不忘却历史，不随波逐流。经典教育是学校近几年来一直努力打造的学校特色。学校编写了经典教育校本教材，开展经典教育校本课程，并按照经典教育的主题优化校园育人环境。学校致力于将经典教育课程与践行社会主义核心价值观相结合，将经典教育特色课程从单一的活动层面向纵深发展，在丰富学校文化内涵的同时，使其与社会主义核心价值观教育形成合力。与此同时，我们还形成了稳定的教育策略，以此促进学校文化建设以及各项教育教学与教师、学生的成长发展。

四、研究过程

我们立足经典教育，从编写经典特色校本教材、开设经典教育特色课程、开展经典特色德育活动等方面进行了深入系统的研究,使我们的经典教育不断向纵深方向发展。

(一)编写经典特色校本教材

学校根据天津的文化资源特色和本校的教学条件以及学生身心发展的特点,在经典教育特色课程建设时,将综合实践活动课程建设及校本课程的开发有机结合起来,形成系列课程,并组织学校骨干力量编写特色校本教材。

学校根据学生的认知及年龄特点,将其分为低、中、高年级,从优秀教育故事、英雄人物(劳动模范)、杰出人士(文化名人)、爱国教育基地、历史文化故居、诗文(箴言、格言)、经典小说、经典影视作品、优秀歌曲、经典社会实践基地十个方面出发,开发出六项校本课程,构建起校本课程体系。

为了延展经典教育课程的广度与深度,我们广泛搜集家教、家规素材,在汲取中华优秀传统家风精华的基础上,分析并归纳优秀家风的精神实质和价值取向,编辑关于家风的校本教材,全书共分七个篇章,分别是爱国之情、家国情怀、奋发向上、勤奋努力、勤俭朴素、诚实正气、和善有礼,有侧重地展现优秀家风的内涵,并采取理论与实践相结合的方式,通过具有代表性的家风故事,循序渐进地诠释优秀代表人物的人格力量。通过亲子共学,学生和家长可以从中得到启发和借鉴。

(二)开设经典教育特色课程

为使经典教育真正落到实处,我们安排专人、专门学时进行讲授;在课程的实施中渗透社会主义核心价值观内容,为培养阳光、文雅的学子而不断挖掘和探索。

经典教育特色课程列入课表后,成为我们的教学常态工作。在课程落实过程中,我们充分保证课时和人员。学校安排每班每周开设一节经典校本指导课,每个年级派专人执教,并做好教案、记录的编写,系统地组织学生学习。

(三)开展经典特色德育活动

我们既重视理论教学,又重视实践研究。针对学校学生学情,结合重要节日、纪念日等,我们开展了系列德育活动,使学生精神上受到熏陶,明白我们今天幸福生活的来之不易。

开展经典教育拓展课时，学校按照综合实践课的要求，将经典教育和社会主义核心价值观教育相结合，充分挖掘天津的社会文化资源。学校与平津战役纪念馆、周邓纪念馆等教育基地签订共建协议，每学期前往基地开展教育实践活动；充分挖掘教育基地的显性、隐性资源，形成学校、社区、基地互通联动。通过让学生了解历史、感悟先辈精神品质、感受基地的文化内涵，培养学生的社会责任感和使命感，并积极践行社会主义核心价值观。同时充分发挥学生的主体作用，鼓励学生通过实践、探究等学习方式，扩大信息获取的途径，丰富学习体验，使学生在参与中接受教育。

通过一次次的德育活动，学生逐渐认识到：作为小学生，要从小树立远大理想和奋斗目标，坚定自己的信念，努力学习，提高自身的素养和道德水平，为祖国的未来而努力拼搏、奋斗。

五、研究成果

我们将经典教育与践行社会主义核心价值观进行有机结合，更好地挖掘与发挥了经典教育与社会主义核心价值观的教育作用，带领、引导学校师生更好地践行社会主义核心价值观。

学校在编写经典特色校本教材、开设经典教育特色课程、开展经典特色德育活动等方面取得了实质性成果。

学生在参与、感受、体验中树立起了社会主义核心价值观，为实现“中国梦”而勤奋学习；教师水平的整体提高，专业能力得到了有效发挥，践行社会主义核心价值观的教育理念深深植入教师心中；学校积淀起了丰富的课程资源，形成了鲜明的校园文化风格，在特色性基础课程建设中探索出了路径方法，并逐步培养出一批又一批的“阳光、文雅的学子”。

构建有特色的校本课程

刘 红

我校积极贯彻教育部《关于全面深化课程改革落实立德树人根本任务的意见》的精神，按照天津市南开区教育局开展“公能精神”引领学校课程建设的要求，遵循“精心培养学生核心素养，为学生的终身发展奠基”的办学理念，坚持以“经典浸润人生”特色教育为主线，以素养为培养方向，以素养为活动主线，以素养为评价维度，实现做有内涵的学子的教育目标，让立德树人的根本任务落到实处。

一、两个“扬长”起步——学校课程建设初显成效

“扬长一”：扬长经典精神，形成校品课程；将校本课程与各个学科相融合，形成新校本素材。

传承经典精神，以此鼓励学生。为了达到以丰富多彩的教育形式加强活动育人的目的，学校通过诵、读、传、唱、绘等形式，让师生学英雄事迹、行英雄之路。在每年的学校校园艺术节上，师生高唱经典歌曲、诵读经典诗篇，展示经典教育的成果。学校明确课堂讲授是对学生进行红色教育的主要窗口，在教材、课时、教研、教案、考核等方面进行了具体规范和考核。在加强校品课程与各个学科的融合上，学校老师根据自己所教学科，积极发挥创造性。例如，数学教师指导学生根据红军长征行程编写应用题，在此过程中，学生了解红军二万五千里长征中的困难和艰辛；语文老师感情真挚地指导学生诵读革命烈士诗歌、讲

英雄故事，以课本剧的形式让学生扮演英雄角色，让英雄精神感染每一位学生；音乐老师专门找出经典歌曲对学生进行教唱，用自己的歌声表达对英雄们的崇敬之情……这充分体现了校品课程与各个学科的融合，也为学科建设提供了新的空间。如今，学校涌现出了一批“红星少年”，在五星班集体创建的基础上，每个班级都获得过“红星班级”荣誉称号。《天津教育报》、天津有线电视台、《中国语文》等媒体对我校开展的校本课程建设进行了相关报道。

“扬长二”：扬长师生优势，形成品能教育课程；将品能课程与学科活动相结合，实现新校本的效用。

学校将品能课程定位为学校教育的价值追求，构建了学校核心素养观下的品能课程，为学生提供个性化、综合性、实践性的课程体验，形成“4—2—5—3—1”品能课程体系。“4”是指品能课程体系包括基础课程、自主课程、合作课程、校品课程四大类，犹如“四轮驱动”，与学校文化一脉相承。“2”是基础课程分为国家课程的校本化、学校课程两个类别。“5”是自主课程分为人文素养课程、科学信息课程、生活技能课程、艺术修养课程、体育拓展课程五个类别。“3”是合作课程分为仪式类、实践类、活动类三个类别。“1”是校品课程。在“品能”课程的统领下，学校连续三年召开数学文化节。通过数学文化节的开展，引导每一个学子生动、活泼、主动、全面、个性地发展。其不仅能够学到知识，而且学会动手，学会动脑，学会做事，学会思考，学会生存，学会做人，不断形成必备的核心素养。此外，学校依托数学组教师的优长和素养，共同研发出数学校本教材《托起美的数学》。这套校本教材共有六本，不仅包含我们精心设计的课本、配套研发的教学课件、微课等，而且具备手机扫码看微课的功能，实现了信息技术与课程的深度融合，得到各级领导的赞誉。学校五十余节微课获区一二等奖，在南开区优秀课程评比中，还获得了“优秀校本教材”奖。

二、两个瓶颈问题——学校课程建设需要探索

“瓶颈一”：校品课程研究需要更加专业的人员的指导和帮助，学科经典教育融合需要更加科学系统。

校本课程开发的主体是教师，长期以来，教师在统编教材的影响下，习惯了“照本宣科”，缺乏对课程的独立判断能力和开发的积极性、创造性，而具备较强的课程意识和课程开发能力恰恰是校本课程开发的必备条件，面对新一轮课改，教师们感心有余而力不足。此外，经典教育涉及历史、政治思想教育、史料评价等多方面，需要相关领域的专家进行指导引领，这方面恰恰是小学教育涉及较少的领域，专家指导、专业引领、科学编辑是经典校本课程亟待解决的问题之一。

“瓶颈二”：校品课程研究需要适应新时代，解决“远有英雄，近有榜样”的问题，需要做好家长的教育问题。

如何在当代做好爱国主义教育，这一问题值得每一位教师思考。家长理解上存在误区和代沟是影响经典教育效果的重要原因。

三、两个实施渠道——学校课程建设纵深挖掘

实施渠道一：深入开展校本课程课堂评价探究。

根据本校特点，我们制定了“两线多结合”的课堂评价方案。课堂评价标准分为学生学习表现、教师教学表现和课堂效果三个维度，注重自主开放、合作探究、智慧生成，不仅要求教师的教法活，更要求学生的学法活，教学相长，促进师生的共同成长。在品能课程评价中，要突出良好的品行与知识能力的培养；在以活动为基础的课程评价中，要突出知识的转化与实践应用能力的培养，最终使每一个学生都能成为一个具有完善人格品质与创新学力的人。我们还需要将“两线多结合课堂评价标准”不断完善，在指导和评价课堂教学上起到实现终极目标的作用。今后，随着研究的深入，我们将深入扩展“常态课”“课题课”“优质课”青年教师“学科整合课”的评比，制定《“两线结合”教学模式之学科整合课课堂教学评价表（试行）》，全面提高课堂教学效率，使优质课常态化。

实施渠道二:“三位一体”协同开展经典课程建设。

在校本课程建设中,将经典教育在家庭、社区形成教育链,彰显合力育人效果,我们将采取多种方式进行层层推进。为了充分发挥学生的主观能动性,学校以“小手牵大手”的活动形式,开展了亲子读书交流会、“观经典影片,讲英雄事迹”、绘制手抄报、写主题征文、开展主题班会等。为了让家国情怀教育驻扎在每个人的心中,让经典伴两代人共同成长,学校创设情境,让家长们扮演英雄母亲或父亲,亲子同台,共同演绎历史场景。学校以社会文化环境为导向,面向教育群体,挖掘社会资源。学校在平津战役纪念馆、周邓纪念馆建立校外爱国主义教育基地,让学生在社会实践中感受民族精神的丰富内涵,了解历史、重温历史、感悟历史,从历史中获得滋养,获得穿越时空的精神感召力。

校本课程建设让学校在原有的基础上,成为天津市教育系统思想政治工作先进集体、南开区教育系统先进党组织、办学绩效评估优秀学校、南开区“十二五”教育科研优秀单位、德育工作优秀学校。我们将坚持以校本课程建设为抓手,以带动课堂改革为根本,让学校朝着办有“灵魂”的学校,主动寻求突破,实现稳步发展。

构建品能课程体系　培育有素养的学子

刘　红

课程是教育的灵魂，课程建设是培养学生核心素养的需要。学校基于“无处不课程、无事不课程、无时不课程”的大课程观，从实际情况与办学特色出发，着眼于促进学生全面而有个性的发展、着眼于促进教师教学能力的提高、着眼于促进学校整体育人质量的提升，将国家课程、地方课程和学校课程融为一体，建设校本化、特色化、生本化的“品能”课程体系，为培育有素养的学子打下坚实基础。

一、学校的办学理念和培养目标

在为国家的未来育人，为学生的明天夯基办学思想的指导下，我们运用立体的思维方式，重新审视拥有近七十年历史的学校：向前看未来教育的发展趋势，向后看学校发展的历史，向左右看兄弟学校的经验，向上看法律法规，向下看目前的师资情况、地缘环境、生源现状，最终确立了“精心培育学生核心素养，为学生的终身发展奠基”的办学理念。在执行教育的过程中，我们站在为国家未来和学生的明天的高度，确立校训为“品能兼进”。

“品”，是指品行淳朴，崇德尚理。“能”，是指自强不息，聪慧创新。品与能，是人格与智慧的最高境界，代表言行的标准，心灵的美好以及高尚的情操。我们希望培育出有着“品和能”高素养的学子。

二、品能课程建设的提出和总体目标

品能课程提出源自校训“品能兼进”。在国家课程总目标的基础上，品能课程既要立足学生的品行素养、又要传授给学生必需的知识和能力素养。在以学科为基础的课程中，实现良好的品行与知识能力的培养；在以活动为基础的课程中，突出知识的转化与实践应用能力的培养。

三、整合三级课程，构建“三化一体”的品能课程体系

我们把学生发展作为课程建设的出发点，在课程建设中牢牢抓住立德树人这条主线，做实国家课程、做活地方课程、做精校本课程，将课堂学习与课外学习、共性发展与个性发展紧密结合，最大限度地适应学生发展需要，构建独具特色的品能课程。

（一）国家课程校本化

作为对国家基础课程的补充和延伸，目前我校已经开设有：“语文学科 + 阅读”“数学学科 +《托起美的数学》”“英语学科 + 课本剧”“音乐学科 + 合唱”。每个学科所加内容配有相应教材，我们整合其他版本教材中深入浅出、符合学生认知规律、贴近学生生活实际的部分进行借鉴，使课程内容校本化。例如：学校付涛校长带领数学教师团队，编辑了《托起美的数学》这套校本教材。这套教材突出了以“数学思维”为主线的系列能力训练，培育学生科学精神、学会学习、实践创新的核心素养。这套教材结合学生的年龄特点和已有认知经验，通过古今中外的名题趣题、数学故事、数学游戏等内容，突出了数学好玩、数学有用、数学之美、数学精神及数学文化的熏陶，注重了趣味性、欣赏性、娱乐性。通过学习和使用这套教材，让学生们感受到生活中处处有数学，并能够积极主动地用数学的眼光去探究知识、关心环境、关心社会。

（二）地方课程特色化

结合地方课程，我校开设了“经典教育”校本课，并在传承学校已有的教育活动的基础上开发相应校本教材。校本课程是以系列人品教育，培育学生责任担当、人文底蕴和尚美生活的核心素养。我们充分挖掘天津本土的文化资源，按照英雄人物、爱国基地、历史文化故居等十项内容，将原有的一册教材，扩充为每个年级一册教材。通过引导学生对天津的认识和学习，使学生感受到厚重的历史文化内涵，从而培养学生以爱国主义为核心的伟大民族精神，树立正确的理想信念，养成良好的道德品质。

（三）学校课程生本化

学校积极探索，开发可供学生自主选择的学校课程，实现生本化。学校从以下两方面入手，做了有益的探索：

其一，丰富多样的学校课程。学校从学生的需求入手，构建了包括人文素养类、科学信息类、生活技能类、艺术修养类、体育拓展类五大类选修课程，力求提升学生各方面的素养。学校充分挖掘教师、社区中的课程资源，形成了切合学校实际的近三十门选修课。每周两次的选修课在孩子们的自主选择中快乐地进行着。丰富多彩的课程适应了学生兴趣的多样化，实践了为每一位学生提供适合的教育的要求。

其二，丰富多彩的学生活动。在调查中我们发现，学生幸福指数排在首位的因素是“学校举办丰富多彩的活动”。我们坚持把每一次活动都当作促进学生发展、丰富学生生命的课程来做。从活动前的策划、组织实施到活动后的反思总结，都有翔实的方案。围绕学生的日常生活，我们设计了个性化的活动课程，包含艺术教育、入学教育、毕业教育、主题教育、节日庆贺、国旗下讲话、社团活动、社会实践、班队会课等，将学生的日常生活全方位纳入其中。数学文化节、幸福读书节、多彩艺术节、合唱节、快乐运动会等校园节日，不仅为学生的个性发展搭建了展示自我的平台，更起到对学生高尚情感、高雅品行进行熏陶的目的。

将活动与课程整合起来实施，使学生活动更具计划性、科学性，规范了活动，提升了品位，更重要的是，这样做在活动中渗透了德育、美育，使教育润物无声。

四、加强课程管理，保障课程顺利实施

为使品能课程切实地在学校开展起来，避免随意性和形式主义，学校进一步明确课程开发管理的机制与职能，力求将课程建设管理做到科学化。根据课程实施的需要，学校建立了品能课程的管理体系，成立课程领导小组，由校长领导，引领思想、把控方向、提供政策支持。教学校长总负责，设置课程，从制定计划到总结检查，全程管理。我们围绕课程发展、分别由教育、教学、科研等五部门进行协调管理，负责组织品能课程的日常操作以及管理调配。各年级组班主任及科任教师，是课程最终实施的责任人。

围绕着课程建设这条中心线，学校的各个部门积极进行职能重新定位，力求国家课程、地方课程、校本课程在科学管理下得到整体推进。

五、面对问题，及时改进

学校品能课程在实施的过程中也出现了不少急需解决的问题：一是特长教师少，教师的专业技能普遍有待提高；二是部分教师和家长对品能课程的认识程度不到位，不能从学生长远发展考虑，只重学习成绩，不重全面发展的现象依然存在；三是校本教材开发的力度不够；四是学校的硬件设施还不能满足各种课程活动的需要等。

学校正视这些存在的问题，也在积极努力采取措施，不断改进，我们将始终坚持，以成就每一位学生的必备品格和关键能力的核心素养教育为目标，为每一位学生走向成功奠基。

传承经典 弘扬文化

牛会青

20世纪50年代至70年代，产生了一批影响巨大的史诗性经典作品，比如《红岩》《林海雪原》等，它们以其特有的思想深度和艺术风范赢得了社会的重新认可与读者、观众的青睐。

这些经典作品具有以下特点：一是经典的作家大都具有丰厚的生活积累和强烈的情感体验，他们大都是历史事件的亲历者。比如《林海雪原》的作者曲波在解放战争初期曾亲自率领一支小分队，深入牡丹江地区的林海雪原从事剿匪战斗。二是经典作品的作家具有强烈的历史使命感和严谨的创作态度。他们的作品大都是经过反复修改打磨而成，艺术上一丝不苟，绝不粗制滥造。《保卫延安》历时数年，九易其稿；《红旗谱》从短篇小说到中篇小说、长篇小说，反复打磨近二十年之久。三是这些经典作品追求"宏大叙事"和"史诗"品格。作者力求通过对中国革命与建设历史进程的抒写，反映历史的本质与规律。许多作品所反映的历史跨度相当长，气魄宏大，并且努力揭示历史本质与时代精神，展示中国革命的历史进程，反映新民主主义革命和社会主义革命的发生、发展以及走向胜利的必然性。

在建设社会主义先进文化、构建和谐社会的今天，这些经典作品是建设社会主义先进文化的重要精神资源，其教育意义更应该受到重视。百年大计，教育为本。先进科学的教育不仅仅是知识文化的教育，还应包括国民素质教育、共同理想与信念教育等方面。这些经典作品产生以来，不断地被制作成各种文化产品，产生了广泛而深远的影响。我们应当广泛利用书籍、影视等渠道，将爱国、敬业、诚信、友善等社会主义核心价值观传递给学生。

语文课本是培育民族精神的重要载体，担负着对未成年人进行语言文字、思想品德、审美情趣、意志情操等综合教育的重任。经典作品作为中小学语文课本的重要内容，是未成年人学习和成长历程中的主要精神营养。作为一名教育工作者，我认为可以从以下方面着手：

一是要加强经典作品在语文教学中的分量。少年儿童崇尚英雄，英雄形象往往会影响少年儿童一生的成长。经典作品曾在少年儿童成长中起到鼓舞和引导的作用。我们呼唤经典作品进入语文教学课堂，弘扬英雄主义精神是培育少年儿童健康成长的重要方式。

二是要建立理想的阅读经典作品的环境。社会虽然一方面在倡导并坚持与经典作品一脉相承的价值观，但由于年代渐趋久远，少年儿童对革命历史渐渐产生距离感。这就要求我们从教材入手，让孩子们通过学习经典课文去认识那段历史，把革命传统一代代传承下去。

在小学数学中渗透思政教育

靳　伟

小学数学是基础教育的一门重要学科。小学数学教学，不仅要传授知识，发展智力和培养能力，还要结合学科特点向学生进行思想教育，数学教师传授数学知识的同时要结合数学教学对学生进行有效的思政教育。那么，如何将思政教育潜移默化地融入课堂，需要每一位教师进行深入思考。在渗透的过程中，既要突出强调思政教育，让学生的精神受到洗礼和熏陶，又要对课题教学产生积极效果，其中的关键就是渗透得当。

一、利用教材内容，渗透思政教育

在小学数学教材中，思想品德教育内容十分丰富，只要教师认真钻研教材，充分利用教材中的德育素材，不失时机地进行思政教育，就能够把思政教育贯穿知识教学中。如：在复习“时、分、秒”的教学时，笔者以课件展示北京申奥成功后人们欢呼雀跃的场面。笔者抓住这一素材，教育学生：中国申奥成功了，我们期盼了多年的事情，今天终于如愿以偿了，我们身为中国人，多么自豪，多么骄傲。

在开展圆周率的教学时，笔者向学生介绍，祖冲之是我国的一位伟大的数学家和天文学家，他是世界上第一个把圆周率的值精确计算到小数点后七位的人，这一成果要比外国数学家早一千多年。笔者还讲述了祖冲之在追求数学道路上的感人故事，这样可以增强学生的民族自豪感、自尊心和自信心。

又如六年级学生在复习“读数、写数”时，可以有选择地介绍一些本地有教育意义的数据，还可以介绍我国的地形地貌特征，如我国地域辽阔，境内有世界著名的大河、大江，等等。教学“应用题”时，可以根据应用题中所反映的日常中的生活、农业、科技、卫生等方面有说服力的数据，带领学生进行比较、分析，对学生进行爱家乡、爱祖国、爱社会主义、爱科学的教育。

二、结合教学过程，渗透思政教育

数学课不同于思想品德课，也不是少先队活动，它有其自身的特点。我们不能用整节数学课对学生进行品德、说理教育，只能结合教学内容，抓住有德育因素的一词一句，一题一例，一图一表，进行渗透。如，在应用题教学中，教师可选取一些好的事例：如做好事、节约用水、用电、改革开放前后的人均收入等，使学生在解题过程中潜移默化地受到教育。又如：在教学“元、角、分”时，可教育学生人民币是国家的财产，代表着国家的尊严，我们应该爱护好人民币。

三、联系生活实际，渗透思政教育

数学是一门联系性极强的学科，数学知识来源于生活，应用于生活，数学就在我们身边。在教学中，教师要善于联系学生的生活实际，选取有关德育信息，及时渗透思想品德教育。例如，在教学“时、分”时，教师可这样引入课题：演示举世瞩目的中国“神舟七号，载人飞船”成功升空的画面，让学生说出“神舟七号”的发射时间。课程结束时，再演示“神舟七号”成功返回地面的画面，让学生说出“神舟七号”的返回时间。通过联系学生感兴趣的信息引出课题，这样既能及时让学生了解一些外界的信息，又能对学生进行爱国主义教育，激发学生爱科学和用科学的兴趣。又如，在教学统计知识时，联系生活实际，如调查改革开放前后家庭拥有电视机、电冰箱、摩托车等数量进行教学，或者收集历届奥运会获奖的金、银、铜牌数进行教学。这样联系生活实际，选取现实生活中与数学紧密相关的新鲜信息，对学生进行德育教育，不仅能让学生感受到改革开放的成果，听到经济飞速发展的声音，还能激发学生的爱国热情。

四、利用数学史对学生进行爱国主义教育

在我们现行的数学教材中，有丰富的爱国主义教育素材，在教学中适时地、自然地利用它们对学生进行思想教育，会达到事半功倍的效果。比如在指导学生阅读《有关几何的一些知识》《中国是最早使用负数的国家》《勾股定理》《关于圆周率的一些知识》《我国古代有关三角的一些研究》《我国古代的一元二次方程》等内容后，告诉学生，我国自古在数学研究应用方面就有辉煌的成就，如祖氏公理的发现早于世界其他国家1100多年，杨辉三角的发现先于其他国家400多年；祖冲之对圆周率 π 值的计算、负数的使用、方程组的解法都比欧洲早1000多年，我国古代的科学成就令世人瞩目。20世纪初，我国著名数学家华罗庚教授发起、推广的优选法，被广泛地应用于生产和科学试验，创造了很大的经济价值；陈景润成功地证明了数论中“(1+2)”定理，这一定理被誉为“陈氏定理”；科学家杨振宁、李政道、吴健雄因在科学上的巨大成就而荣获诺贝尔奖等，这些真实的史实不仅可以激发学生强烈的爱国情和民族自豪感，而且也能激励起学生学习的进取精神，同时也可使学生切实感受到我国改革开放的意义。

思政教育应该渗透在生活中的各个方面，课堂只是其中的一种展现形式，教师要充分利用好课堂这一教育阵地，在传授知识的同时，做好学生的思政教育。

发挥经典诗文在学生思政教育中的作用

雷　莹

作为一种文化的存在形式，经典文化的呈现形式是多样的，主要包括物质和精神两个方面。物质方面主要指一些革命社会实践基地，精神方面包括英雄人物、英雄故事、经典家书、经典诗文、经典影视等内容。

我们选择将经典诗文作为研究对象，对其在小学阶段革命传统教育过程中的呈现内容及呈现形式进行深入探究，以期找到适合作为思政教育的诗文内容和呈现形式，更好地为思政教育、道德教育服务，同时也使经典文化得到更好的传播和普及。

一、经典诗文的内容选择

经典诗文作为经典文化中的一部分，内容较为丰富，在革命传统教育的教育过程中，需要我们根据学生的年龄特点及接受程度选择适合他们的内容。

在小学低年级阶段，我们可以选择篇幅短小、朗朗上口的歌谣作为教育内容。这样的诗文篇幅短小，学生朗读起来不会吃力，更容易记忆。如《青纱帐里》：

青纱帐里
路儿长
连着村
串着庄
弯弯曲曲绕城墙

青纱帐里
叔叔藏
鬼子兵
心发慌
怕给拖进青纱帐

《青纱帐里》是反映抗日战争时期游击队员勇敢、机智的歌谣，内容简单易懂，较为短小，适合作为低年级经典诗文的教育内容。在教学过程中，教师可适当对诗歌所讲内容进行简单介绍。

在小学中年级阶段，我们可以选择一些内容稍有难度、篇幅不宜过长的诗文作为教育内容。如《囚歌》：

为人进出的门紧锁着，
为狗爬走的洞敞开着，
一个声音高叫着：
爬出来呵，给你自由！
我渴望自由，
但也深深地知道——
人的身躯哪能从狗的洞子爬出！
我只能期待着，那一天，
地下的烈火，
将我连这活棺材一齐烧掉，
我应该在烈火与热血中得到永生！

《囚歌》这篇诗文在给学生讲解时，还要再适当增加一些诗文的作者简介、诗文背景及表达意义的介绍。因为学生进入中年级后，识字量较多，不能仅仅满足于了解朗读诗歌的内容，还应该对作者、背景、意义有一些了解，在此基础上，教师再进行适当指导。

在小学高年级阶段，我们在内容的选择上，可以选择一些篇幅较长的散文作为这一阶段的教育内容。如《别了，我爱的中国》：

别了，我爱的中国，我全心爱着的中国！我倚在高高的船栏上，看着船渐渐地离岸了，船和岸之间的水面渐渐地宽了，我看着许多亲友挥着帽子，挥着手，说着："再见，再见！"我听着鞭炮噼噼啪啪地响着，我的眼眶湿润了，我的眼泪已经滴在眼镜面上，镜面模糊了。我有一种说不出的感动！

船慢慢地向前驶着，沿途停着好几只灰色和白色的军舰。不，那不是悬挂着我们的国旗的，那是帝国主义的军舰。

两岸是黄土和青草，再过去是地平线上几座小岛。海水满盈盈的，照在夕阳之下，浪涛像顽皮的小孩儿似的跳跃不定，水面上呈现出一片金光。

别了，我爱的中国，我全心爱着的中国！

我不忍离了中国而去，更不忍在这个大时代中放弃自己应做的工作而去。许多亲爱的勇士正在用他们的血和汗建造着新的中国，正以满腔热情工作着，战斗着。我这样不负责任地离开中国，真是一个罪人！

然而，我终将在这大时代中工作的，我终将为中国而努力，而贡献我的身、我的心。我离开中国，为的是求得更好的经验，求得更好的战斗的武器。暂别了，暂别了，在各方面斗争着的勇士们，我不久将以更勇猛的力量加入你们当中来！

当我归来的时候，我希望这些帝国主义的军舰都不见了，代替它们的是悬挂着我们的国旗的伟大的中国舰队。如果它们那时候还没有退出中国海，还没有被我们赶出去，那么，来，勇士们，我将加入你们的队伍，以更勇猛的力量，去驱逐它们，毁灭它们！

这是我的誓言！

别了！我爱的中国，我全心爱着的中国！

相较于低年级和中年级阶段，高年级阶段的诗文篇幅明显加大，但是在内容理解上难度并不是很大，依然是符合这一阶段学生认知水平的，同时教师也要增加对诗文的作者、诗文背景及表达意义的介绍，让学生不能仅仅满足于对诗文的阅读，还要对其背后的意义有所了解，才能理解得更深刻。

二、经典诗文的教育形式

在我们目前的小学思政教育过程中，为了让每个年龄阶段的学生都能学有所获，在内容上，我们的教材需要根据学生的年龄特点来编纂。同时，在形式上，我们也应该按照学生的年龄特点采取适合不同年龄阶段的教育方法。

低中年级所教内容都是些篇幅较为短小的歌谣、诗词。我们除了在课堂上带领学生朗诵诗词、歌谣外，还可定期采取诵读比赛的形式，让学生把自己所学到的经典诗词进行成果展示。学生在朗诵的过程中，既可以加深自己对诗词、歌谣的理解，又可以向他人展示自己所学，带动更多的人来诵读经典诗词和歌谣。

高年级阶段的学生所学的主要为篇幅较长的经典散文，教师教授时除了对文章内容、作者、背景和表达意义进行介绍外，还可以组织学生写读后感。学生通过写读后感可以把自己所学的知识进行内化，抒发自己的见解，使所学的经典散文能进一步对自己的学习生活起到一定的指引作用。

以上所采取的学习经典诗文的形式，都是独立进行的。由于经典教育的内容较为丰富，经典诗词也可跟其他内容结合起来进行学习。如有的经典诗文可以与歌曲相结合进行学习，有的可以在参观革命实践基地中进行学习。

我们对经典诗文的教育内容及教育形式进行了简单的探讨，不管是教育内容还是教育形式，我们都要始终以学生的年龄特点为出发点，不同内容的选择，不同教育方式的进行都以学生的认知和接受程度作为参考。思政教育的内容较为丰富，其他教育内容也可以此作为借鉴开展相应的教育，同时，不同教育形式之间也可以相互补充，使思政教育的内容和形式更加多样，使教育效果达到更好，学生更加感性地接受革命精神的熏陶，更好地领悟红色革命精神的内涵。

第四章

明理指导

——思政教育课堂的实践

“传承经典 做新时代爱国少年”主题教育

陈 静

一、背景分析

多年来，我校师生坚持“经典浸润人生”的理念，通过校本课程、读经典故事、诵经典诗篇、唱经典歌曲、看经典影片等系列活动激发学生的爱国主义情感，引导学生珍惜幸福生活。为进一步增强学生的民族自豪感和新时代小学生的使命感，笔者特设计本次主题教育。

二、教育目标

第一，通过本次班会，让学生更加了解中国共产党的奋斗历程，了解中华人民共和国成立与发展的艰辛。

第二，激发学生对烈士的崇敬之情，对祖国的热爱之情，对美好生活来之不易的珍惜之情。

第三，弘扬革命精神，引导学生树立远大的理想信念，加强学生的爱国主义情怀。

三、活动过程

（一）主持人引入，宣布班会开始

生1：五月的摇篮，摇出了白鸽飞满蓝天。一声声鸽哨，一声声祝福，撒落在高山，撒落在平原。

生2：面对和平与幸福，我们怎能忘记过去，一位位英雄，一幕幕场景在我们眼前闪过。今天,让我们一起诵革命经典,做爱国少年。下面我宣布:天津市南开区宜宾里小学三年一班“传承经典,做新时代爱国少年”主题班会现在开始!

生3:英雄们的身躯,如今已化作一座座高山,英雄们的胸脯,如今已变为一片片平原。共和国的旗帜上有他们血染的风采。他们用美好的青春,闪光的年华,为我们的祖国迎来了春天,迎来了光明。听,天安门城楼上那铿锵有力的声音……

(二)欣赏视频

带领学生观看中华人民共和国成立的相关视频,学生畅所欲言,表达自己的观看感受。

(三)诵读诗歌

英雄的事迹气壮山河,让人荡气回肠。在那战火纷飞的年代,无数革命者用生命书写了不朽的篇章。全班同学怀着崇敬的心情诵读诗歌《长征》《就义诗》《我的“自白书”》《囚歌》。

(四)讲述革命故事

生1:同学们,在解放新中国、保卫新中国的进程中,还有无数英雄,让我们记住他们。

生2:面对死亡,从容就义的抗日民族女英雄——赵一曼;面对枪林弹雨,挺身而出的英雄——黄继光;面对敌人的威逼利诱,坦然献身——方志敏。

(学生讲述革命英雄的故事。)

(五)小合唱

学生通过小合唱《只怕不抵抗》,感受革命先烈的坚贞不屈。

生1:著名教育家陶行知说:“国家是大家的,爱国是每个人的本分。”

生2:列宁曾说:“爱国主义就是千百年来固定下来的对自己的祖国的一种最深厚的感情。”

生1:孙中山说过:“做人最大的事情就要知道怎样爱国。”

生 2:作为新时代的小学生,大家觉得怎样做才是爱国呢?

(同学们各抒己见,说说怎样做是爱国。)

生 1:同学们,少年兴则国兴,少年强则国强。我们是国家的希望,我们是国家的未来。我爱我的国,我爱我的家。今天,我们将庄严宣誓:(全体起立)我们将高举爱国旗帜,锐意进取,自强不息,艰苦奋斗,顽强拼搏。今天为振兴中华而勤奋学习,明天为创造祖国辉煌贡献自己的力量!

(全班齐唱歌曲《国家》。)

(六)班主任总结

同学们,热爱祖国不是一句口号,也不是一堂班会就能全部体现的。爱国要从身边小事做起,爱同学、爱父母、爱家乡、爱祖国 只有付出、传递“小爱”才能汇聚成祖国的“大爱”。大家的身上肩负着祖国的未来,承载着民族的希望。让我们每个人都能在实际行动中成为爱国少年!

(主持人宣布班会结束。)

(七)活动延伸

通过此次班会,班上再次掀起热潮,争做新时代的爱国少年。同学们自发绘制手抄报,举办主题板报,参与主题升旗仪式,从自身行为习惯上约束自己,从身边小事做起,按时完成作业,积极参加学校组织的各项活动,课上积极回答问题,为父母做力所能及的家务……大家共同努力,将“爱国”这一口号化为实际行动。

“少年强　中国强”主题教育

田方彦

一、背景

教育部、中宣部、国家卫健委、中央广播电视总台面向全国中小学生，以“少年强，中国强”为主题，联合制作了2020年“开学第一课”专题电视节目。为了更好地展现少年的风貌，我们开展了“少年强，中国强”主题班会。

二、目标

通过展示大量图片，带领学生回顾祖国历史和当前形势，激发学生的民族自豪感和历史责任感，进一步弘扬爱国主义精神，强化爱国主义教育。通过主题班会，强化学生的忧患意识，培养学生的使命感和责任感；引导学生将爱祖国的热情与爱家乡、爱集体结合起来，不断提高自身素质，理性爱国；让学生们在活动中将振兴中华的意识内化为自己的主动行为，并在以后的生活和学习中坚持下去。

三、前期准备

为了达到预期的目的，班会的前期准备工作需要做得比较细致。从班会前期的组织到每个同学分配任务、准备展示素材等，每个环节都进行了缜密的思考设计。整个班会的前期准备过程中，同学们都积极参与，每一位同学都是这次班会的主人。

四、班会过程

主持人1:(梁启超《少年中国说》)“今日之责任,不在他人,而全在我少年。少年智则国智,少年富则国富,少年强则国强,少年独立则国独立,少年自由则国自由,少年进步则国进步,少年胜于欧洲,则国胜于欧洲,少年雄于地球,则国雄于地球。”

主持人2:一百多年前,在百日维新失败后,反思中的梁启超写下了上面这段话,把中国强盛的希望放在了少年人的身上。

主持人1:回顾中国近代史,我们要铭记历史,勿忘国耻。

(学生们分别讲述重要历史事件。)

生1:八国联军侵华事件——1900年(清光绪二十六年),以当时的英、美、法、德、俄、日、意、奥为首的八个主要国家组成的八国联军对中国进行武装侵略。8月14日,北京彻底沦陷,八国联军从紫禁城、颐和园偷窃和抢掠的珍宝不计其数!著名的万园之园“圆明园”继英法联军之后再遭劫掠,终成废墟。

生2:1937年12月13日,是中华民族近代史上最沉重的一页。侵华日军攻占南京,在此后的一个多月,血腥屠杀30余万中国人,制造了震惊中外的南京大屠杀事件。其滔天罪行,罄竹难书。历史不能忘记!勿忘国耻,铭记历史,缅怀先烈,吾辈自强!

主持人1:落后就要挨打,只有自己强大了,祖国强大了,我们才能在国际舞台上取得主动权,才能更好地维护国家和民族的利益。我们如何才能做到吾辈自强?

生3:自信自强,相信自己、积极向上、自我勉励、奋发图强。

生4:积极参加活动、上课积极回答、自觉完成作业、自己能做的事情自己做,诚实守信、乐于助人,不轻易放弃等。

生5:拼搏努力,用智慧的头脑,勤劳的双手,坚韧不拔的精神勇攀高峰,实现自己心中的目标。

主持人 2:有关拼搏努力的诗句有哪些?

生 6:有志者,事竟成。

生 7:世上无难事,只要肯登攀。

生 8:路漫漫其修远兮,吾将上下而求索。

主持人 1:作为小学生的我们,如何做祖国怎样才能强大?

生 9:要做高素质的小学生。捡起垃圾,让环境变得更好,或提醒他人不要大声喧哗等,这都是爱祖国的表现。我们现在还小,虽然不能像共产党员那样为国家做大事,但做些小事,也是爱祖国、爱人民的表现。这些小事,我相信大家一定能做到的。有人也会说:“捡起一片垃圾,环境又不会变好。”但我们人人捡起一片垃圾,就捡起了所有的垃圾,环境就会干净很多。人多力量大。

生 10:在班里,不要大声喧哗,这样会影响大家的学习,如果让大家在安静的教室里读书、学习,别人能感到快乐,自己也能感到快乐。人人都能快乐健康地成长,等我们长大了,祖国肯定也更强大了。

生 11:升国旗的时候,戴好红领巾,两眼盯着国旗,手举得高高的,表现出对国旗的尊重,对国家的尊重。在学校里,我们要好好学习,天天向上,争取长大成为国家的栋梁,为国家的发展贡献一份较大的力量。这当然也是爱国的表现。

生 12:在家里,写完作业可以看看有关历史的书,了解以前的情况,了解一下爱国人士为了让我们过上好的生活所做出的贡献。同时也要关爱他人,尊敬长辈。千里之行,始于足下。请大家从小事做起,让周围的人感受到我们爱祖国,爱人民,爱护我们生存的环境,让我们为和谐社会做出一份应有的贡献吧。

生 13:爱国,首先就应该了解祖国,从自己身边小事做起,严肃参加升旗仪式、高唱国歌、注视国旗、佩戴红领巾、缅怀先烈、诚实守信、尊老爱幼、认真学习,锻炼身体,等等。

生 14:锻炼身体我在行,从 1832 年传承至今的猿功地趟拳在今年非物质文化遗产申请成功，我给大家展示一下。希望大家能从小养成锻炼身体的好习惯。（武术表演2分钟。）

主持人1：爱国不仅是在心中，也要体现在学习生活上。下面请大家一起观看由四年四班自编自演的短片：《我和我的祖国——中国的版图要完整》。（播放短片3分钟。）

主持人2：少年强则国强，如何才能做到少年强呢？大家一起来看一看其他人是怎么做的吧！

生15：少年周恩来亲眼看到，中国人在外国租界受人欺凌，无处说理，少年周恩来从中深刻体会到伯父说的“中华不振”的含义，从而立志“为中华之崛起而读书”。后来的他为了中国的解放而奋斗，做出了巨大的贡献。

生16：汶川大地震时，小林同学是二年级的学生。地震发生时，大家都往外跑，后面传来一个女同学的哭声。小林同学就告诉她：“别哭了，我们一起唱歌吧。”大家就开始唱学校教的歌。最后一首《大中国》唱完后，女同学不哭了。两个小时后，小林同学开始慢慢挪动身子向外爬。逃出生天的他没有跑，而是又爬了回去，连拖带拽地将两个昏迷的同学拉出废墟。被问到为什么要这么做时，他只是稚气地大声宣告：“我是班长。”从那天起，大家都叫他“小班长”。因为救同学，小林同学的头部多处被砸破，左手臂严重拉伤，九岁的小林同学，超出他年龄的从容和镇定。

主持人1：我们需要不断提高自己的能力，为祖国的建设贡献自己的一分力量，作为祖国未来的建设者、接班人，同学们，请大家说说自己的梦想。

生1：当一名军人，保卫国家。

生2：当一名老师，教书育人。

生3：当一名歌唱家，用自己的歌声抚慰人心。

生4：当一名音乐家，用音乐打动人的心灵。

生5：当一名医生，救死扶伤。

主持人 2：在新冠肺炎疫情期间，医护人员冒着生命危险战斗在抗"疫"一线。现在请欣赏朗诵《疫情当下，少年强则中国强》。

疫情当下，少年强则国强

2020 年伊始，春风还未吹过祖国大地
一种叫作"新型冠状病毒"的家伙
猝不及防地打乱了我们的生活
病毒成了不速之客
让人们变得忐忑不安
我们待在家里，不出门，不串门，不去人多的地方
勤洗手，勤锻炼
听从老师们的叮嘱
遵从家长们的安排
不给祖国母亲增加负担
这是一场不见硝烟的战斗
哪有什么岁月静好
只是有人替我们负重前行
那些从死神手里夺回生命的医学工作者
向你们敬礼！作为新时代新少年，我们任重而道远
红日初升 其道大光
我们是雄鹰，欲振翅高飞
我们是雄鹰，要踏遍祖国大地
我们是雄鹰，要巡视辽阔的疆域
我们是雄鹰，要保卫祖国
壮哉，我少年中国，与天不老！
壮哉，我中国少年，与国无疆！

主持人1:作为“新时代的主人翁”,我们应该如何做?

生6:在家庭,做孝顺父母、关心亲人、勤俭节约、热爱劳动的“小帮手”。

生7:在社会,做热爱祖国、文明礼貌、诚实守信、遵纪守法的“小标兵”。

生8:在社区,做爱护公物、讲究卫生、保护环境、遵守秩序的“小卫士”。

生9:在学校,做团结友爱、互相帮助、尊重他人、善于合作的“小伙伴”。

生10:独处时,做胸怀开阔、心理健康、勤奋自立、勇于创新的“小主人”。

主持人2:说得好不如做得好,四年四班的同学们也都在生活中不断提高自己。咱们班热衷于公益事业,张同学的行动阐释了什么是奉献,什么是新时代好少年,请欣赏他的公益之路(PPT展示,张同学进行解说)。

主持人1:今日之责任,不在他人,而全在我少年。请大家欣赏歌曲《中国少年说》。

主持人2:说到不如做到!

主持人1:要做就做最好!

合:主题班会到此结束。谢谢大家!

五、班会反思

学生是祖国的未来,是祖国的建设者,总有一天,学生会将自己手中的接力棒满怀憧憬地传递下去,我们要相信,学生们有能力完成这艰巨而光荣的任务。爱国主义是时代最强的声音,爱国主义可以从锻炼身体开始,从良好的行为开始,从认真学习开始。我们要努力学习,树立崇高的理想。只有脚踏实地的学习,才能把握更好的未来。

“学楷模周恩来　做阳光文雅学子”主题教育

吴佳忆

一、背景分析

笔者围绕我校“经典浸润人生”这一教育主题，结合班级争创“周恩来班”的经验，以学生现有认知为基础，开展以周恩来为人生楷模系列教育活动。为树立学生良好品质，笔者特设计了“学楷模周恩来，做阳光文雅学子”主题教育活动。

二、设计理念

在学生们的心目中，周恩来是学习的榜样，是前进的动力，是人生道路的标杆。因此，本活动设计以周恩来青年求学经历和感人事迹为主，结合当下学生们出现的思想问题、学习问题、习惯问题，进行有针对性的教育，进而培养学生大局意识、看齐意识。

三、教育目标

首先，学习周恩来总理自律自强、一心为国为民的公仆精神，让学生们懂礼仪、知荣耻、讲诚信，做阳光文雅的学子。

其次，引领学生从小立志、奋发图强，学习周恩来总理少年立志、为中华之崛起而读书的精神，做积极进取的学子。

最后，以周恩来总理为榜样，时时反思，自警自省，做健康向上的学子。

四、活动过程

(一)激趣问答

教师课前准备好与周恩来总理相关的知识问答,每一个问题都可从纪录片中获得答案。学生通过观看纪录片片段和问答,加深对周恩来总理事迹的印象。

如:周恩来总理曾就读于天津的哪所学校?周恩来总理用来自警自省的名言是什么?

(二)周恩来故事情景剧

教师提前安排部分学生,排练关于周恩来总理的故事情景剧。(学生要严肃对待,不允许出现改编或笑场等情况。)

周恩来总理的故事情景剧分别有如下几个:

周恩来总理练大字的故事——学习其刻苦顽强的精神。

智慧的外交家——学习其不卑不亢的智慧。

周恩来总理的十条家规——学习其大公无私、坦坦荡荡。

为中华之崛起而读书——学习周恩来总理志向远大。

教师请学生们观看完情景剧后,说一说自己的感想。

(三)想对周恩来总理说的话

教师提问:“假如你也生活在周恩来总理的时代,面对辛苦的总理,你想对他说什么?”

学生说完后,教师进行总结,并进行正面引导。

(四)周恩来名言赏析

教师提前布置任务,让学生摘抄或搜集周恩来总理的名言,并在课堂上与大家分享,说说自己从中学到了什么。

(五)解决问题我能行

教师请学生结合自己的学习生活,说说自己有什么不足之处。

教师准备小纸条，请每个学生将自己的问题和困惑写在纸条上，不记名。教师抽取10个左右的问题，通过全班同学讨论和个别发言，带领大家一起从楷模周恩来身上寻找答案。

（六）活动总结

五、活动延伸

在活动之后，教师继续带领学生们学习周恩来的伟人精神，开展“我能坚持一件事”活动，每位同学给自己定一个小目标并坚持一个月，这个目标要具体且能落实，符合中小学生行为规范。完成目标的同学获得“小小楷模”荣誉称号。

在每月班会楷模学习系列活动中，可以将“解决问题我能行”活动中未解决完的问题，继续集体讨论并解决问题。

“争做新时代好队员”主题教育

陈 静

一、活动目标

激发同学们对红领巾的热爱，引导同学们从小立志向、筑梦想。

培养少先队员从小立志报效祖国，为红领巾增光添彩。

通过活动，激发学生爱党爱国的热情，增强少先队员的使命感。

二、活动准备

学生排练表演。

三、活动过程

（一）队会仪式开始

1. 中队长致发言词

敬爱的老师、亲爱的同学们，大家好！五一中队“争做新时代好队员”主题队会即将开始，请各小队汇报人数。

2. 各小队向中队长报告人数

小队长：全体起立，稍息！（向后转跑步至中队长两步远距离，立正敬礼）报告中队长，第X小队应到少先队员X人，实到X人，报告完毕。

中队长：接受你的报告！（敬礼）

小队长：（回礼）向后转跑步至座位前。

3. 中队长向中队辅导员汇报人数

中队长:全体立正!(向后转跑步至中队辅导员两步远距离,立正敬礼)报告中队辅导员,五一中队应到少先队员 X 人,实到 X 人,今天我们将开展“争做新时代好队员”主题活动,一切准备工作完毕,请您批准!

辅导员:(回礼)接受的你报告,可以开始,预祝本次活动圆满成功!

中队长:五一中队“争做新时代好队员”主题队会现在开始!

(二)活动内容

中队长:全体立正,出旗,敬礼!

播放出旗曲,三位旗手出旗,绕场一周。

中队长:礼毕(唱队歌)!

主持人上台、敬礼。

主持人 1:同学们,我们出生在 21 世纪,是一群幸福快乐的少年,梁启超先生说:“少年智则国智,少年强则国强,少年兴则国兴,少年独立则国独立。”我们是祖国的未来,是新时代的少年,肩负着建设祖国的重任。

主持人 2:星星金闪闪,火炬光灿灿,少先队员手拉手,红领巾在胸前飘舞。大家知道红领巾的来历吗?

生 1:《中国少年先锋队章程》规定,红领巾是少先队员的标志,是革命先烈的鲜血染成的。

主持人 1:看到飘扬的国旗,我就会想起一个难忘的历史镜头——江姐和战友们在狱中含泪绣国旗。下面请大家观看视频《江姐绣红旗》。

(播放视频——《江姐绣红旗》。)

主持人 2:无数革命英雄像江姐一样浴血奋战,才使鲜艳的五星红旗飘扬在天安门广场。红旗化作千万条红领巾,让每个少先队员佩戴在胸前,我们要让革命精神代代相传。勿忘历史,少年自强!下面请几位同学为我们带来革命诗篇配乐朗诵。

（小提琴独奏配乐革命诗朗诵。）

主持人1：新时代的少先队员都懂得红领巾的意义，我们要热爱红领巾，珍惜红领巾的荣誉，不忘革命先辈的奋斗历程。请欣赏小合唱《没有共产党就没有新中国》。

（小合唱《没有共产党就没有新中国》。）

主持人2：红领巾来之不易，戴上了红领巾后，应该努力为红领巾增添光彩。同学们，我们应该从小学习本领，长大后才能成为祖国栋梁！为红领巾添光彩，争做新时代好队员，我们有话说——

全体学生畅言（齐唱《少年中国说》）。

主持人1："记住要求、心有榜样、从小做起、接受帮助"是习近平爷爷对少先队员提出的十六字要求。我们要从小立志向、有梦想、热爱党、热爱祖国，为实现中华民族伟大复兴的中国梦时刻准备着，做一名向上向善的好少年！

主持人2：同学们，让我们接过先辈手中的火炬，在新世纪奋发向前。今日，我们是练翅的雏鹰；明日，我们是搏击长空的雄鹰。让我们继承革命先辈的光荣传统，继续前行！请中队辅导员陈老师讲话。

中队辅导员总结发言：本次队会，同学们热情高涨，用真诚而朴实的语言表达了对党和国家的热爱，取得很好的效果。希望大家听党话，跟党走，作为中国梦时刻准备着的新时代好队员！

中队长上台：全体起立，立正！（面向队旗）请大家举起右拳——时刻准备着，为共产主义事业而奋斗！

其他同学：时刻准备着！

中队长：退旗！敬礼（音乐起）礼毕！

五一中队"争做新时代好队员"主题教育活动到此结束。

“少年强则国强”主题教育

杨永悦

一、教学目标

认知目标：教师展示大量图片，带领学生回顾祖国历史，了解当前形势，激发学生的民族自豪感和历史责任感，进一步弘扬爱国主义精神，强化爱国主义教育。

情感目标：强化学生忧患意识，培养学生使命感和责任感；引导学生将爱祖国的热情与爱家乡、爱集体结合起来，不断提高自身素质，理性爱国。

行为目标：让学生们在活动中将振兴中华的意识内化为自己的主动行为，在以后的生活和学习中坚持下去。

二、教学重点

使学生体会爱国主义和国家强盛的重要性，增强民族自豪感，弘扬时代精神。

三、教学难点

将振兴中华意识内化为自己的主动行为，并在以后的生活和学习中坚持下去。

四、教学准备

教师带领学生收集有关爱国的文字和图片资料，并制作多媒体课件。

五、教学形式

多媒体教学。

六、教学设计

（一）情景导入

全体学生起立，唱国歌。

利用升旗和唱国歌，让学生在庄严肃穆的情境中激发爱国之情，由此引出活动主题“少年强则国强”（教师展示课件并板书课题：少年强则国强）。

（二）新课教学

1. 引出“少年强则国强”的出处

教师播放幻灯片：（梁启超《少年中国说》）少年智则国智，少年富则国富，少年强则国强，少年独立则国独立，少年自由则国自由，少年进步则国进步，少年胜于欧洲则国胜于欧洲，少年雄于地球则国雄于地球！

2. 带领学生了解国情，树立忧患意识

教师播放幻灯片，展示图片资料，带领学生回顾中国近代史，使学生铭记历史，勿忘国耻。

教师提问：从上述资料中，我们可以得出一个什么样的结论？大家能不能结合自身的生活实际谈谈体会？

教师组织同学们讨论后，请代表发言。

教师利用幻灯片展示近代中国的成就：只有奋发图强，积极进取，才能实现中华民族的伟大复兴。

教师小结：落后就要挨打，我们必须增强忧患意识，不进则退。弱国无外交，只有祖国强大了，我们才能在国际舞台上取得主动权，才能更好地维护国家和民族的利益。中国的未来握在大家手中，我们需要不断提高自己的综合能力，为祖国的建设贡献自己的一分力量。少年强则国强，如何才能做到少年强呢？

(1)热爱祖国

教师播放幻灯片,带领学生思考与讨论:新时代,我们怎样做才是爱国呢?

学生思考讨论回答,老师点评总结:从大家的现状来看,我们的成长环境明显改善,但较为安逸。安逸的成长环境让我们缺乏艰苦奋斗的精神,比较脆弱,不够坚强,越来越强调自我,缺乏团结互助合作意识和大局观念。爱国应体现在"以天下兴亡为己任"的责任感和使命感上,落实在我们的实际行动中。爱国主义不是抽象的,而是具体的。爱国首先就应该了解祖国,从自己身边小事做起,严肃参加升旗仪式、高唱国歌、注视国旗、佩戴红领巾、缅怀先烈、诚实守信、尊老爱幼、认真学习,锻炼身体,等等。

(2)自信自强

思考与讨论:

教师播放幻灯片,带领学生思考与讨论自信自强的含义:自信自强指相信自己、积极向上、自我勉励、奋发图强。

教师提问:怎样才能做到自信自强呢?

教师带领学生总结:想要做到自信自强,要积极参加活动、上课积极回答问题、自觉完成作业、自己能做的事情自己做,诚实守信、乐于助人,不轻易放弃等。

(3)拼搏努力

教师播放幻灯片,带领学生思考与讨论拼搏努力的含义:努力拼搏指用智慧的头脑,勤劳的双手,坚韧不拔的精神勇攀高峰,实现自己心中的目标。

教师提问:有关拼搏努力的诗句有哪些?

学生回答:(参考答案)"有事者,事竟成。""只要功夫深,铁杵磨成针。""少壮不努力,老大徒伤悲。""世上无难事,只要肯登攀。""长风破浪会有时,直挂云帆济沧海。""路漫漫其修远兮,吾将上下而求索。"

(4)树立梦想

教师播放幻灯片,请学生说说自己的梦想,如老师、科学家、医生、音乐家、明星、企业家等。

教师提问:怎样才能实现梦想呢?

参考答案:树立目标、规划路径、结合实际、坚持不懈、认真学习、积极锻炼、劳逸结合、拥有健康的身体等。

(三)教师小结

我们是中国的希望,是中国美好的未来,我们要为梦想努力,为梦想而奋斗,做一个坚守梦想的孩子。不抛弃,不放弃,笑到最后才美丽。梦很遥远,但对我们来说有距离,明天让我们一起继续努力,我们的未来之路需要自己来铺设。

活动最后,以欣赏歌曲《少年强》结束。

“养成良好的学习习惯”主题教育

周鸣宇

一、背景分析

本班学生为一年级的小学生，年龄较小，刚刚入学不到一年，对于一些基础性的学习习惯虽然有所了解，但掌握得并不十分扎实，本次主题教育旨在让学生在活动中加强对这些基础性学习习惯的掌握。

二、设计理念

叶圣陶曾说过：“教育是什么？简单一句话，就是要养成良好的习惯。”帮助学生养成良好的习惯，是决定学生命运，使其受益终生的工程，也是坚持党的教育方针、全面推动素质教育、培养社会主义事业接班人的需要。一个好的、科学的学习习惯和方法，能使学生学得轻松愉快，又有效率，还有利于学生身心健康发展，所以笔者对小学生学习习惯的养成进行了探究及实践。

三、教育目标

首先，通过学习，使学生形成良好的课前、课中、课后的学习习惯。

其次，通过活动，使全体学生能够逐步做到爱学习、会学习。

最后，通过树立身边的小榜样和小英雄，形成一个良好的班风和学风。

四、活动过程

（一）导入主题。

教师演唱英文歌 I have a train，向同学们提问：“老师是怎么把这首歌学好的?”

教师导入本节课主题“养成良好的学习习惯”。

(二)从“课前、课中、课后”分别讨论如何养成良好的学习习惯

1. 课前

游戏“我说你做”——请大家仔细听,快要上课了,下一节是数学课,大家应该怎么做呢?

教师播放三段视频:

视频一:上课铃响后,某同学仍在玩橡皮泥。

视频二:上课铃响了,某同学拿起水杯要去打水。

视频三:上课前,某同学把学习用品准备好后,安静地坐好。

教师提问:“同学们,大家观察到什么了? 谁来说说,预备铃响以后应该怎么做呢?”

游戏“镜子照出好习惯”。

教师提问:“请大家看看,镜子中的你做得怎么样呢? 预备铃响了,就要上语文课了,你应该怎么做呢? 谁来说说镜子里的你做得怎么样?”

2. 课中

情景表演:

情景一:上课时,老师在讲课,李同学开始做小动作,他的同桌张同学仍在认真听讲。张同学用手轻轻地推了推李同学,提醒他要认真听讲。

教师提问:“看完这段表演,谁来说一说他们的课堂表现怎么样?”

情景二:英语课上,老师在提问问题:“What toys do you have?”潘同学积极举手,回答问题时声音响亮;高同学则低下头,老师叫到他时,他慢腾腾地站起来,回答问题的声音特别小。

教师:“下面请大家夸夸自己的小伙伴,谁的课堂习惯好? 如果你自己做得够好,那么你也可以夸一夸自己哟!”

游戏"照镜子"。教师引入:"镜子照,照镜子,镜子照出好习惯。我们继续来做照镜子的游戏。谁愿意来当小老师,给同学们提出课堂要求呢?"

学生1扮演小老师,讲解读书姿势;学生2扮演小老师,讲解写字姿势。

教师带领学生,共同读"学习好习惯"歌谣。

3. 课后

教师引入:"下面老师给大家讲一个关于小萝卜头的故事。小萝卜头和大家的年龄差不多大,我们一起来看看,他是怎么学习的。"

教师讲述小萝卜头的故事。

教师提问:"同学们,小萝卜头是怎样学习的?我们应该向他学习什么?"

教师引导:"和小萝卜头相比,我们的学习环境太优越了,我们都知道了课上应该怎样学习,那么我们课后回到家该怎么做呢?谁来说说,你在家都是怎么学习的呢?"

教师总结:"同学们,无论课上、课下、校内、校外,我们都要养成爱学习、会学习的良好习惯,老师相信同学们一定能做到,一定能够养成良好的学习习惯!"

五、活动延伸

学习习惯是长期养成的学习方式,需要持之以恒,教育需要培养学生良好的学习习惯,习惯甚至能够在一定程度上决定命运。通过本次活动,让同学们在思想上对养成良好的习惯有一个正确的认识,课后家长可以帮助学生制定学习计划,持续地培养良好的学习习惯。

“合理消费”主题教育

何　森

一、设计理念

引导学生学会学习、学会生活，注重学习的过程，让学生在活动中主动获取知识；使学生从被动接受知识的“容器”转变为知识的主动探索者、知识的建构主体；激发学生探究知识的欲望以达到提高学生自主学习的目的。

在本课教学中，笔者积极引导学生参与教学过程，积极发挥了学生的主动性、参与性和创造性，让每位学生都能从教学过程中受到知识情感和价值观方面的熏陶，学会交流与合作。

二、教材分析

第一段“消费心理面面观”——重点分析四种主要的消费心理引发的消费。对每一种消费心理，教材的分析包括两个方面：一是介绍每种消费心理的表现，二是对其进行科学的评价。这两方面是学生学习的重点。

第二段“做理智的消费者”——主要对学生进行正面的教育。教材引入理性消费要践行的若干原则。主要有四点：

一是“量入为出，适度消费”。首先要保证消费与自己的经济承受能力相适应。消费者要把当前和未来的收入综合考虑，做出合乎自身状况的消费计划。另外，过分抑制消费并不可取，教师要说明适度消费的重要性。

二是“避免盲从，理性消费”。教师首先要教育学生在消费中要有自己的主见,不盲从。其次,针对学生容易凭一时冲动而购物,教师要教育学生尽量避免情绪化消费。还有一个重要的思想教育点,即避免重物质消费、忽视精神消费的倾向,使消费结构合理化。

三是"保护环境,绿色消费"。其核心问题是实现人与环境的和谐、做到可持续消费。通过"5R"教育小学生从自身做起,树立保护环境、节约资源的观念。

四是"勤俭节约,艰苦奋斗"。这是教育的重要内容。教师要告诉学生,勤俭节约、艰苦奋斗是中华民族的传统美德和优良作风,任何时候都应该发扬光大。

三、学生分析

本校学生多来自农村,虽然平常参与经济生活不多,但在消费活动中也存在一些消费误区。

四、教育目标

(一)知识与能力

知识目标:通过教学,使学生识记的知识:主要的消费心理和怎样做理智的消费者。通过教学,使学生理解的知识:怎样看待、评价各种消费心理,理解四大消费原则的含义。通过教学,使学生能运用所学知识联系实际解决的问题,根据理智消费的原则,设计一份家庭消费计划,并结合个人行为,说说怎样才能算一个理智的消费者。

能力目标:本课教学着重培养学生综合概括能力、参与生活的实践能力。学习本课后,学生能概括影响人们消费行为的消费心理的特点,概括这些消费心理对我们日常生活的影响。根据做"理智的消费者"的要求,提高学生参与生活的能力。学习本课后,学生能利用所学知识为自己和家庭设计一份消费计划,使自己和家庭的生活更美好。

（二）过程与方法

引导学生主动参与讨论，回答老师的提问，注重探究学习，学会同他人合作学习与交流，用学到的知识解决一些实际问题。

（三）情感态度与价值观

通过学习本课，对学生进行勤俭节约、艰苦奋斗的思想教育，使学生树立正确的消费观，成为理性的消费者。

通过本课教学，使学生树立环保和绿色的消费观念，爱护我们的生活环境，保护我们的自然环境。

（四）重点和难点

理解影响人们消费行为的几种消费心理，对于帮助学生树立正确的消费观有重要作用，这是本课的教学重点。

“怎样树立正确的消费观”涉及“适度消费”“艰苦奋斗”等内容的理解，学生在认识这些问题时往往有不同的想法，因此，这一部分在教学中有一定难度，是本课的教学难点。

（五）教学构思

教师结合生活实际，在教学中提出一些问题、案例，安排学生分析、讨论，得出结论，完成教学目的。在教学中主要运用讲授法、讨论法、问题引导法等教学方法。

（六）教学过程

师：同学们喜不喜欢买东西？

生：当然喜欢！

师：大家在生活中经常买一些学习用品，像文具、本子等。在选购这些商品时，同学们往往会受哪些因素的影响？

生1：妈妈让我买什么，我就买什么！

生2：我一般看别人买什么，自己就买什么。

生3:我喜欢买与众不同的东西,这样能体现我的个性。

生4:我一般买一些我买得起而且实用的东西。

师:从大家的发言来看,买什么商品,为什么买,各有各的原因。下面我们一起探讨"消费心理面面观"(教师用多媒体展示一些图片及文字说明,使学生对生活中一些消费现象有一定的了解)。

师:人们的消费行为往往受消费心理的影响。大家经常看到一些明星做的广告,商家之所以请明星做广告,就是利用了消费者追随明星、追赶潮流的心理。这就是从众心理引发的消费。大家认为从众消费好不好呢?

生1:大家都买这种商品,说明商品很不错。

生2:如果这种商品不适合自己就不应跟随别人,否则就是一种浪费。

师:你们说的都有一定的道理,我们可以学别人,但不能盲从。除了从众心理引发的消费,还有求异心理、攀比心理引发的消费以及健康心理主导的消费。后一种消费讲究实惠,是一种理智的消费。求异心理、攀比心理引发的消费有什么不好呢?

生:攀比心理引发的消费,可能使大家追求不太适合目前中国的高消费。

师:大家可以看到,理智而又健康的消费对自己和他人都有益。而要做理性的消费者首先要量入为出,适度消费。过于节俭不可取,过度消费更不行。过于节俭为什么不可取呢?

生:生产的目的是为了消费,过于节俭不仅不能提高生活水平,也不能推动生产更快地发展。

师:我们反对过度消费,但也不能过于节俭。做理性的消费者要避免盲从,理性消费。大家有没有盲从消费的时候?

(学生讨论。)

师:通过讨论大家可以知道,我们不应当盲从,而要理性消费。在关注物质消费时也要重视精神生活。

师:做理性的消费者还要保护环境,绿色消费。(教师用多媒体展示一些绿色消费的图片和“5R”的内容。)

师:绿色消费有什么意义?我们可以做些什么?

生:绿色消费可以保护环境,提高我们的生活质量,实现可持续性发展。在生活中我们要爱护校园,不乱丢东西,不用一次性物品等。

师:大家说得很对,只有保护环境,绿色消费才能使人与自然和谐相处。

师:在生活中,我们经常能看到餐后“打包”的现象,你怎样看?

(学生发表观点。)

师:大家的看法不太一样。下面请大家看图片。(教师用多媒体展示一些有关比尔·盖茨过着比较简朴的生活、不断参与各地慈善活动的图片及说明。)比尔·盖茨非常富有,他都能勤俭节约,难到我们不可以打包吗?可见,做理性的消费者还要勤俭节约,艰苦奋斗。勤俭节约,艰苦奋斗是我们的传统美德和优良作风。这种精神在过去帮助中国取得了巨大成就,实践证明,这种精神现在不能丢,将来也不能丢,任何时候都应当发扬光大。我们青年学生也要学习保持勤俭节约、艰苦奋斗的精神。

师:我们学习了影响人们消费行为的四种心理因素:从众心理、求异心理、攀比心理、健康心理。我们还学习了做理智的消费者的四点要求:量入为出,适度消费;避免盲从,理性消费;保护环境,绿色消费;勤俭节约,艰苦奋斗。大家学习理论的目的是为了指导我们的生活,下面请同学们根据所学知识模拟一份个人或者家庭消费计划,并说明自己的理由。

(学生设计计划,教师巡回辅导,学生提出自己的消费计划。)

师:下面请几位同学展示自己的消费计划。

生1:我的是个人消费计划。我每周的生活费是50元,每天花6~8元用于生活,不能多也不会少,因为花多了钱不够,少了不能使自己健康成长。剩下的15元左右我一般用来买书。

师:这位同学很会生活,能根据自己的实际情况适度消费,并且还能注重精神生活。下面谁再来说一说?

生 2:我家里每周给我 80 元,前三天我每天花 20 元,后两天每天花 10 元,很少有剩余,有时不够花需要向别人借,很少买课外读物,但有时也借着看。

师:这位同学的生活是先甜(前三天)后苦(后两天),消费不太科学,安排不太合理,应该适当调整。

师:大家结合我们所学的知识,多想想自己的实际,要努力使自己的消费更理智,使自己的生活更美好!

(七)教学反思

本课教学方法较为新颖,知识点比较突出,多媒体技术运用得当,课堂气氛活跃。教学过程中要注意引导学生联系实际解决问题。

本课教学结构较为完整,教学机智突现,教师精心备课,设计教学过程,教学效果好。

在整个教学过程,教师力求让学生参与活动,调动学生的学习积极性与主动性,以提高学生各方面的能力为目标。

在教学当中,适当地让学生列举一些生活中的事例,同时展开讨论,效果会更好。

“我很诚实”主题教育

何　森

一、课程分析

本次主题教育体现了对学生人际交往能力的引领，让学生懂得诚实是每个人都应具备的优良品质，更是中华民族的传统美德。

本次主题教育由两个话题组成。第一个话题是“诚实与说谎”。本话题重在引导学生懂得诚实的内涵，懂得诚实就是实话实说、不说谎、不骗人等。第二个话题是“让诚实伴随我成长”，目的是让学生懂得诚实体现在做错了事，即使当事人不在场也要主动承担相应的责任。本次主题教育关注儿童说谎的心理原因，儿童说谎不全是道德品质问题，很多时候是因为儿童胆怯、虚荣、好胜等心理因素造成的。在教学活动中，学生通过联系自己的生活实际，辨别生活中诚实与不诚实的行为，克服说谎的心理障碍，懂得在人际交往中如何真正做到诚实，真正做一个诚实的人。

二、学情分析

小学三年级是儿童诚实品格形成的关键时期，在这一阶段给学生播下诚实的种子，让他们知道什么是诚实，让诚实的品质在儿童时期就播下种，扎下根。但是，在实际的生活中会发生一些为了利益而做出不讲诚信的事，这时，会有一些人认为诚实是犯傻，做老实人会吃亏。

三、教学目标

学生知道诚实就是实话实说,不撒谎;懂得诚实在人与人交往中是立身之本和处事之道;懂得在生活中需要克服胆怯、虚荣、好胜等心理,做到诚实、不说谎。

四、教学重点及难点

教学重点:学生懂得诚实就是实话实说,不说假话,待人真诚。

教学难点:学生知道诚实需要克服害怕心理和虚荣心理,不弄虚作假。

五、教学准备

多媒体课件。

六、教学过程

(一)通过视频故事导入新课

教师播放视频《狼来了》,请学生思考:为什么最后狼真的来了的时候,大家都不相信放羊娃了呢?通过这个故事,大家知道了一个怎么样的道理?同学们,你们喜欢这个放羊娃吗?为什么?

学生讨论发言,教师展示课题:"我很诚实"。

教师小结:常常说谎话的人,即使再说真话也不会有人相信他了。说谎的代价可是很大的,后果很严重。

(二)活动:诚实与说谎

教师导入:同学们,你赞成图中这些同学的做法吗?为什么?

学生进行小组讨论,教师反馈指导:你认为哪些行为体现了一个人诚实的品质?请大家把你想到的行为写下来。

教师引入:有一个人说了真话,别人却说他太傻了,这到底是为什么呢?同学们,让我们走进故事屋,先来听听这个故事吧。

学生阅读《明山宾卖牛》。

教师请学生思考问题:有人认为,明山宾太傻了。你同意这种观点吗?为什么？

学生小组讨论，每组选择一个代表发言。教师请学生辩一辩：诚实与说谎——善和恶。

结论：诚实是中华民族的传统美德，是做人之本。明山宾的故事对于今天那些以次充好、以劣充优、以假混真的投机者和造假的经营者们是很有教育意义的。

教师小结：有时我们会说谎，那可能是由于恐惧、胆怯或虚荣等。书中的小文因为爱面子、虚荣心而说谎，最后丢了面子。我想在同学们的帮助下，小文找到了自己说谎的原因，也得到了大家的原谅，相信他一定会用实际行动改正的。

学生交流讨论，自由发言，分析说谎的原因。教师再现情景，请学生给李宏和张芳出主意，帮助他们摆脱困境。

（三）拓展延伸

教师导入：同学们，我们身边还有哪些诚实行为呢？我们在班级内评选“诚实星”，向身边的榜样学习。

教师小结：同学们，诚实并不难，它是一点一滴、一言一行，让我们携手，从小事做起，实话实说，实事求是，不虚荣，不胆怯，不好胜，做一个诚实的人。

七、教学反思

本次主题教育关注儿童说谎的心理原因，帮助儿童克服这些心理问题，才能促使学生做到诚实。整个教学活动，明线是故事串联整个教学过程，暗线是通过故事引发学生得出什么是诚实的行为。

在导入新课时，教师用视频《狼来了》导入，这符合孩子的爱看动画的年龄特点，然后让孩子们进行讨论，使孩子们明白了不能说谎，了解诚实是一种美德，说谎是不好的行为。

在教学环节中，教师用故事串联，调动了学生学习的积极性；运用生活实例，进一步说明诚实的品质多么可贵。在活动中，通过故事情境体验、角色扮演练等方式,引导学生联系生活,不再因好面子、害怕、好胜而说谎,养成诚实的习惯,接着通过交流讨论辨析,有效联系学生生活实际,从生活中来,再到生活中去,学会自觉用诚实的行为解决问题。

在整个教学活动中,始终让孩子们在一种轻松愉快的环境中学习,孩子们不但学到了知识,也明白了其中的道理,达到了预期的目的。同时,本次主题教育让学生很好地见证了社会的危害性,立志从小做一个诚实的孩子。但本次主题教育活动给学生们展示的机会有点少太少。教师应在今后的教学中多设置一些活动,让更多的孩子真正地参与到活动中来,给孩子们一个更好的锻炼机会。

第五章

爱的智慧

——构建温馨教育陪伴的氛围

在书香中成长

刘 红

读书活动是全面提高学生素质的一个重要载体。一本好书可以成为人的挚友。书籍中的至理名言、思想精髓如同天使,能够净化我们的心灵,丰富我们的感情。古人云:腹有诗书气自华。读书的过程就是不断塑造自我的过程。因此营造一个班级的书香氛围,创建一片小小的阅读天地,培养学生阅读习惯,使学生掌握终身受用的技能是宜宾里小学班集体建设的新内容。

一、营造读书环境,使学生燃起读书的欲望

读书氛围的营造是很重要的。当我们走进书香弥漫的一方小天地,自然会感受到庄严神圣的感觉,对知识的崇尚、渴求会被激发。学校读书角中,一本本装帧精良的书籍,让学生在课间就能阅读经典文学作品。教室窗台上的一盆盆鲜花,静静地开花,吐露芬芳,为班级增添一份宁静,一份安逸,无论有多么烦恼,只要一走进这样的教室,就会被这浓浓的文化气息感染。教室的黑板报上,"佳作欣赏"栏目中的一首小诗、一句名言,也能够带给学生思想上的陶冶,日积月累,学生必将受益无穷。

二、建立读书制度,培养读书习惯

学校从班级实际出发,开展读书活动,并形成了"两级管理、两级藏书"的管理制度。这一制度为促进学生读书习惯的形成发挥了重要作用。其中,"两级管理"包括班级管理和学生的自我管理。

班级管理以班主任为龙头,全校每周五的广播时间为各班读书时间,各班开展了一系列读书活动,如分享读书感悟等。读书活动丰富了班级活动的内容。各班还开展了红领巾旧书交易活动,将读过的书折价出售。同学们按事先安排好的程序,按部就班地进行交易。许多被原主人看腻的书找到了新家,同学们各自因拿到了自己满意的书而异常高兴。

学生自己管理体现在自己的小书架和自我设计手抄报中。学校每个学生都有自己的小书架,平均每个小书架有书数十册。电子藏书也极大地丰富了学生的读书量。有的学生把图书进行分类,有学习工具书、科技书、文学类书等。为了丰富个人藏书,我们开展了过节过生日不要压岁钱,不要其他礼物,只要好书的教育活动。这样一来,学生个人藏书量不断增大。另外,学校还鼓励学生寻找座右铭,制作座右铭卡,随时用伟人的精神鞭策自己。学校三至六年级学生办手抄报,大家自我设计,图文并茂的手抄报丰富了知识,培养了能力,引起了学生极大的兴趣。尤其在科技活动中,大家阅读了科技知识书,创办了《科技兴国报》《科技发明小报》,这两份小报增强了学生们的科学意识,丰富了科技知识。

通过“两级管理、两级藏书”和这些丰富多彩的活动,营造了书香班级,学生在一个良好的氛围中爱书、读书,并从中养成了良好的习惯规范自己的言行。

三、品味书中精神,陶冶学生情操

经典文章的诵读不仅可以提高人的文学修养,还可以洗涤人的心灵。孟子“富贵不能淫,贫贱不能移,威武不能屈”,范仲淹“先天下之忧而忧,后天下之乐而乐”,文天祥坚持“人生自古谁无死,留取丹心照汗青”……这些内涵丰富的文字,需要我们反复诵读感悟。学校教师每天利用晨读、午读带领学生进行诗文朗诵、文学名著赏读,将现代文学与古代文学有机结合起来,使学生感到祖国文化的博大精深,在精神上一次次受到洗涤升华。同时各个班级利用班会,开展古诗吟诵表演赛,将祖国几千年的优秀文化串成一条线,领会诗文作者的爱国情，使学生更深刻地感悟如何做一个优秀的人。

四、汲取书中精华，形成良好班风

作为教育主阵地的学校，应当大力开展“诚信”教育，以人为本，提高学生的思想道德素质，实施素质教育。学校带领学生读“诚信”内容之书，读“诚信”名言警句，利用班会，组织全班同学讨论诚信的含义，讲述古今中外具有诚信美德的伟人的故事，让学生体会在当今社会中“诚实守信”的重要性及其价值，使他们向更高的境界发展。此外，各个班级制定班级奋斗目标，形成良好班风。

五、开展系列活动，享受读书乐趣

（一）多种多样的教育活动是读书的载体

学校将系列主题教育“金色的梦”与读书活动有机地结合起来。为期两年的系列教育，第一年的活动包括“金色的梦”（教师带领大家探讨并规划自己的理想生活）和“爱我学校红月季”（向学生介绍学校的光荣传统和优秀学生的典型事迹）。第二年的活动包括“我为学校争光彩”（学生通过演讲展示自己的特长，开展争夺月季杯的竞赛，发展培养典型）和“梦想成真”（各班评选典型，全校选拔标兵）。

（二）开展两代人同读书活动。

一家人茶余饭后共同读书，上网学习，交流读书体会，能够相互促进。家人一起阅读一本书时，每一个人可以选一个角色，把故事化为戏剧，全家人一起“演戏”。在学校读书节大会上，许多父子、母女或者共同朗诵，或者开展演讲，汇报自己的读书成果。一些有新意、有创新的亲子共读，能够让人感受到家庭读书的快乐与温馨。

（三）倡导人人参加

我们广泛发动全体同学来读书，培养“多读书、好读书、读好书”的勤奋学习之风。各个班级积极参与小组读书活动，为提高读书的鉴赏能力，各年级组、各班级组织学生读书、写书评或读后感，召开演讲会、故事会、主题班会等，使读书活动开展得丰富多彩,有声有色。读书活动的开展,逐步深化推动了学校的素质教育,学生们通过读书、爱书、知书、用书,把知书达礼联系在一起,开阔了眼界,提高了素养。这种潜移默化的教育和影响,得到了全体师生的认可,受到了学生的广泛欢迎。

学校班级中飘散着浓郁的书香,丰富的读书活动能使学生的能力、智力得到发展,思想得到净化,从而使班集体形成正确的舆论、严谨的学风、健康向上的班风。

爱是用心陪伴的“十分钟”

吴佳忆

刚进班，第一小组的组长小浩就向我汇报：吴老师，今天小月又没有交作业！

小月这个孩子，的确让我头疼不已。几乎每天小月的作业都缺斤短两，各科老师对她都颇有微词。看到这样的情况，我又一次拨通了小月家长的电话。

电话那头，小月爸爸依然不停地道歉，说回家一定管教。疲惫的我放下电话不禁思考——这样的恶性循环还要持续多久，小月才会有所改变呢？

看着做操时偷偷蹲在地上玩的小月，我不禁想起自己将近一年来对她尝试过的各种方法。我对她宽容对待过，降低作业难度要求，减少作业量，却发现小月更加肆无忌惮。我也严厉的管教过，但小月依然不为所动，我行我素。我深知作为一名教育工作者，自己绝不能放弃任何一个孩子。

通过多方了解，小月是家里最小的女孩，她还有一个哥哥。最近小月的妈妈正忙于照顾刚出生的小孙子，无暇顾及小月，有时甚至连小月没穿袜子都没注意到。也许家长觉得亏欠孩子，便花很多钱给小月买新衣服、复读机。可是小月的表现和成绩依然不如人意，甚至还有更加糟糕的趋势。

这一天，小月的英语默写又一次全都错了。我放学时把小月留下，盯着她打开英语书。教室里空无一人，小月闷闷不乐，刚读两个单词，便哭出了声音。她一边哭一边大声喊叫：“我不读！我不读！我就是不会！”面对这样的小月，我选择先让孩子释放情绪。

我静静地陪在孩子身边，坐到教室里讲台的位置安静地备课。等小月哭够了，闹够了，我对她轻声细语地说："老师也不愿意把你留下来，可是你的默写错得实在太多了。今天只要把这 5 个单词背会了，咱们就回家，好吗？"话音刚落，小月又开始号啕大哭，一边哭，一边大声喊："我饿得不行了，我不能背单词了！"10 分钟过去了，20 分钟过去了……小月看我依然不为所动，渐渐止住了哭声。在她小声抽泣时，我拿出提前准备好的面包递给她。

吃完之后，小月拿着英语书，走到了我身边，小声说："吴老师，我在家只要一哭，妈妈就不让我做我不愿意做的事情了，为什么您还要让我背单词呢？"

我轻声说："因为妈妈和吴老师都爱你，只是我们爱你的方式不同。你哭，妈妈看着心疼，会让你放弃学习，但是吴老师更希望你坚持下去。能和老师说说为什么你回家从来不背单词吗？"

"因为家里太吵了，而且爸爸总骂我。"小月回答道。

"如果你想背单词，总能找到安静的地方的。还记得老师在班会时讲过的'匡衡凿壁借光'的故事吗？"我问道。

"我记得，可是学习太辛苦了，而且爸爸说，女孩学习好也没什么用。"

"谁说没用？你看吴老师，我就是女孩，现在我成为咱们班的老师，教同学们很多有用的知识。你现在觉得读书有用吗？"

小月若有所思地点点头。当小月接受了我的意见之后，十分钟就背熟了五个单词。

之后，小月再有类似的问题，我便在放学后用十分钟陪她一起完成，查缺补漏。"为什么你现在背单词背得这么快了呢？"离开教室之前，我问小月。她眨眨眼，回答道："也许是因为您陪我的原因。"从小月的话语中，我了解到孩子内心缺乏的是陪伴，是关爱。

在家访中，我和小月爸爸沟通了孩子最近的学习情况。我观察到，小月的家庭情况较为复杂，家长忙于工作的同时，虽然给孩子提供了丰富的物质生活，但是忽视了对孩子的陪伴，导致孩子孤僻、性格极端，如果这种状况持续下去，将来会造成不可逆的影响。

我和小月爸爸沟通时，充分肯定了孩子的进步，同时提醒家长盲目批评孩子，会对孩子造成伤害。我说："好孩子都是夸出来的，不是骂出来的。只有针对问题平和坦诚地交流，才会让孩子有所改变。""而且对孩子一旦不满足便哭闹的问题，家长不能对孩子无限制地妥协。对于敏感的孩子，在家里和父母融洽沟通是慢慢融入社会的基础。父母要巧用沟通方式，帮助孩子乐观坚强起来。"小月爸爸也坦诚地表示，孩子确实有进步，有变化。"我不懂怎么教孩子，有时恨铁不成钢，才会对孩子打骂。"他觉得很后悔。我趁机建议他多抽时间学习家庭教育方面的书籍，掌握科学的家教方法和理念，及时关注孩子的心理变化，每天至少抽出 10 分钟关心孩子学习。

最近小月很有进步，默写成绩已经名列前茅，多方面都有进步，俨然成了"进步之星"！她真棒！

耐心陪伴“慢生”成长

白　洋

人们看到美丽的花朵都会停下来仔细观赏，或者用相机记录这美好的瞬间。但是花朵的开放，从来都不是一件容易的事，它们经历了幼苗易折的时期、躲过了成长中被虫子啃咬的危险，还要不断吸收阳光、雨露、土壤、肥料中的养分。想要培育出一朵鲜艳完美的花，需要我们精心呵护，花有的喜阴，有的喜阳，如果对花的习性不了解，也许这朵花就再也不会有绽放的机会。学生就像这些花朵一样，他们性格迥异，有的活泼开朗，有的安静平和，有的沉着内敛，有的机智灵活，如果从一而教，则会失去良好的教育时机。

我是一名新教师，刚入职时被安排担任一年级班主任，我知道迎接我的将是一个从未有过的考验。接手一年级新生的第一个星期，我发现我们班有几个学生的表现和其他学生相差很多，各科老师也都反映这些学生影响了正常的课堂教学进度，一节课下来，光是稳定学生情绪、调整好课堂纪律就耽误了很多时间。作为班主任的我，听到这些情况很是着急，第一周是新生适应周，课堂以养成良好的行为习惯为主，但是之后的教学如果还是这样的状况，会影响全班同学的学习。每次听到这些学生又不认真听讲、影响课堂秩序等事情，我就非常着急，也经常对学生批评教育，却总是没有好的效果。我曾一度把这些学生归为“差生”的行列。

在我所带的班级里，有一个小男孩叫小硕。小硕第聪明伶俐，特别有精神，一双大眼睛透着灵气。但是,他课上不能够认真听讲,经常是老师在讲课,他在下面折纸画画,并把用过的纸随意扔在地上,时不时地,趁老师转身写板书,小硕还会离开座位满班跑,影响正常教学秩序;课间在楼道乱跑,与同学打闹,经常不小心撞到来往的学生;放学时,大部分同学都能够有秩序地排队放学,而他却在队伍里推搡前后左右的学生。记得有一次,课前准备铃已经响起,学生们陆续从走廊回到教室,整整齐齐地坐在教室里准备下节课的书本学具,而小硕的座位上却找不到人,我问班里的同学:“小硕呢? 大家有没有看见他?”班里有的同学说:“他在厕所呢。”有的说:“他刚才好像跑到操场上去了。”班里少一位学生肯定不行,于是我找了两位男生,让他们一起去厕所和操场看看小硕在不在。两位学生回来后跟我说:“老师,厕所和操场都没看到小硕。”我特别着急,生怕孩子磕着碰着,出什么安全问题。我安顿好班里的学生后,马上去找小硕,就在我刚走出班门时,我看到小硕从二楼气喘吁吁地跑了下来,还笑得很开心。看到小硕后,我心里既开心又生气,开心的是还好孩子没受伤,生气的是小硕怎么这么不听话,不仅准备铃响了都没回到教室,还楼上楼下瞎跑。由于我是第一次遇到这种情况,当时非常生气地批评了小硕,本以为当时不好意思低下头的小硕能够认识到自己的问题,可是没半天,小硕又回到了之前的状态。

虽然我跟小硕的家长多次沟通过,但是收效并不理想。后来,我向年级组里的老教师请教了应该如何教育这种学生,也受到了启发。为了帮助小硕尽快度过一年级新生的适应期,跟上大家前进的脚步,我每天都会给小硕布置一些额外的任务。我仔细观察小硕课上课下的表现,发现小硕是个很聪明的孩子,如果老师一对一地带着他看书做题,他能安静思考、寻找答案,只是小硕还没有从幼儿园的状态中及时转换过来,他的一举一动都是幼儿园孩子的状态,再加上来到了新的学校、新的环境,好奇心重,就出现了之前的情况。为了提高小硕课上的注意力,引起他的学习兴趣,我和小硕做了一个约定:课间时我会走到他身边,让他给我讲讲上节课学了哪些内容,懂了哪些,还有哪些不懂,我帮他讲解没学懂的问题,他帮我解答我“不会”的问题。起初小硕还不能够安下心来,总觉得我是在与他做游戏,嘻嘻哈哈的,但是我对这件事的坚持和严肃态度影响了他,他知道了老师是认真对待这件事的,经过一段时间的训练,不仅解决了小硕上课不听讲的问题,连他在课间到处乱跑的问题也自然地化解了。因为小硕经常无意识地随手扔纸,使他的座位周围到处都是碎纸片,课间我把小硕叫到身边,带着他看看自己的周围,再看看其他同学的周围,并问道:“小硕,你觉得你座位的周围和别的同学座位周围有什么不一样的地方吗?”小硕自己回答道:“别的座位周围比我那里干净。”“没错,你说得很对。那小硕希望自己的周围也变得干净整洁吗?”我问道,小硕很肯定地点点头,于是,我陪着小硕走到他的座位旁,带着他一起把地上的碎纸捡起来,扔到垃圾桶里。看到整洁的地面,小硕也很开心,这时我告诉小硕:“你看,有了干净的环境,自己是不是也很开心? 以后垃圾要扔到垃圾箱里,才能让我们的教室保持干净卫生。”为了巩固这个良好习惯,每天放学前,我都会带着小硕把碎纸扔到垃圾桶里,慢慢地,小硕懂得了随手扔垃圾是不好的习惯,并且看到地上有垃圾就会捡起来扔到垃圾桶里,每当班里垃圾桶满了的时候,还会主动提出要去倒垃圾。

经过对小硕这段时间的教育,对我的触动还是挺大的。在对小硕的教育过程中,我自己也成长了不少。虽然小硕还不能做到时刻遵守班级约定,有时还是会调皮捣蛋,但是我看到了小硕点点滴滴的进步,看到了他的成长。通过对学生的仔细观察、与老教师的经验交流,再加上自己想的一些教育小方法,我发现这些学生只是在某些方面的适应调整比别人“慢”了些,并不是真正的“差”。美国教育学家卡罗尔早就提出:“学生没有好生、差生之分,只有快生、慢生之分,所有学生都可以达到某一学习程度,只不过每个学生所花的时间长短不同而已。”每个孩子的成长都需要一个过程,也许这个过程很漫长,也许孩子会犯错、会走弯路,正是因为这样,他们才需要我们教师耐心、细心地陪伴与教导,需要我们带着宽容的胸怀、智慧的眼睛去发现挖掘每个学生的闪光点。那些学习好、纪律好、规范听话的学生固然让老师喜欢，老师会经常鼓励他们、赞扬他们，以他们作为别的同学的榜样。但是对于那些暂时还不爱学习、不能良好遵守纪律、调皮捣蛋的学生，我们也不能直接认定他们为"差生"，不能有半点疏远和歧视。每种花的花期本就各不相同，花的盛开需要空气、阳光、养分，学生也一样。

付出不一定马上就能得到回报，但是不付出一定不会有收获。也许学生的成长进步会来得慢一些，但身为教师的我们，需要耐心一点，等等，再等等，最后我们会看到更让人感动的、迟来的惊喜。记得新教师培训时，老教师讲过这样一句话："任何事情，都有一个过程。坚持一下，再坚持一下，播种和收获，本来就不在一个季节。"我们要精心教育、耐心等待，花开终有时。

与孩子的心共鸣

■董　静

“做一名好老师”是许多老师一生所追求的目标，也是我的目标。自踏入教育行业以来，我始终以勤勤恳恳、踏踏实实的态度来对待我的工作，以师德规范自己的教育教学工作，以“当一名好老师”作为自己工作的座右铭。

记得我刚接手的时候，班级里有一名学生叫小呈，他总是因为没写完作业而不来上课。当时可把我和班主任急坏了，他越不来上课，落下的知识就越多，课程也就很难补上。于是，我先是找他单独谈话，了解他的想法，并告诉他这种学习态度是不对的。之后几天，他还是会因为各种理由而不来学校。然后，我联系了他的家长，并与之沟通，了解学生情况，似乎家长对他这种做法也不是很清楚。虽然我的这些做法效果不是很显著，偶尔小呈还是会不来学校，但是最起码不来上课的次数少了。这一点使我很欣慰。

想要改变他的这种习惯，必须还要靠小呈自己。我利用平时课余时间给小呈进行补课，耐心地给他讲解，时间长了，他的抵触情绪减少了，也愿意配合了。小呈能在老师的要求下完成一部分作业，也能按时到校上课了。虽然他上课的时候注意力不是特别集中，但能跟着其他同学在学校里共同学习，喜欢跟同学们在一起参加活动。经过半学期的努力，期末他考出了比较满意的成绩，而且与其他同学的关系也越来越融洽了。

我继续接任这个班的数学教学工作，小呈每天能够按时到校，完成老师布置的作业,虽然有时会有不完成作业的现象,但是他能马上补齐作业。我发现要想让孩子们喜欢自己教的这门课,必须让学生发自内心地喜欢自己,这样他们才会愿意上课。现在,小呈上课能踊跃举手回答问题了,尽管回答得不是很到位,但这份勇气是值得肯定的。在学校小呈能积极完成老师所留的作业,而且遇到不会的问题还会及时请教同学或老师。这一点让我非常感动,因为他开始愿意主动学习了。

除了教高年级之外,我还教低年级。相比之下,低年级的孩子比较听话,因为他们已经在学校上了一年学了,对于课上的纪律比较清楚。而对于刚入学的一年级学生来说,他们并不适应学校的生活。其中有一个学生,小煜,他每次上课时都下座位,而且偶尔还会大叫。我把他叫到前面来,找他谈话,问他课上应该怎样做,他都能说出来,这使我非常奇怪。之后,我又与班主任沟通,了解他的情况。之后我采取了另一种方法,就是交给他一些任务,刚开始他能踏实认真完成,可是没过一会儿,他又开始不遵守纪律了。

一次,小煜的彩笔丢了,我帮他到教室去找,结果开始没有找到,后来在角落里才发现。当我把彩笔递给他的时候,他的眼神充满了感激,连声说谢谢老师。我那时非常感动。再上课的时候,他的纪律就好多了,下座位的次数少多了。之后,我采用奖励的方式,当他完成好一项任务后,就给他一定的奖励。这种方法得到了比较好的效果,虽然偶尔小煜会出现纪律问题,但跟刚接班的时候比好了许多。

作为教师,我们都有一个共同的目标——做一位好老师。如何才能做一名学生和家长都认可的好老师呢?

首先,要做一名学习者,终身学习。好教师的第一个特征就是永不满足于现状。换句话说,最好的教师永远是学生。在教学时,老师要了解每一位学生的个性特点,这样在授课时才能发挥孩子们的特长,激发起他们的学习兴趣,让他们更愿意学习。

其次，作为好教师，要培养学生的独立精神。优秀的教师善于对学生的进步以及出现的问题进行监控，在必要的时候采取纠正和补救措施。教师应鼓励学生自己寻求帮助、寻找答案。教师并不热衷于“教”，而是热衷于为学生的学习提供辅助。正如一名优秀的经理有一个优秀的团队，即便经理不在时也能很好地运转，优秀教师培养学生的独立精神，这会让他们终身受益。换句话说，优秀教师并非是在教课程内容，而是在力促学生养成良好的思维和学习习惯，把学生培养成独立的学习者。这也是我十分关注学生的生活的原因。

最后，要做一名好老师，还应具备三心：责任心、爱心、耐心。一位老师只有拥有高度的责任心，他的一切工作才能做得好、做得细，才能兢兢业业、克难攻坚，时刻想着自己的学生，尽一切努力去认真钻研教材，把难以理解的问题用通俗易懂的方法告诉学生。具有爱心是对一个老师最起码的要求，只有有了爱心，老师才会像对待自己的孩子一样去善待别人的孩子，去真正关爱学生。教师要用自己的爱去感化学生，让他们发自内心地愿意学习并为之努力。一个好老师必须具备相当的耐心。耐心是对一位老师素质的检验。学生会时常犯错误，这时，我们老师就应该耐心指导，让他们真正了解到这种做法是不对的，应该养成良好的习惯。通过教学工作，我深刻体会到这些都是我们老师应该具备的，我们只要不断努力下去，用心钻研教材，提高教学水平，就能让每一位学生都能发挥出自己的长处，使他们能健康茁壮地成长。

因势利导

■陈 静

在语文教学工作和日常德育工作中，我发现很多学生都会不同程度地受到网络的影响。其中浅层次的表现为：频繁使用网络用语，如“奥利给”等词语经常出现在学生的生活中，课堂休息、日常练习组词中都会出现学生使用网络用语的情况。网络用语不但冲击了语文教学，而且会影响学生对于美的认知。与网络用语的“短平快”相比，中国传统文化中语言深厚悠长的美，在一些学生眼中显得晦涩难懂，网络用语中一些更简单但粗暴的话语成为学生“口头禅”，在这种情况的持续影响下，学生对“美”的认识，也会随之降低。

更深层次的表现为：学生对网络依赖程度加深，这不利于学生的“智”与“体”的发展。我在教学中发现，学生查字典、自主学习等能力在不断衰退，孩子们更多依赖的是网络，虽然很多学生的答案越来越标准，但是这样的标准答案并不是来自学生的思考。虽然网络方便了我们的生活，但就小学生而言，他们很难分辨网络上繁杂的信息的正确性，而且即使选择了网络上正确的信息，他们也缺少“自主思考”这一重要环节，网络成为他们最为依赖的“答案书”。对网络的依赖还体现在对游戏、网络视频的沉迷，这甚至影响了学生体质的发展。在一次学生的体质监测中，我发现很多学生的最终成绩不甚理想，我主动与家长联系，希望家长能督促监督孩子回家后进行体育锻炼，很多家长都和我反映，孩子回家后就“抱着手机”不放。

网络影响最严重也最令我担忧的是,网络上对事物娱乐的态度会潜移默化地影响着学生们价值观的形成。在一次班会上,我对“学生喜欢的偶像”做出统计,班级共40人,其中12人喜欢娱乐明星,8人喜欢商业精英(网络视频中频繁出现的),6人喜欢国外的成功人士(包括影视明星、外国政府官员),14人喜欢我们国家的英雄(抗日战争中的英雄;袁隆平、屠呦呦等知名人士),虽然我们这次班会中这一选题是开放式的,但其主题却是爱国主义教育,可只有14人选择了我们国家的英雄人物,这无疑是对我这个班主任的当头棒喝。我先是无比自责,觉得自己德育教育不到位,然后我对同学们进行了一个简单的采访,发现很多学生是通过网络视频认识的这些“娱乐明星”“商业精英”甚至“外国政要”,而喜欢的原因有两点,一是觉得他们更有趣,看着更轻松。二是总能看到他们,视频总给推送这些人。值得我们注意的是,在选择喜欢抗日战争英雄的学生中,一位学生提到,他熟悉那些英雄,也是因为短视频平台在不断地给他推送。我们不难猜出,喜欢网络视频的学生们,被“大数据”算出了他们的喜好,从而不断在某一方面“持久”地影响他们,如若是好的影响还令人欣喜,但若是不良的影响,对于价值观、人生观尚未稳定的未成年人来说,就非常令人担忧了。

一、情况分析

个体品德心理是社会道德关系的反映。正如马克思所指出的那样:“一个人发展取决于和他直接和间接进行交往的其他人的发展。”社会关系为社会经济关系所决定。青少年正处在社会化过程的重要阶段,在个体融入社会系统、由自然人向社会人转化的过程中,青少年人的人格尚未定型,尚处在发展变化当中,社会环境、各种信息对青少年人格的形成、品德的发展都会产生一定的影响。

在当今社会,经济和科技的飞速发展给我们的生活带来以往从未有过的便利,但同时也给我们的教育也带来了极大的挑战,以前教育影响中,“学校教育”和“家庭教育”尤为突出,但现今“社会教育”也让我们不得不重视起来。在以往的教育中，学生们“两点一线”，在家庭和学校间往返，尤其是小学生，接触社会的机会较少。而随着社会的不断发展，学生接触社会的方式也有所改变，学生可以通过网络来认识世界、认识中国、认识社会，这可以算是一条开阔学生眼界的有效途径。但是通过网络认识的社会是不全面的，甚至是带有视频制作者个人色彩的认识，对于我们成人尚有不确定性的影响，对于人格尚未定型的青少年学生，其不良的影响更是无法估量的。很多学生在网络上学习了很多不良的网络用语，并以“丑”为“美”，在与同学交流中频繁使用，以显示自身的“时尚”和“前卫”，也有学生被网络游戏影响，沉迷其中，甚至在班级中形成“游戏圈子”，三五成群地相约在游戏的虚拟世界中徜徉。还有很多视频吸引着学生，这些视频的特点是短小、容易理解、快捷，哪怕是小学生也不怕看不懂，而一个又一个的短视频，信息量大得惊人，“信息轰炸”对青少年学生潜移默化的影响是不可估量的，而这些视频中一大部分是以“娱乐至上”为理念的，对学生价值观、人生观的形成极为不利。学生如果把网络中认识到的“世界”和“社会”当作了真实的世界与社会，那对学生的成长与发展是极为不利的。

二、解决策略

虽然上述问题较为尖锐，但作为班主任，我在积极不断地寻找方法去解决这些问题，在寻找方法的过程中，我发现社会环境的熏陶和学校教育、家庭教育的影响都是品德发展的外在条件，虽然在一定的社会条件下，它可能起到消极作用，但如果能正确引导，它也能发挥积极的促进作用。而且网络的影响也只是外在影响因素，我国心理学家林崇德教授对道德需要和道德发展的关系做了非常精炼的概括。他认为，儿童和青少年品德结构的任何一种特征都来自需要这种内部动力；与此同时，儿童与青少年的道德范畴的任何一种成分（善恶、义务、良心、荣誉等）也往往来自需要的影响。换言之，学生对德智体美劳等优秀品德的形成的内在动力来自学生本身的需要，而学生的内在需要，我认为主要来自学生的“道德动机”和“人生观的影响”。学生的“道德动机”，初期都是偏向功利性的，比如老师的表扬，家长的奖赏等，慢慢发展为他人的认同感，在最后正确观念形成后，就变成内向性的自我约束、自我认同。所以抓住这一点特征，我觉得激发孩子们的内在需要和自身的道德动机，让他们对事物能有一个正确的观念，进而形成自己的判断，尤为重要。

我针对上述发现的问题，采取以下几点策略：

首先，从班级文化入手，把《天津市中（小）学生日常行为规范》与传统文化中的“仁义礼智信”“温良恭俭让”相结合，进行解读与宣讲，引起学生自身的兴趣，并从两者中汲取正确的价值取向，形成正确的价值观、人生观，同时感受传统文化中的智慧，亲身感受传统文化的美感，对学生也进行了一场“美”的教育。

其次，制定《〈天津市中（小）学生日常行为规范〉宣讲报名表》，十四条规范的宣讲由学生自主选择，同学之间互相配合，完成每条规范相应的宣讲任务，在宣讲过程中，让学生认识到自身的不足，在德智体美上进行自省，补足自身的不足。

再次，与班级文化相契合，制定《心情日历评价表》，学生每天用“哭脸”“笑脸”对自己一天的表现进行评价，评价以“自我评价”为主，“同学互评、教师评价”为辅，学生每天完成自己的心情日历，同时也完成一天的自省。对一周内或某件事表现突出的同学，教师会结合班级文化，给出鼓励性评价，并奖励“传统文化奖励卡”，相应卡片集齐后可以兑换礼品。

以上几条都是积极调动学生的内在需要，从道德动机入手，在宣讲和班级文化的熏陶下，让学生慢慢形成正确的价值观。我把学生的自省和教师的引导相结合，让学生能从网纷杂的价值观中脱离出来，形成符合小学生年龄特点的正确价值观，同时结合《天津市中（小）学生日常行为规范》中的规范内容宣讲，对学生进行不同形式的爱国主义教育、法制教育、公德教育等，让学生受到种种生动教育的同时，能不枯燥地理解规范，践行规范。当然我们也不能忽视社会、网络的影响，所以我还制定第五条策略：

“堵”不如“疏”，依靠网络选取“正能量”的文章或视频推荐学生阅读或观看，帮助学生对社会正面信息的摄取，在和家长的配合下，为学生营造出较为健康的网络环境。

三、成效总结

班级文化的布置备受学生的期待，学生主动参与班级文化的布置中去，除却我主体的思路（仁义礼智信、温良恭俭让与《天津市中（小）学生日常行为规范》的结合）外，学生们还对“勤俭节约，杜绝浪费”和“四史教育”进行了自主宣讲和成果的展示。主体的传统文化和《天津市中（小）学生日常行为规范》的结合也与学生的宣讲延伸出了很多新的思路和成果。

制作《〈天津市中（小）学生日常行为规范〉宣讲报名表》，组织引导学生积极参加宣讲，开始有一部分学生是抗拒的，但经过老师的引导和周围参加同学得到的肯定和表扬，学生们都积极参加到宣讲的队伍中去，让这一活动得以贯彻实行下去。

与学生一起完成宣讲稿，如对《天津市中（小）学生日常行为规范》第一条规范的宣讲中，学生收集到很多的材料，但是从何处入手发生了困难，我就和学生一起投入到宣讲稿的编写工作中去，我发现一名学生从当下热门电影《八佰》入手去理解“崇敬英雄、精忠报国”，我便引导学生对那段历史进行解读，完成了小话剧《英魂铸忠骨，复兴待少年》，参与这条规范宣讲的学生在完成这个小话剧后都表示，在那个战争年代，很多英雄用血肉铸就我们“新中国的长城”，让我们得来如今的安稳的生活。班级中的学生们观看后，也对每次参加“升旗仪式”中自己不严肃的态度进行自省，对自己崇拜的“偶像”有了新的定义，很多同学都表示这些真正的英雄才是我们应该崇敬的人。

形成自己班级独具特色的评价方式，《心情日历评价表》的评价体系完善后，学生们的课上状态和课下表现都有了明显的改善。效果最显著的就是网络用语、网络段子在班级中“几乎绝迹”。成效颇丰。

随着社会的不断发展，科技的不断进步，我们的生活越来越便利，教育也面临着巨大的挑战，很多问题都成为我们亟待解决的社会性问题，正如网络所带来负面影响是许多老师、家长都为之困惑的问题。但我认为，我们应该充分发挥学生的主观能动性，尤其是中小学生还在道德发展、品德养成的过程中，对学生正面的引导是极为重要的，教师有正确的引导的方向，学生就不会走错路、走歧路，这对学生形成良好的价值观、人生观具有重要意义。

文明上网

王　鑫

有什么样的思想，就有什么样的行为；有什么样的行为，就有什么样的习惯；有什么样的习惯，就有什么样的性格；有什么样的性格，就有什么样的命运。现在的学生大都喜欢上网，网络给他们打开了通向外面广阔世界的大门。但网络也是把双刃剑，上网在成为人们一种不可或缺的生活方式的同时，也给学生的健康成长带来了一定的负面影响。所以，如何正确引导学生文明、健康、安全上网成为所有社会面临的重大问题。

我们要清楚地认识网络的积极意义和负面作用，并加以正确引导，从而使学生健康安全上网，避免网上负面信息的影响。培养学生文明上网的好习惯，正是当前摆在我们教育工作者面前的一个重大问题。在努力寻求可行性教育对策之前，我们有必要对网络文化的特点及其对学生的影响进行分析。

一、网络的特点

（一）信息量大

统计的资料表明，全球数据库总量在 1995 年达到 81.6 亿条，2000 年已达到 100 亿条以上。网络上的信息可谓包罗万象，应有尽有。网络上丰富的共享资源为人们学习、研究提供了便捷，开阔了人们的视野，丰富了人们的生活。

（二）传播快捷

网络信息的更新是以小时甚至分钟为周期的，人们通过网络，随时可以了解世界各地发生的大事,真正做到“足不出户尽知天下事”。由于信息高效快捷的传递,千里之外的网友也可与我们“当面”讨论问题、交流思想、互通信息,这提高了人类对信息和资源的利用率。

(三)环境开放

互联网是一个开放系统,任何一个信息都可迅速传递到世界各个角落,其影响力和渗透力不可小觑。在网上,人们的性别意识、年龄意识、身份意识已被淡化,网上交流表现出身份的虚拟性、交往的隐蔽性和神秘性;网络“资源共享”的价值观,使人们进入网络就可共享丰富的信息。

(四)覆盖面广

根据中国互联网信息中心发布的第48次《中国互联网络发展状况统计报告》显示,截至2021年6月,我国网民数量为10.11亿。

(五)难以监控

网络中的共享信息,如同滚雪球一般越集越多,信息宝藏和信息垃圾共享一“网”。

二、网络带来的负面影响

科技发展史不断证明,科学技术像一把双刃剑,既有积极的一面,也有消极的一面。网络自然也具有这种双面特征。如果正确利用网络,互联网对进入其中的学生的成长、发展毫无疑问会起到很大的促进作用。但是互联网作为一个虚拟世界,它所传输的负面信息会对学生产生负面的影响。这些负面的影响表现在:

(一)信息泛滥,无所适从

网络中的垃圾信息很容易会对学生思想和行为产生误导。以往学生接触的信息主要来源于报纸、电视、广播等媒体和教育者的教导,其内容是经过层层把关过滤的,不正确、不恰当的信息已被删除。而在浩如烟海的网络信息中,难免有一些内容不健康或是品位不高、格调低下。信息泛滥容易使广大学生无力判断真伪，无力鉴别，那些错误、庸俗的信息对于辨别力不高，人生观、价值观正在形成的学生的影响是相当大的。

（二）互联网的虚拟性容易激发不良行为

在网络中，人们可以不同的身份与他人交流。在约束性不强的虚拟状态下，学生不负责任的态度和行为很容易被诱发。近几年来，我国网络犯罪的增长速度引起社会的高度重视。

（三）上网成瘾，影响健康

有的同学沉溺于网上聊天交友，陷入虚幻的情感世界不能自拔；有的同学迷恋网络游戏，茶饭不思。上网成瘾、长期“泡网吧”给身体带来不良后果，造成学生睡眠不足、视力下降、生活节奏混乱、情绪暴躁，失去应有的自制力，严重影响身体健康和生活学习。

（四）削弱创新能力

互联网已成为这个时代的信息宝库，是世界上最大的广告系统、信息网络和新闻媒体，是世界上资料最多、门类最全、规模最大的“图书馆”“博物馆”和“展览馆”。这使得广大学生形成了一定程度的“拿来主义”思想，遇到感兴趣的内容，只需下载、剪贴，轻轻松松就能为己所用。学生的创新能力需要广泛涉猎现有的科技文化成果，但这绝不是这样简单模仿照搬就能形成的。网络在一定程度上影响了学生们的创造力。

通过网络的特点和负面影响，我们可以知道，互联网是一个五彩斑斓的世界，很多学生就是因为网络世界非常精彩，才深深地被吸引。然而，除了自身的因素，学生所处的生活环境也是他们上网成瘾的一个重要原因。据调查，上网成瘾的学生大多缺乏关爱、缺少交流、生活空虚。很多学生在现实生活中苦闷、不满，存在人际交往困难，他们都试图通过虚拟的网络来模拟现实，以求得刺激和情感发泄，获得日常生活中所无法得到的满足感。这是一种对现实生活的逃避。正是因为这些原因，孩子们迷恋上了网络，使网络成为自己精神上的寄托，在网络中寻找着自我。

三、如何正确引导学生养成文明上网的好习惯

(一)抓住契机,用知识性网站正确引导学生文明上网

在一次上信息技术课的时候,我问学生:“大家都上过网吗?”有50%以上的同学点头,我进一步了解到,大部分同学上网是在家和家长一起玩QQ游戏(如连连看等),大家并没有玩过大型的网游。我觉得这是一个很好的契机,于是向学生解释:“上网不仅仅只是玩游戏,还可以做很多别的事情。老师给你们介绍几个你们感兴趣的网站吧!”我在大屏幕上演示了如何进入迪士尼网站、红泥巴村、中国少年雏鹰网。

同学们异口同声地说:“哇!太美了!太好玩了!”我说:“大家试一试吧!”同学们开始上网,有的同学看小动画片,有的阅读图书,查看图片,尽情享受浏览网页带来的无穷乐趣。

我说:“老师再教你们如何使用搜索引擎,这样大家就可以搜索自己喜欢的内容。老师留四个知识性问题——全世界有多少个迪士尼网站?天津市有多少家麦当劳?天津市名胜古迹的图片都有哪些?谁是今年的十佳少年?请大家利用搜索引擎找一找。”

(二)和学生家长携手,让网络小游戏走进课堂和生活

我觉得网络对学生的负面影响不能靠掩盖,而应靠教师、家长的积极引导。通过上课,我发现有的学生在课上完成了学习内容后,开始搜索游戏。爱玩是孩子的天性,这样的孩子往往都很聪明,我走到他们的身后,他们很害怕,以为我会教训他们,我却鼓励他们说:“你们完成得真快,真棒!完成学习内容的同学们可以搜一搜益智类游戏,哪个好玩一会儿告诉我,和同学们一起分享。”兴致盎然的学生找到了找错误、推箱子等游戏,每节课我会留给他们10分钟时间让他们玩,这样往往课堂教学内容完成很快,大家很珍惜这10分钟。为了监督他们是否贪玩,我设计了一张每周娱乐时间表,让家长帮我监督,学生每周玩电

脑游戏不能超过 2 小时,凡是超出时间的课上 10 分钟玩游戏的时间就会被取消掉。同学们很遵守这个规定,因为在课上大家一起玩,气氛非常好,同学们可以互相比赛,比家里有趣得多。家长和我积极配合,这一措施非常有效,家长反馈经常上网的孩子不再贪恋上网了,最主要的是他们知道该在网络中玩些什么、看些什么、学些什么。

(三)建立以班级为单位的网页,有利于学生学做网站

在教学中,我利用课堂教授学生如何制作网页,并安排他们以自己班级为单位自作班级网页,学生们很感兴趣,大家制作的网站内容很丰富,包括班级趣闻、学习园地、动漫世界、好人好事、学习经验介绍,等等。当他们把精力投入到有意义的活动中时,他们就不会浏览不利于成长的网站了,家长也很配合我的教学工作,因为他们看到了孩子的进步。

引导学生养成良好的上网习惯是我们每一个教育工作者应该做的。我们应该阻碍学生不良习惯的滋生和延续,为孩子的成长献出自己的力量。

加强学校对家庭教育的引领与指导

刘 红

当代教育家魏书生在《家教漫谈》中写道:“一个好人的身后,必有一位好长辈给过他终身受益的教诲。有个坏人的背后,也往往有一位不称职的长辈给过他一辈子都难于摆脱的误导。一个孩子成了好人,社会受益,人民收益,集体受益,邻里受益,但生活得最充实、收益最大的,还是他的父母和他自己。孩子是家长的希望,教育是人类的希望。家长是过去的孩子,孩子是未来的家长。家庭是孩子的第一所学校,家长是孩子的第一位教师。家教意义重大,为人父母者,责无旁贷。”

搞好家教指导工作是学校教育中不可分割的一部分。家庭教育对儿童德、智、体、美诸方面的发展具有十分重要的作用。如何教会学生做人,光靠学校教育是完全不够的,必须取得家长的支持配合。学校要向家长介绍学校教育的目的和任务,让家长了解学校教育情况,指导家长掌握科学的育人方法,提高家长的教育水平,促进学校发展。

一、加强对家庭教育指导的管理

如果把对学生的教育活动比作一根平衡木,两端分别是家长和学校,支点应落实在统一认识、提高观念上。宜宾里小学不断加强科学管理,努力办好家长学校,提高家庭教育水平、提高家长素质,满足广大家长科学教子的需要,促进家校联系,广开社会育人渠道,积极构建家庭、学校、社会一体化的教育体系,全面推进素质教育，培养德才兼备的社会主义事业的建设者和接班人。

首先，做到指导家庭教育有规划。在每年的工作计划中，学校都把指导家庭教育工作列入计划，将家庭教育与学校的整体工作融合起来，发挥家庭教育的巨大的潜能，使学校教育和家庭教育形成合力。

其次，创办家长学校。学校切实担负起指导和推进家庭教育的责任，开办好家长学校，普及家庭教育知识，推广家庭教育的成果经验，帮助和引导家长树立正确的家庭教育观念，掌握科学的家庭教育方法，提高科学教育子女的能力，就广大家长普遍关心的热点问题，通过举办家教讲座的形式，给予系统的讲解。讲座的主题有：中国教育改革方向的现状和方向、如何帮助孩子养成文明习惯、怎样培养孩子的学习习惯、如何与好书交朋友、如何创建良好的家庭氛围等。除此之外，学校还建立学生的家庭教育档案，科学指导家庭教育。

二、建立和完善家庭教育工作的保障机制

学校健全组织结构，建立起制度保障、时间保障、经费保障、物质保障，这是保障指导家庭教育的基础，是提高家庭教育水平的前提。

搞好两支队伍建设，建立起组织保障。一是建立一支落实到位的管理队伍。管理队伍由分管德育工作的校长、主任、辅导员、班主任担任。管理队伍负责计划、组织和控制、协调、评价工作。二是建立一支开拓创新的理论研究队伍。

建立指导家庭教育的制度保障。合理可行的规章制度，是学校指导家庭教育工作正规化、程序化的保证，是管理家长进行家庭教育的重要手段。如：建立授课制度、评价制度、家长会制度、表彰制度等。学校保证每学期家长有一两次集中学习的机会，每学期有一两次教子经验交流的机会，每学年进行一次评选好家长的表彰大会。学校定期召开家长会，向家长宣传正面的育人方法，推广教育子女的成功经验，并将本年级的德育目标、学生在学校的表现等向家长做介绍，提出孩子普遍存在的问题，让家长对孩子应该达到的品德行为标准有大致的了解，并请他们在家庭生活中能针对孩子的表现因材施教。通过这些制度，确保指导家庭教育能长期有效的开展。

提供时间，给予投入，建立经费保障机制。要提高家庭教育，就要对此项工作给予资金投入，由学校提供专项资金是最能保证开展家庭教育指导的。学校一是保证每两年一次表彰优秀家长、优秀家教指导工作者和好家长的评选活动经费。二是保证每两年一次的家教指导工作研讨交流会和印刷出版有关文集的经费。三是保证教材、资料的编写、印刷经费。四是保证家教指导工作者业务培训的经费。

三、加大家庭教育活动的指导，促进学校办学质量稳步提升

学校组织开展各种家庭教育活动，是帮助家长树立正确的人才观、质量关，掌握教育子女科学知识与方法的行之有效的做法。我们认为，活动是指导家长开展家庭教育最好的途径和载体，因此活动的内容以及开展的形式就显得非常重要。为了适应时代的发展、家长需求和学校的进步，我们主动思考、不断调整，完善活动的内容和形式，使活动形式生动活泼，内容丰富，具有趣味性，效果具有吸引力和实效性。

（一）培训活动

培训活动采用面授、集中学习、座谈、讲座等方式，让家长通过学习理解感悟；学校聘请专家教授，有针对性地提供专题指导，确保每一次培训活动后家长都有不同程度的提高。

（二）咨询活动

家庭教育让家长感到困惑、力不从心的是孩子的个性问题。落实到每一个孩子的个别问题，必须要有针对性地解决。这就需要以咨询活动的方式来帮助家长。学校通过邀请专家、优秀的老教师组成咨询队，开展教育咨询活动，接受家长针对个别问题进行当面咨询，共同寻求最佳、最有效的方法。

（三）家教论坛

学校每学期举办“伴着孩子一同成长”家教论坛，让家长们在论坛上就孩子的教育问题相互交流，相互切磋，鼓励家长做育人的有心人，随时总结经验，形成论文，即时推广，并在学校及班级中评比出优秀论文、好家长、好孩子，树立榜样，让家长与孩子共同提高，一同成长。

（四）创办《家长报》

学校创办校内报纸《家长报》，每学期免费向家长赠阅两期，为家长和学校搭建一个交流平台。学校通过《家长报》及时向家长推荐学校教育和家庭教育的新理念、新做法，及时向家长介绍师生中优秀的典型和优秀的育子经验，让这些成为所有家庭的共同财富。

（五）开展家庭读书活动

在家庭中，家长与孩子共处、共学，共同选好书、读好书、多读书，每天至少安排一个小时的课外阅读时间。家长带领孩子多看新闻、听广播，增长见识。学校每年召开读书节，家长与学生一起交流讨论读书心得，分享读书的感受和快乐，与孩子共建读书笔记本。在读书展示会上，家长与孩子同台汇报读书收获。

（六）组织家长开放日活动

为了更好地提高教育教学质量、更好地服务家长和社会，扩大学校的影响，学校每学期都会组织为期一周的家长开放日，请家长走进学校，走进教室，感受孩子的课堂学习生活，了解孩子在校表现，同时评价教学、评价教师，给学校和班级提出宝贵的意见和建议。学校通过这样的活动，让家长与学校、老师零距离接触，聆听家长的声音，帮助学校改进工作，更大程度地促进学校发展。经过多年的摸索，我校在家庭教育中取得了一定的成绩，多次被评为“优秀家长学校”。学校被评为教育质量优秀校。

实践告诉我们，家校互动促发展，携手并肩育英才。我们必须持有大的教育观，明确学校教育的主导性、主体性，指导家庭教育不断提高水平，努力协调家庭教育与学校教育的相互关系，以求达到完美结合，以统一教育合力，才能不断促进学校发展。

让家长成为学校教育的参谋和后盾

刘 红

教育是一项系统工程，学校、家庭、社会缺一不可。家长是教育的支持者、合作者和监督者。每个家庭都希望自己的孩子出色、成才。如果学校在教育活动上不能与家长建立良好的信息沟通渠道，会使得双方的目的相近而手段各异。因此，只有学校和家庭建立起一种和谐的伙伴关系，共同携手，形成教育合力，才能真正创设少年儿童健康成长的良好环境和氛围。如何充分调动家长的积极性，使家庭教育与学校教育有效地结合起来呢？

一、家校联动，让"局外人"成为"参与者"

为了构建和谐的家校关系，提高家庭教育水平，使学校和家庭教育形成合力，让家长从学校的"局外人"变为学校管理的"参与者"，从思想、学习等方面共同培养孩子，我校根据家长的不同特点，采取多种的方法吸引家长，参与、援助、配合我们的活动，让每位家长都有机会、有能力表现。

（一）线上线下让家长发声

在学校管理和班级管理中，家长是一个不可忽略的方面。我校的家长学校经常利用学校微信公众平台、"宜阳云彩"教学平台、学校网站、QQ 群、校讯通等，收集家长对学校管理与教育教学的意见和建议，并及时向家长反馈，让家长真正参与学校的决策与管理。

（二）学校文化建设，家长成为“生力军”

“开展丰富多彩的文化活动，让家长参与到学校教育教学中来，与教师共同培养孩子，见证孩子的成长。”我们是这样向家长承诺的，也是这样去做的。“数学文化节”是学校的一大特色活动，目前已经举办了四届。为了得到全体家长的支持与配合，每一届“数学文化节”的徽标设计、文化节展示等，都由家长和学生一起设计、参与。正是有了家长的积极参与，学校才打造出了独具特色的数学文化品牌。学校专门把家长与孩子共同为“数学文化节”设计的获奖作品印制成“24 点扑克牌”，免费发放给每一位学生。业余时间，学生在家与家长一起“打牌”，既增强了亲子间的互动性和亲密度，又提升了学生的口算能力。

（三）家长是班主任的好帮手

每开展一项活动，对家长来说，内容、概念都是全新的，只有让家长了解活动的主题、实质、过程、益处等，才能充分调动他们的积极性。因此，活动主题的确定、资料的收集、确定活动流程等，班主任会通过多种形式展示给全体家长，使家长了解活动的意义、需要配合的事宜、活动的进展、孩子的表现等。这样做，透明度高了，目标明确了，家长配合的愿望更强了。学校会把家长请到学校、班级，参加各类活动；组织家长与学生一起参观周邓纪念馆，感受伟人的家国情怀；为养老院的孤寡老人送去关爱和温暖，培养孩子敬老、爱老的孝心。有些家长还主动走进教室，协助老师布置班级环境、装饰图书角……

二、共同关注，家委会是学校坚强的后盾

学生良好的成长环境，需要学校、家庭、社区联合创建。我校的家委会经常招集家长志愿者，做了许多工作。这些家长志愿者，在为孩子们无私奉献的同时，也在辛苦的同时感受到快乐、自豪和幸福。

（一）家校合作，让学生吃上放心餐

我校家委会成员中，有专人负责对学生伙食进行监管。每学期，学校组织家委会的午餐质量监督员到配餐公司进行实地考察，监督卫生状况和膳食营养搭配情况。另外，每周的营养午餐配置，学校会通过微信公众平台、校门口的电子屏和QQ群向家长公示，质量监督员会在每天上午11点到校，对配餐进行现场监督，测量并记录饭菜的温度是否达标。此外，家长代表每天直接检查的饭菜质量。

（二）学生校服“家长说了算”

“校长，孩子们的校服样子单一，我们可不可以自己找厂家定制？”学校非常重视家长的建议，在广泛征求家长意见的基础上，经学校领导班子研究决定，一年级新生的校服，由家委会出面，与校服厂家联系，提高定制标准，确定校服样式，虽然定制的校服比以前贵了不少，但没有一位家长抱怨。

（三）家长“护导队”为学生筑起“安全墙”

为了保障学生的安全，学校加强校园安全防卫。在家委会的倡议下，由家长志愿者组成了一支“安全交通安全护导队”，他们协助学校为学生筑起了一道“校园安全墙”。

成立“交通安全护导队”倡议一经发出，家长们十分热心，一支由爷爷奶奶、姥爷姥姥、爸爸妈妈们组成的“交通安全护导志愿者”队伍很快组建起来。每天每班有一名家长执勤，家长志愿者统一佩戴袖标，上下学时间在学校门口协助保安、执勤人员维持秩序，疏导车辆，引导学生安全通过斑马线。这项工作家长如传接力棒一般，至今已经坚持了七年，得到了全体家长的大力支持和积极配合，有效改善了上学、放学时段学校门口交通拥堵的状况，避免了各种意外的发生。

（四）举办家教论坛，让家长“伴着孩子一同成长”

我校每学期举办“伴着孩子一同成长”家教论坛，家长们可以在论坛上就孩子的教育问题相互交流，相互切磋，鼓励家长做育人的有心人，随时总结经验，形成论文，即时推广，让家长与孩子共同提高，一同成长。

欢迎家长来“找碴儿”

田方彦

作为教师的我们，应该以耐心、细心和同理心去对待每一位家长。得到家长的配合，才能更好地提高自己管理班级的能力。

上英语课的时候，孩子们都在认真地背诵英语儿歌，表现非常好，同事李老师录了一段小视频发了班级群里，得到了很多家长的点赞。可是没过多久，一位家长就怒气冲冲的来学校找我。刚上完课的我当时很纳闷，于是就把家长请到了办公室。

“您请坐，您找我有什么事?”我忙着让座。

那位家长气哼哼地说:“您看看视频。”家长把手机中孩子们背儿歌的视频让我看。

我把视频看了一遍后说:“班里同学们都在认真地背英语儿歌，挺好的呀。”

那位家长一听这话，一下站起来说:“挺好的? 我儿子怎么在最后一排，而且还没有同桌? 孩子他妈看到这个视频都急哭了。”说着，狠狠地拍了一下桌子。

这时我的师傅孟老师见状走过来说:“这位家长，咱是来解决问题的，不是来吵架的，您先坐下消消气。您来学校，证明您对孩子在校生活很关心，我们很欢迎，但希望您保持一个解决问题的态度，大吵大闹肯定不是您的作风。”

听完这番话，家长这才不那么激动了，但还是重复着那句话:“为什么全班四十一个人，就我们孩子没同桌? 我上学的时候，老师让我单独一个桌，那是因为我太调皮。”

我说：“孩子个子比较高，肯定在后面的位置。班里四十一个人，肯定有一个人会单独坐，况且那个地方是图书角，也没法坐两个学生。另外，咱们班的座次是每两周调一次，一组去二组，二组去三组……这次正好赶上咱孩子了。”

家长听我这么一说，虽然知道了事情的原委，但是他的气还是没有彻底消除。这时孟老师接着我的话说：“您呀，下周再来看看，要是下周您还看见孩子还是一个人一桌，那就是我们班主任的过失了。”听完这话，家长这才很不情愿地走了。

中午休息的时候，我们一年级组开了个小会。

年轻的雷老师说：“现在的孩子都是家长的掌上明珠，受不了半点委屈，甚至有些家长没理也能说出三分来。”

孟老师说：“每个孩子都是家里的宝贝，家长来学校，肯定是带着问题来的，我们一定得要先让家长平静，心平气和才有利于问题的解决。另外，要先等家长说完我们再说，不让他把话说完，他是不会听我们讲的，问题清楚了，最后再解决问题。”

年级组长杨老师说：“在老师看来很正常的一件事，家长可能会从不同的角度‘找碴儿’，这说明孩子家长关心孩子在校的生活，这是好现象，也能督导我们老师的工作。咱们应该欢迎家长来‘找碴儿’，这样才能和家长携手，共同教育好孩子。”

听完教龄较长老师的话后，我们这些年轻的老师觉得受益匪浅。家长来学校找老师，大多数是带着问题来，作为教师，应该以耐心、细心和同理心去对待每一位家长，只有抱着欢迎家长来学校“找碴儿”的态度，才能真正知道家长的所思所想。家长是孩子的第一任老师，只有和家长处理好关系，得到家长的配合，才能更好地提高自己管理班级的能力。所以，作为教师，我们应该欢迎家长来“找碴儿”。

第六章

教学相长

——探索学科与思政教育的融合

学写方块字，学做方正人

刘伟英

人们常说字如其人，对孩子来说，写一手工整规范的汉字是其必备的一项技能，从小培养好孩子书写规范的习惯，对孩子的成长以及未来都有重要的作用。小学语文教学大纲中指出："写字是一项重要的语文基本功，是巩固识字的手段，对于提高学生文化素质起着重要的作用，必须从小打好写字基础。"对于小学生来说，写字不仅可以巩固识字，把字写得正确、端正、整齐，如果长期认真地写字，还可以陶冶情操，形成审美意识，养成良好的习惯，提高文化素养。

一、增强学写方块字的意识

《义务教育语文课程标准》中明确指出："一年级写字教学要重视对学生写字姿势的指导，要引导学生掌握基本的书写技能，养成正确的写字姿势和良好的写字习惯，书写规范、端正、整洁。"我们要指导学生写一手方方正正的字，培养学生良好的写字习惯。

在平时的观察中，我们发现学生普遍存在不良的书写习惯：写字姿势和执笔方法不正确，过分依赖橡皮，字迹潦草，作业本不整洁，经常涂涂改改等。这些问题如果在一年级得不到及时的纠正延续下去，以后就难以改正。这样不仅写不好字，而且对学生的身体健康和心理健康成长不利。因此，培养良好的写字习惯至关重要。

良好的书写习惯包括坐姿、执笔姿势正确，书写规范，字迹工整，作业本整洁等。正确、工整、认真地书写汉字,既有利于完成高质量的作业,增强学习信心,使学生的身心得到健康发展,更有助于培养他们做事耐心细致、有恒心、有毅力。

二、指导写好方块字的方法

在长期的一年级语文教学中,我摸索出一年级学生的写字习惯培养的方法策略:

(一)激发学生的写字兴趣

著名的心理学家皮亚杰指出:"所有智力方面的工作都依赖于兴趣。"小学一年级学生注意力容易分散,意志力也不强,而写字又是一种枯燥的学习过程,要让生性好动的孩子喜欢写字,就必须重视对学生写字兴趣的培养。在教学中要根据一年级学生的心理特点,应用灵活多样的方法,千方百计地激发学生的写字兴趣,调动他们写字的积极性、主动性。

第一,以名人故事激发学生的写字热情。

低年级学生爱听故事,我在给一年级新同学上第一节语文课时,就结合教材上的"培养良好的学习习惯"这一内容,给学生讲古代的书法家王羲之在天台山尽情欣赏美景的同时还不停地练字、洗砚,最后把一个澄澈清碧的水池都染黑了的故事,激励学生要认真写字。例如"草圣张芝临池学书""王献之研尽十八缸墨汁"的故事,可以激起孩子心灵的共鸣,产生学习名人刻苦练字的愿望,将有助于培养学生持之以恒的精神。

第二,利用各种方式、方法激发学生的写字欲望。

书法家的故事能让学生下定认真写字的决心,而墙报、优秀作业评比与展览和写字比赛等方式则更贴近学生的学习生活,更能让学生找到身边鲜活的榜样,让学生在写字上做到"比""赶""超",形成良好的写字氛围。教师还可趁热打铁地鼓励学生:"只要你把字写得好,老师就把你写的字贴在墙上,让你当回小明星,你想当小明星吗?"学生都想当小明星,都会集中注意力,信心百倍地在愉快的氛围中写字。

第三,教师的批改激励方式激发学生提高写字质量。

写字需要学生在一定时间内集中心智,可一年级学生认真写字的热情常常会被写字时的枯燥感打败,这时,教师对学生写字情况的评价和真心鼓励就能带学生走出倦怠。我经常开玩笑地说:“刚才你的铅笔肯定写累了,它写出来的字都没精神了,让铅笔休息一下吧,等一会儿,你一定会用它写出漂亮的字,是吗?”这样,学生就会放松,重新调整自己的状态再写字。

批改的方式也会影响到学生完成作业的积极性。在低年级写字练习中,批改讲评是非常重要的环节。我利用“圈点法”肯定学生的点滴进步,部分笔画好的打小圈,整个字好的画五角星,特别好的画双星等,同时配以简明的评语,如“好样的”“你真棒”“继续努力”“再接再厉”“没有最好,只有更好”……以此来激励学生。学生们对这些批改一目了然,也能从中感受到老师的关心爱护和对他们的重视程度,进而成为学生向上的动力。

在老师心里要为每位学生配一把个性化的“尺子”。在对待学生的要求上不能光在学生之间进行横向比较,“底子的厚薄”对越小的学生影响越大,关键还要用学生自身的进步对他加以肯定。我经常将学生整学期的作业本保留,在需要的时候拿出来让他们对比自身的进步,看见自己日渐成熟的笔迹,激发学生进一步努力的欲望。采用了这样的方法,认真的同学更认真,马虎的孩子也会变得更专注。

第四,适当的物质奖励激发学生的写字热情。

实实在在的奖励也是对学生的激励。我通常采用的奖励方式有:和老师一起改作业,并且将发现的问题和优点告诉大家。这时,学生俨然成了一位小老师,认认真真、一丝不苟地参与批改,大大激发了大家写字的兴趣。这样同时也激励着其他学生。还有就是由学生们挑选心仪的贴纸,好看的图章,甚至一支棒棒糖,这些奖励都能加强师生间的交流与互动,激发学生们的写字热情,促进了学生对所学写字知识的进一步掌握运用。

（二）规范书写姿势

正确的写字姿势不但跟写好字有密切关系，而且对身体健康也很有好处，所以我们一定要格外重视，并注意养成良好的习惯。

第一，听故事，明要害。

由于一年级学生的手指力度不够，很多学生刚开始写字时执笔方法不正确，为了使学生重视写字姿势，在他们学写字之前，我给他们讲了“唐驼”的故事：古时候有个姓唐的人，酷爱书法，终于成了一位书法家。但因为写字时不注意姿势，成了一个驼背。后来人们忘记了他的真名，把他称为“唐驼”。听了这个故事，大家对不注意书写姿势有了更深的认识。平时写字时，看到有同学姿势不端正，马上就会有人提醒他：当心变成张驼、李驼……

第二，唱儿歌，做动作。

我根据一年级学生的心理特点，把写字姿势的要领编成他们喜闻乐见的儿歌，使他们自觉、愉快地练习写字。这首《写字歌》的歌词是这样的：“小朋友，写字啦，头要正、肩放平、左手右手八字形。胸离课桌有一拳，眼离书本有一尺，手离笔尖有一寸，拇指食指留一缝。”学生每一次写字之前都边背儿歌，边调整姿势，易学、易懂、易记，加上时时提醒、督促，收效较好。

第三，及时评，强化练。

在平时的写字教学中，教师往往把字的好坏作为写字评价的首要标准，而忽视对书写姿势的评定。为此，课上，我注重多对学生书写姿势进行评价。姿势正确的学生，不但在课堂上会受到老师的表扬，而且在课后还能得到一朵红花作为奖励。姿势正确字又写得好的学生，作业可得优加五角星，姿势不正确，字写得再好也只能得优。这样一来，学生的观念也悄悄地发生了改变，对书写姿势的正确与否就越来越重视了。

（三）规范落实训练要点

首先，练习笔画是基础。

万丈高楼平地起，写字呢，应从练习写笔画起，教师应加强指导，如写“横”时，首先要让学生注意写平直，同时，两边略有顿笔；写“竖”时，要注意它的虚实变化，一定要写“直”；写“撇”时，让学生知道，末端要出“尖”，讲完写笔画要领后，要进行强化训练，逐步养成习惯。

铅笔字的笔画平直，变化不大，因此在书写时运笔方法比较简单。一般在起笔、转折、提、钩时稍重、稍慢；在行笔过程中用力均匀，速度适当；在写撇、提、钩的收笔和写其他尖状笔画时，要稍轻、稍快。我对铅笔字基本笔画的运笔要点，做了这样的概括：“横要平，竖要直，提、撇要尖，捺有脚，折有角就得顿，小小点要写好，落笔轻轻收笔重。”

其次，对笔顺规则的指导。

汉字是一个个方块字，当我们在书写这些方块字时，必然会遇到先写哪一笔、后写哪一笔的问题，这就是笔画的先后顺序，简称为笔顺。在一年级的写字教学中，笔顺规则的指导非常重要。学生只有按笔顺规则写字，才能把字写得又快又好。所以，当学生一开始描写生字时，就必须同步进行笔顺规则的指导。教学中，我要教给学生各种笔顺规则。如先横后竖，先撇后捺，从左到右，从上到下，先中间后两边，先里头后封口，等等。这些笔顺规则说起来朗朗上口，学生乐学又好记。在学生新学了一种笔顺规则写字时，教师要到学生中去巡视，去指导，提醒和鼓励学生要按照这种笔顺规则写字。

再次，训练学生提笔即是练字的意识。

我们常常见到的情形是，学生练字是一种正确的书写，做作业时什么样的书写都有。叶圣陶老先生所说：“咱们天天为了实际需要而写字，其实是天天在练字，不必特别划出练字的时间。”我们要引导学生养成这样一种良好的习惯：不管在什么场合下写字，只要一提起笔来，就要一笔一画地写，认认真真地写，力求做到笔画清晰，间架合适，行款整齐。一开始学生可能不太习惯，这样也可能影响做作业地速度，但只要坚持下去，就能越练越熟，就能做到既写得好，又写得快。

（四）优化书写过程

第一步：看。

汉字的结构变化多样，由于一年级学生的生字都写在田字格里，因此，我们可以要求学生借助田字格来学好写字。对刚学写字的学生来说，找准字的各个笔画、部件在田字格中的位置（俗称“搭架子”），是一件很费力的事，但是养成了仔细观察的习惯，就如同找到了解决问题的办法。我要求学生在观察时做到“三到”：即眼到、手到、心到。每次写字之前，我都要先给学生足够的时间，请他们观察生字在田字格中位置，明确各部分构字部件在田字格中所占的比例和准确的位置，再相互讨论如何下笔，并对每一笔的位置以中线为参照进行定位。这个过程不用动笔，却要花许多时间，反复地训练，能够让学生发现笔画之间的关联，发现部件的大小、区别，发现相同结构字之间的差异，坚持训练，学生才能慢慢地把握好字形，对生字有整体上的认识，最终离开田字格安排好字的结构。这种观察的习惯一旦养成，对学生将来的学习和生活都有很大帮助。

第二步：描。

在仔细观察了范字后，引导学生静下心来，在范字上用手指描写。

第三步：写。

在学生完成前两个环节之后，即可引导学生仿写，写时要求学生集中注意力，看准田字格，不随便下笔。一旦下笔，力争一次就把字写正确，写端正，写整洁。在学生仿写时，教师要注意随时矫正学生的写字姿势、握笔方法、运笔情况和字的结构搭配等。对于多数学生存在的问题，在评价时要集体矫正；而个别问题应个别辅导，不能轻易放过。

第四步:评。

评字是整个写字教学中至关重要的一步,是写字指导的延续和提高。因此,在教学中,我们要充分调动学生的主观能动性开展自评、互评、点评,建立良好的评价机制、激发学生的写字兴趣。

通过评字,学生对字从整体结构到部件、笔画,有了初步的感知,强化了识记,提高了识字的准确性;通过评字,强化了学生的参与意识,提高了写好字的自觉性;通过评字,学生经过自身的实践活动,提高了观察分析能力,开发了智力;通过评字,学生感知美、欣赏美,陶冶了情趣。

第五步:改。

写字教学最后一点应归结到改上去,而且应是及时地让学生在评字之后,一个字一个字,一笔一画地再发现、再改进。改的过程是再完善、再提高的过程。学生一旦养成认真细致的习惯,就会终身受益。

经过写字五部曲的规范练习,学生的写字能力得到很大的提高。

三、学写方块字,学做方正人

字品如人品,学写字的过程也是学规矩、练定力和养静气的过程。因此,我在培养学生良好书写习惯的基础上,更注重写字与做人的教育。

通过书写指导,教育学生一字一方框,做人守规矩,告诉学生守规矩才有自由,才能干成事,才能成长为一个大写的人,一个端端正正的人,不守规矩就没有自由,就会蹉跎一生。

通过书写指导,教育学生一字一笔顺,干事讲规律。汉字的精妙之处,不仅在于四四方方,更在于一笔一画都有前后顺序,先写哪一笔,再写哪一笔,都有讲究。这既是一种规矩,更是一种规律,关于汉字书写与审美的规律。不按照这个规律,就写不好。做人做事也是如此。

通过书写指导,教育学生一字一价值,自信更自励。每个汉字都有自己独立的意义,和别的汉字联合起来,又会产生更多的意义。每个汉字都是汉字体系不可或缺的一部分，都有存在的价值。

良好的写字习惯的培养，是一个长期而艰苦的过程，也是磨炼学生意志、性格、品质的过程。良好性格品质的形成更需要我们从一丝一毫发现，从一点一滴做起。希望通过我们的努力，让每一个祖国未来的建设者和接班人都能写好方块字，做个方正人。

在美文中育德

张 楠

阅读一本好书可以改变自己的一生，阅读一篇美文可以解开自己心中的某个心结，这就是阅读的魅力。阅读美文可以让我们领略到不同的人生与视野。正因如此，作为一名小学语文教师，我要让学生多去阅读文章，阅读美文，感受阅读的快乐，感受生活的魅力。

教育部新制定的语文教学大纲，给人以启迪。其指出："小学语文是义务教育阶段的一门基础学科，对于培养学生的思想道德品质和科学文化素养，对于学生学习其他学科和继续学习，对于弘扬祖国的优秀文化和吸收人类的进步文化，提高民族素质，都具有重要意义。"这旗帜鲜明地表达了小学语文与德育教育的紧密关系。小学语文教学，指以语文教材与课外读物等文字材料中规范而优美的言语，对小学生进行汉语知识的教育与言语训练。简单来说，就是让学生在美文的阅读中去学习基本的语文知识，并且受到高尚情感和道德的熏陶，使学生"人在语言中成长，心在文学中美化"。

阅读美文也许不能够给我们带来攻破奥数题目时的喜悦，阅读美文也不会给我们带来任何的奖章或者奖状。但是阅读美文会如清泉一般洗涤我们的灵魂，让我们的精神家园犹如雨过天晴般清新透彻。一篇美文包含了众多的内容，其中就包含着作者本人的底蕴、情感意趣、价值追求以及人文精神，阅读美文会让我们跟优秀的作者对话，从中得到德育的熏陶与品德的陶冶。

有些人会质疑小学生是否能够理解美文的内涵。事实上，学生接触教材也好，还是接触其他的言语材料，无不受到字里行间人物、事件、景色、数据中表露的思想、情感、道德、事理的耳濡目染，或真善美、假丑恶的影响。教师除了要让学生认字、写字，学习语文知识以外，还需要引导学生求真、向善、趋美。

以小学一年级的语文教学为例，我们要带领学生体会其中所蕴含的德育道理。人教版的一年级下册的语文教材中，有一篇课文《两只小狮子》，课文讲述了狮子妈妈生下了两只截然不同的小狮子，其中一只小狮子每天刻苦练习，立志长大以后成为一名优秀的小狮子，而另外一只小狮子每天什么都不干，懒洋洋地享受生活。小学一年级的语文教学中，识字、写字是重点，但是我在讲述这篇课文的时候，着重引导学生去体会两只小狮子的不同做法，并通过对比，让学生明白其中蕴含的道理：从小应该勤奋学习，学会生活的本领，我们不能一直依靠父母生活。学生能在语文学习的同时学习到人生的道理，得到德育的教育。

小学一年级的语文教学以学生阅读大量的儿童文学为主，而这些充满童趣的儿童文学皆是美文。细细品味即可得知，美文对德育教育具有促进作用，美文对青少年儿童求真、向善、趋美的引导，能够达到“润物细无声”的效果。

既然阅读美文对于塑造学生的健全人格和正确的价值取向如此之重要，我们如何才能够培养学生良好的阅读习惯和阅读兴趣呢？这就需要我们一线的教师在每一节语文课中渗透德育的重要性，引导学生在学习完字词之后，自己能够找出文章对自己的启示和启迪，让学生在快乐中学习，在快乐中阅读，由此爱上读书，恋上读书。

作为小学一年级的教师，要想在阅读中渗透德育，首先要在每节语文课上做到以下几点：

首先，注重激发兴趣。

兴趣是学习的先导，兴趣是最好的老师。本节课我从猜谜语入手来调动学生的兴趣。让学生在整堂课中能够对课文产生浓厚的兴趣，从而喜欢阅读，喜欢读书。在兴趣的带领下，我的教学目标基本达成，解决了这堂课的认读字。在激发学生学习课文的兴趣之后，我逐步将范围扩大到阅读这一种类型体裁的文章。

其次，注重朗读感悟。

课文的朗读是语文教学的永恒主题，应贯穿在教学的全过程。在本课教学中，我遵循新课标提出的“朗读为主”，从读正确到读通顺，再到美读，最后熟读成诵，逐渐提升，升华情感，使学生充分享受朗读的快乐。

再次，注重拓展想象。

以《小小的船》这一篇课文为例，遥远的星空总会给人无数美好的想象，特别是在充满童真的儿童心中，那就是一首美丽的诗。在教学中，我启发他们开展想象：“弯弯的月儿像小船，那么蓝蓝的天空像什么？闪闪的星星呢？”此时，学生一个个沉浸在各自的想象世界之中。我一直认为读书需要想象，学生有了想象的空间才能够将一本书读厚了，读懂了，读到心里去。

最后，注重积累。

在每节语文课最后，我联系文本，有意识地让学生在课下去搜寻一些与课文相关的资料，增加学生对于文章的兴趣，同时对文章有了一个初步的了解与喜爱。

学生到了高年级，明理不再是一个难以解决的问题，而此时就需要学生在明白的基础上能够做到落实。做到这一点，就需要学生结合生活实际去运用在阅读中体会到的德育知识。我们需要让学生在面对问题时比对文章中的小人物的做法，去感受其中蕴含的德育，去体会其中的深层含义。

一篇美文在表述真善美、鞭挞假丑恶的同时，也能够使读者校正自己的精神航向，使自己的精神健康发展，从而在潜移默化中达到对学生德育的效果。这就需要小学语文教师在教学过程之中巧妙地设置德育点，通过形象感染、感情熏陶和潜移默化的作用有机地来实施教育，使学生具备高尚的情操，良好的个性，健全的人格，促进学生德智体美的全面均衡发展。

在“语用”课堂中渗透经典教育

杨丽华

一、“语用”课堂是时代发展的必然要求

当前语文课堂教学存在着教师以问题为导向，指导学生阅读文本，借助文本中的“语言现象”或“语言材料”分析解决问题的现象，学生缺乏创造性的“语用”学习空间，教师依然掌握着话语权，学生上课不能随便说话，发言要先举手，得到老师的批准之后才能进行言语表达。在某种情况下，这种传统的课堂教学会约束学生的口头表达；“考试”依然是指挥棒，仅以考试为依据，评价学生学习、教师教学质量的做法，容易误导教师教学，忽视课堂教学是师生双边学习的过程。对于语文教学来说，教师依然把“语文”当“知识”来教，学生只注重纸上谈兵，实际生活中“语用”能力相当薄弱，这样的人才不适合知识经济时代的发展要求。社会的发展需要具有创新和实践意识的人才，他们善于发现问题，勇于分析思考，敢于探索实践，并能够大胆地尝试解决实际问题。学生缺乏语言的实践能力，会使学生的语文综合素养得不到良好的积淀。这直接制约着学生素质的全面发展，影响着学生创新精神和实践能力的培养。

与此同时，科技信息的发展、网络媒介的出现，一些低级庸俗的大众文化给社会语言带来巨大的影响，冲击着中华民族优秀传统文化和人们对语言文字的规范运用；时代进步要求人们具有开阔的视野、开放的心态、创新的思维，对人们的语言文字运用能力和文化选择能力提出了更高的要求，也给语文教育的发

展提出了新的课题。课堂是实施语文教育的主阵地，只有创建“语用”课堂，才能让学生在获得基础的“语用”知识和技能的同时，有意识地运用语言文字知识进行交际，锻炼学生的语用心理素质，以便学生能够更好地适应当今的社会生活。

二、建构“语用”课堂教师应具备的良好素质

（一）语文教师要具有大语文的“全语用”教学观

教师在借助文本对重点语言进行读写训练、迁移运用之外，还要特别关注学生在回答、讨论、交流及对话等真实语境中口头表达的情况，不能只求语意正确，还要讲究言语准确、不含糊，遵守符号汉语语法规则，做到言语表达用词贴切，条理清楚，没有明显的词语搭配不当等语病。语文教师自身的“全语用”意识，应该建立在“全语用”大环境的基础上，这就要求语文教师既要精通语文知识，又要拥有广博的他科知识，还有具有开放的信息思维处理能力。在大语文的活动空间中，把语文语用课堂教学融入自然、社会、家庭、学校等多方面的情景中，密切联系学生的亲身经历和生活体验，在课内学习和学生的课外生活之间搭桥铺路，能够使学生积极地在现实生活情境中，通过语言文字的实践运用，形成良好的“语用”素养，增强学生开口说话时要讲究规范和标准的意识，培养语言文字运用的情趣。

（二）语文教师要具备“导”“放”“助”“隐”四种教学艺术

“导”的原则指教师在引导教学时，要合理组织课堂，优化“语用”课堂教学环境，为学生快速投入汉语学习创造条件，教师当以景引入，以悬激情，别开生面地调动学生学习语文的兴趣。“放”的原则指教师要大胆放手，为学生提供充足的感知文本的时间，以便使学生形成自己的学习目标，并尝试自我解决轻度难题；对于自我解决不了的中度难题，教师应组织学生小组交流讨论，共同解决。“助”的原则指教师在监督课堂学生学习的同时，要参与学生学习，给予相应的指点，督促学生解决中度难题。对于遗留的重度难题，教师要做到心中有

数。在反馈检查时，调动学生多元互动，“语用”出现错误时，及时纠正；发现“语用”闪光点时，给予表扬和激励；对于重度难题要借助文本的重点段落、句子、关键词进行对比、联想、赏析，设计“语用”环节，师生互动，达成对疑难问题的共识。“隐”的原则指教师要跳出课堂，退出参与学生学习的氛围，重新审视自己预设的教学目标与学生课堂自主生成的学习目标是否一致，学生提出的问题是不是自己提出的问题，课堂教学中还有哪些有待完善的。

三、建构高效的语文“语用”课堂教学模式

首先，建构高效的语文“语用”课堂教学模式，要在情景教学的基础上，以“语用”为主线，把语用导入、语用感知、语用会话、语用反思作为语文课堂教学的骨干环节，以提高学生主动学习的积极性，促进语文“语用”素养的提升，为学生的全面发展打下基础。

在语用导入环节，教师要立足“语用”，创设语用情境。授课伊始，教师为学生呈现一幅画，让学生指出画面中关键事物，并说说图意，在真实的情境中，锻炼学生的“语用”能力。

在语用感知环节，教师要抓住题眼，启发学生思维，点燃学生阅读文本的智慧火花。教学《黄果树瀑布》一课时，抓住“瀑布”字眼，呈现“庐山瀑布”和“黄果树瀑布”的对比，启发学生探究异同，引起阅读兴趣。

在语用会话环节，教师要对学生的学习动态做全面检查，以指导学生精读、赏读文本，感悟作者的思想情怀。通过对作者及文本的深入了解，组织学生“语用”探讨，在欣赏中肯定，在鼓励中提高，更大程度地调动学生“语用”的热情。

在语用及反思环节，师生要回顾“语用”课堂全程，对课堂语用文本教学进行总结，深化文本中心。学生语用概括能力的培养，需要教师指导，学生反复实践才能得到提高。

其次，教师要创造性地挖掘文本中显性与隐性“语用”资源，引导学生在语文实践中增强“语用”能力。

教师可以带领学生关注细节描写，引导学生想象表达，培养“语用”能力；可以带领学生品味关键词语，引导学生感受文字魅力，提升“语用”能力；可以带领学生寻找读写结合点，强化表达训练，迁移“语用”能力。

再次，引导学生自觉积累语言材料、语言范例、语言知识，提高语文素养，以便厚积薄发，增强“语用”能力。

读书百遍，其义自见——教师可以带领学生在朗读中丰富积累。以读为本，熟读成诵——教师可以带领学生在背诵中巩固积累。深化认识，融会贯通——教师可以带领学生在品析中深化积累。他山之石，可以攻玉——教师可以带领学生早模仿中学会积累。

最后，教师要增强教育机智，争当“点子大王”，巧施妙计，深化“语用”课堂。

其一，巧妙“悟文”，经典引路。

教学《爬山虎的脚》一课时，了解作者是怎样用生动、准确的语言写出爬山虎叶子和脚的特点，通过对词句的理解了解爬山虎脚的特点，是本课的教学重点。爬山虎怎样向上爬这是阅读本课教学的难点。于是我课前制作爬山虎叶子标本，在研读作者写爬山虎的叶和“脚”的片段，领悟作者的写作方法，指导学生仿照原文进行小练笔的训练，将标本作为奖励。学生的积极性空前高涨，读、说、写的难点顺利突破了。没有得到标本的学生有些失望，此时我因势利导提出建议，让大家从文中找到关键词句，尝试画一画。学生们在课堂中真正“动”起来了。集体交流的时候，有半数的孩子已经能用自己的话描述爬山虎是如何往上爬的，并从中感悟到爬山虎锲而不舍、积极向上的精神。孩子们因为可以学会用积极的态度去面对学习和生活。

其二，巧妙“障眼”，渗透经典。

作文是“语用”能力的体现，是学生最为头疼的问题。在教学习作《记一次实践活动》中，我带领学习学生阅读杨光的故事，看一个盲人男孩是如何用音乐诠释心中的世界,用乐观寻找色彩,用歌声唱出美好生活的。显然,这次阅读让学生产生了写作灵感。大家的作文一反往常缺乏新意、内容雷同、表达空洞的现象,学生们妙语连珠,有从体会盲人感受入手,写出“真正的盲人在黑暗的人生道路上生活一辈子,这是多么痛苦啊!”有进行细腻的心理描写,写出“原本又短又宽的桥面顿时变得长而狭窄,时间也似乎在和我作对,过得特别慢。我觉得眼前一片漆黑,好像跌入了无边的黑暗中。”一次全情投入的活动,带给学生丰富的感受。

其三,畅读经典,巧妙“引导”。

教学中,教师不必彰显知之者的魅力,学生在自主探究中,发现问题,提出问题,解决问题中促进“语用”能力。《七律·长征》的教学中,对于飞夺泸定桥,学生提出疑问:“敌人明明知道红军要渡过大渡河,为什么不炸桥而仅仅抽调桥板呢?”对此,我故作“愚钝”,没有给出正面回答,而是顺应问题附和道:“对呀,敌人如果把桥炸掉,不知要省去多少事?”问题抛出,学生议论纷纷。

这样故作“糊涂”,实则培养了学生不盲从、不依赖的学习品格,将经典融合,尽情挥洒“语用”的空间。

其四,将计就计,巧妙“生成”。

新课程下的课堂教学是一个动态生成的过程,其间充满灵动和不确定性。教师巧妙捕捉“小插曲”,运用在教学活动中,别有一番精彩。

课上自读时,我发现两个学生学生手端书本却嘀嘀咕咕,走近一看,原来两个人在传纸条,连老师走到跟前都没发觉。我拿过来纸条一看,发现是一幅漫画。原想没收,当众斥责,转念一想,他们虽然上课三心二意,但交流的是《地震中的父与子》课文内容。我灵机一动,请大家来观看他们的画作。大屏幕上,抽象的画面中,几个孩子一个个嘴角向下撇着……这个学生红着脸给大家解释道:“地震后,学生们在暂时安全的角落里,没有吃的、喝的,没有光明、希望,此时他们唯有延长自己的生命等待获救时刻来临。他们渴了,就接小便来喝。开始时，有人拒绝，但在同学们的劝告下勉强尝试。”刚刚还在取笑的同学，听到他的发言，瞬间安静下来。这样，学生在理解文本的基础上学会自救，又锻炼了语言表达能力，一举多得。由此，我感到教师在课堂上，面对意外的枝节，只要顺学而导，紧扣文本，展开深度对话，自然会收到出人意料的惊喜。

总之，语文教师要以生为本的理念出发，建构“语用”课堂，充分运用经典文化优化生本教学，发挥语文课程的实践性和综合性，增强学生的“语用”规范性，使其成为有益于当今社会发展的创新型人才。

寓德育于数学教育

吴佳忆

寓德育于数学教育是很多数学老师毕生所追求的高质量教学。数学教学不仅要教给学生数学知识、提高学生的数学运用能力，而且要使得学生通过数学的学习，学会运用数学的思维方式去观察、分析现实社会，去解决日常生活中和其他学科中的问题，真正体会到数学与自然及人类社会的密切联系，了解数学的真正价值，增进学好数学的信心与勇气。因此，在数学教学中，我们应注意挖掘数学教育中的德育功能，让其充分发挥德育在整个教育之中的重要作用。作为青年教师的我们，更是要时刻以培养学生良好的行为规范，培养学生爱国情操为己任。那么，在数学教学中怎样渗透德育呢？

中华民族拥有五千年灿烂的历史文化，当学生们了解了我国古代劳动人民的创造之后，必然会激起他们的民族自豪感。在小学四年级上册的珠算教学中，我让学生知道算盘是我国劳动人民发明的世界上最早的“计算器”，它不仅具有计算功能，而且还能启迪思维，开发右脑，培养动手操作能力等，即使在当今计算机时代，它还占有一席之地。除了生动的课件演示之外，我还带来了实物教具，并且和学生们现场互动，寓教于乐，让他们感受古代人的聪明智慧。此外，我国还有许多数学家，他们对世界数学的发展作出了巨大的贡献，他们的故事也是生动的爱国主义教材，如刘徽、祖冲之、陈景润……在教学过程中，我用富有教育意义和说服力的数据和材料，让他们了解人民生活水平提高的幅度，感受祖国发展的时代脉搏，从而激发学生爱祖国、爱社会主义。

然而在一些没有引起兴趣的学生眼里，抽象、乏味、单调、枯燥成了数学的代名词，因而学而无趣、学而无功，所以缺乏创造力和创新精神，在他们的印象中，学习数学仅仅是为了应付考试而已。在我们的数学教学中，我们应该把这类学生热心地看待成我们的知心朋友，要全面正确地引导他们，善心善意地关爱他们，激发他们的兴趣，充分利用数学公式的美，虽然孩子们还并不能理解那些“高深”的公式，但他们确实有欣赏美、发现美的能力，同时要启发学生留意自然界中一些有趣的事实：蝴蝶美丽的翅膀是对称的，车轮是圆形的……我们要善于把这些美展现在学生面前，引导他们热爱数学、钻研数学，将来能够人人懂数学、用数学去解决生活中的具体问题。

数学课中的活动教学将自主权全部交还学生，让学生通过活动自己去发现问题，这样对学生能力的培养和思想品德教育都是非常重要的。数学活动中，对学生团结协作精神的培养随处可见。如我在教学除数是两位数的除法中，计算 $120 \div 15$ 时，就充分培养了学生们的团结协作精神。我在板书这一例题时，让学生自己动手，用不同的方法解题。当时刚学习完“商不变规律”，每个学生最多能有三种解法，看着学生们一个个苦思冥想，我便让他们以小组的形式进行讨论，并把自己的方法给小组的成员讲一讲。一个小组的同学把他们小组四个人的解法都综合起来，结果创造性地提出了十种不同的解法。其他各组的同学也都合作了起来。这样，就培养了小组内部的团结协作精神，同时让学生明白组与组之间也需要团结协作。在交流与评比中，通过活动，激发了学生学习数学的兴趣，发挥了合作探究的作用和集体智慧与个体特性，取长补短。新课程理念就是要学生积极参与、大胆探索、互相合作，探究性学习被纳入数学教学大纲之中，并要在教学中切实完成。现代社会与科学技术的发展使得人类面临的问题越来越复杂，竞争越来越激烈。因此，培养小学生的合作意识与能力，也体现了时代和社会的要求。

实践是认识的源泉，同时也是德育的重要途径。教师要重视实践的德育功能，加强数学实践的组织和指导，让学生在实践中既增知长智，又培育品德，锤炼操行。首先我们要坚持不懈地抓好数学作业的训练，培养学生良好的学习习惯。根据轻负提质的要求，布置作业数量要适当，要求要严格，并要通过对作业认真的批改和讲评，帮助学生克服不良的学习习惯，养成严谨认真的处事态度。其次要有意识地设疑置难，培养学生克服困难的精神。除一般作业训练外，要经常适当地给学生另外出一些难度较高的综合性思考题，并引导学生正确解答，促使其养成知难而进、勇于攀登的钻研习惯。除此之外，还要开展多种形式的课外实践活动，培养学生学习数学的兴趣。无论什么课型，凡是能让学生自己动手操作的都应尽量指导学生动手操作。如在学习“一公顷有多大”时，教师可以带领学生实地测量并计算学校操场的面积，在学习统计表类型的应用题中可以组织学生进行一些家庭调查，收集有关数据，自编应用题并进行解答，等等。充分利用数学的趣味性和应用性，能够使学生感到数学内容生动有趣，生活中充满数学，从而认识到学习数学的重要性，激发他们的学习积极性。

总之，把德育教育放在一切教育之首是培养学生全面发展的可靠保证。在数学教学实施中，只有突出德育教育，才有利于数学教学顺利开展、全面实施。只有我们真正认识到学好数学的社会价值，全面发挥学生积极参与、大胆探索的主体作用，才能全面培养社会需要的人才。

一、数学教学中的学生心理辅导

小学阶段是人一生中心理发展的重要阶段。在这个阶段，小学生在生活、人际交往、学习、升学和自我意识等方面必然遇到各种各样的心理问题。如果不加以疏导，就不可能形成健全人格，从而影响自身发展，降低社会化的效能。因此，发挥各学科及各学科教师的优势，尤其是数学学科和数学教师的优势，对小学生进行心理健康教育，不但是促进小学生健康成长的需要，也是推进素质教育的必然要求。

(一)小学生心理辅导是培养人的基础

小学阶段是形成健全人格的重要阶段。随着思维的不断发展和与社会逐步接触,小学生对事物的认识已经开始由浅入深,渐渐能够理解事物的抽象含义,能把行为的动机和结果统一起来进行是非判断。他们逐渐开始独立思考,思想摆脱自我中心的束缚,并依据自己的价值观念进行好坏、善恶的判断,从而由依赖他人判断进入自律阶段,分析问题也从片面、绝对向全面过渡。同时,小学阶段也是心理最容易出现问题的阶段。由于受家庭、社会等因素的影响,“留守儿童”“家庭寄宿儿童”“问题儿童”出现,再加上社会竞争和焦虑下移,小学生中普遍存在着各种各样的心理问题:

一是焦虑。小学生普遍心理压力较大,时常担心自己的学习成绩下降,被其他同学超过或赶上;当老师提问时,害怕回答错误,在答题时十分紧张,所答非所问;睡觉前总想着所学知识,甚至有的时候会失眠;考试前心理紧张,对学习成绩非常看重。

二是人际关系障碍。一些小学生担心自己与老师、同学和父母的关系相处不好,见到陌生人十分不安,觉得别人总是注意自己,或者在背后议论自己,常常把老师和父母的批评看得过重。很多小学生被学校的作业或家庭规定的额外学习内容压得喘不过气来,影响了正常交往,久而久之,形成人际关系障碍。

三是学习动机减弱。一些小学生因为基础知识掌握不扎实、没有良好的学习习惯,学习内容难度较大,慢慢失去了学习动力,缺乏学习的愿望和兴趣。

四是意志薄弱。一些小学生的自觉性、自制性和坚持性较差,当遇到困难时,不敢面对,胆小怕事。自己身上的不良习惯,总是难以改正。

五是孤独。有的学生把自己的真实想法埋在心底,不愿意向老师、同学或家长倾诉,也不愿意与他人合作,我行我素,独来独往。

六是骄傲与自卑。这两种不良心理也都存在于小学生中。有的孩子家庭环境优越,学习成绩也较好,时常受到老师或他人表扬,容易产生骄傲的心理。

而又有一些学生家庭条件比较困难，家长长期在外打工，不能与孩子经常沟通，造成了孩子孤僻、自卑，对自己失去了信心。

七是逆反。有的学生从小不与父母同住，在自我管理方面特别放松，对他人要求总是不予接受，甚至做一些截然相反的事情。

八是任性。现在小学生受到家人或长辈的宠爱，娇生惯养，遇事特别任性，不愿意接受他人意见。

此外，一些小学生中还存在着嫉妒、胆怯、自私等不良心理与行为，这极大地影响了小学生的身心健康。

由此可见，对于小学生进行心理辅导是十分必要的。在这一年龄阶段进行心理健康教育，有助于孩子朝着积极向上的方向发展，为其今后发展奠定了良好的基础。

（二）小学生心理辅导在数学教学中的必要性

小学生心理辅导是一个长期而持久的系统工程，需要家庭、学校和社会全方面对儿童成长过程进行辅导，这不仅需要一支拥有专业知识的心理咨询教师队伍，而且班主任、辅导员、各科教师都要从事心理辅导。只靠有专业知识的几位心理辅导教师的努力是远远不够的，因为心理辅导教师人数少，而且课时有限，如果没有学校的大力支持与其他教师的配合，小学生心理健康教育的成效将受到影响。

就数学学科而言，首先，数学学科有大量的开放题、探索题、研究题、讨论题、设计题、创造性问题、趣味游戏问题，这些问题内容丰富多彩，形式各种各样，思路灵活，题意新颖，解决方法也各不相同。每道题都很有特点，具有研究性、探索性和创造性。在数学教学过程中，如果教学时能运用一些教学方法和技巧，不但能使学生的思维能力得到进一步锻炼，而且能激发起学生浓厚的学习兴趣，使学生在不知不觉中喜欢上数学这门学科，产生兴趣，并且强化学生的学习动机，养成良好的学习习惯，防止学生产生焦虑、胆怯、厌学等不良心理。

其次，数学学科逻辑性较强，可以锻炼学生的逻辑思维能力和意志力，促进学生身心发展。数学的逻辑性可促使学生的认识更加全面，观察和分析更加细致和准确，能提高学生的注意力和对事物的认知能力。再次，数学是人们在长期的社会活动中不断积累起来的宝贵财富之一，借助于它，人们发现了一个又一个新成果，解决了一个又一个新的问题，数学推动着人类社会不断发展。

从数学学科教师来说，首先，数学老师的课时较多，与学生相处的时间也比较长。一般情况下，小学阶段，每个班每天都有数学课，数学课每周都不少于5节，除了授课时间之外，有的学校还要求数学课教师兼任班主任，再加上经常性地批改作业，数学老师对学生的观察时间较长，了解也比较多，能及时地发现学生中存在的不良行为和心理问题。其次，数学老师的威信较高，对学生的影响较大。受传统观念和现行考试制度影响，家长和学生对数学学科和数学老师比较重视，数学教师的心理状况和行为方式必然会对学生产生比较大的影响。

（三）数学老师良好的心理素质是对小学生进行心理辅导的前提

教师的心理素质和心理健康水平，对学生的身心健康和个性品质的影响作用，被称为“师源性心理影响”。小学阶段是一个人形成个性品质的关键时期，小学生的个性品质非常不稳定，正处于模仿阶段和逐步定型阶段，最容易受各种各样外来因素的影响，而且这个阶段也是小学生个性品质养成的最佳时期，小学生模仿的对象和所处的环境十分重要。倘若与他们朝夕相处的老师是一个积极向上、乐观开朗、严于律己、宽以待人、心理健康的人，那么，在教师潜移默化的影响下，学生也会热情地对待事物和他人，形成乐观向上的生活态度，学会区分好坏、明辨是非，学会在学习过程中与人和睦相处，沉着冷静地应对各种情况，变得坚强勇敢。

数学老师与学生在校接触时间较长，老师的一言一行对于学生来说，起到了示范、演示的作用。因此，数学老师良好的心理素质是对小学生进行心理辅导的前提。拥有良好心理素质的老师，可以培养出积极、乐观、开朗的学生，反之，如果老师没有良好素质的话，上课时一定会影响到学生，从而阻碍孩子们今后的健康发展。

（四）利用数学课堂教学对小学生进行心理辅导的方法

数学老师要具有心理健康意识，不能按照传统的想法去做，把学生中存在的所有问题都认为是思想品德问题，更不能用奖罚代替对学生的心理辅导，应该对学生多采取积极的方式进行教导，尽量避免消极行为，以数学课堂教学为平台，寓心理辅导于数学教学之中，担当起塑造小学生健全人格的责任。

第一，教师要在数学课堂教学中创设轻松快乐的氛围。现在孩子大部分都是独生子女，与其他孩子接触较少，小学生普遍在人际交往方面能力较薄弱，不善于合作，对班集体的事情不太关心。因此，数学老师在教学时要开展一些丰富多彩的趣味数学活动，为学生创造相互交流和学习的机会，让学生在表现自我的同时能够得到同学的认同。

比如，在二年级下学期教学“除法的初步认识”一课时，我先以谈话引入：“小朋友们，谁知道我们的国宝是什么？”一方面，激发学生学习兴趣，引导学生参与，另一方面，让孩子们知道这一常识，使学生从小懂得爱护动物。

在教学过程中，可以根据建构主义的“支架式学习方法”，即依据学生智力的“最近发展区”，不断把学生智力从一个水平提升到另一个新的更高水平的教学方法。在引导学生灵活运用平均分的基础上，提出“还能不能采用另一种更简便、直接的方法计算”，以激发学生的求知欲。

在练习时，可以根据学生追求快乐的天性和好胜的心理，设计“智闯园地”，营造快乐的、充满生气的学习氛围，并运用奖励的方法，满足孩子们获得成功的喜悦的心理需求，让学生不断生发学习新知识的兴趣。其中，为每人发一朵“助人为乐的太阳花”的奖励，能够在每个学生心里播下美好的种子，让孩子在学习新知识的同时，获得积极健康的情感体验，促进学生全面发展。

第二，创设学生喜欢的教学情境。如果小学生处在一个充满快乐的、宽松的环境中,就会消除紧张心理和胆怯心理,在行为上必然是积极的、配合的。例如,在一年级上学期教学“数学广角——找规律”一课中,根据学生年龄段的特点,我选择了学生喜欢的动画动物,设计了“跟喜羊羊一起去智慧城堡”的环节。数学课中,教授完新知识,做一些练习题是必要的,那么,选择一些合适的情境,可以促使学生乐于学习,乐于解答问题,同时,增强学生的自信心。

第三,用参与式的教学方式来激发学生的学习动机。学习动机是指激励并维持学生朝向某一目的的学习行为的动力倾向。它是直接推动学生学习的一种内部动力,表现为学生的学习兴趣、愿望和意向。学习动机是小学生获得知识技能的内在力量和基本心理素质。激发小学生的学习动机最好的方法就是参与式教学。数学老师在课堂教学中,应组织一些让全班学生都参与的活动,比如;做练习题时,老师不要直接讲解做题方法及答案,而应该放手让学生们自主钻研,首先,让弄明白的学生讲给其他学生听,之后,让听懂的学生在全班一一讲述,直到理解能力较弱的学生也能把解题过程清楚地讲明白。这样,班上的每个学生都能参与到数学教学活动中,不但体验了解题的思路,而且也培养了相互尊重的美德。

第四,以多元化的评价方式评价每个学生。数学老师对于全班每位学生不应存在差别对待或歧视学困生,更不能对学习有困难的学生进行“定位”。因为每个学生实际上都有他的某些长处和短处,最关键的是老师在平时能够用心去发现和培养。其实每个学生都有自己擅长的内容,我们不应以一次测试或检验作为评判学生的标准。数学老师要重视将过程性评价与结果性评价相结合。作为教师要学会运用有效的课堂评价来调动学生的学习情绪。在数学课堂教学时,要关注学生,如:一个眼神、一个手势都是对学生的肯定,让学生在轻松的氛围里学习,有助于学生建立自信、认识自我,从而促进教学。现代社会不但需要各个学科的研究人员,还需要大批掌握一定科学知识、身心健康、善于动手的普通劳动者。教育学生学会做人,成为一个合格的公民,这是我们教育工作者最重要的任务。

二、在数学教学中渗透积极心理教育

心理健康教育不是一种附加教育，而是一项完整的育人工程，应该贯穿学校教育教学的全过程。教师应该有意识地、自觉地尝试运用积极心理学的方法，在授予学生数学知识、技能，发展学生智力和创造力的同时，注重提高学生的心理素质，培养学生健全人格。

作为一名教育工作者，我们要教给学生的东西有很多，比如教学生学习书本知识，教学生良好的学习方法，教学生做人的道理，等等。对一位教师来说，最主要的当然是教给学生书本知识，但是，最重要的是把学生培养成一个人格健全的人。只有学生带着一种健康积极的心态去学习，才能体验学习的意义与真谛，这样，教学的意义才会凸显，因此，怎样让学生在学习这门课程时拥有一个积极健康的心态非常重要，这也是所有教师应该思考的问题。

（一）在课堂结构中的渗透

1.营造和谐的教学氛围，让学生在轻松自然的环境中学习

良好的教学氛围能够无声地促使学生积极努力学习。教师平时要关怀爱护学生，与学生建立良好的师生关系，从而营造和谐民主的教学氛围。作为教师，要赏识自己的学生，尝试给予学生积极的内容，如微笑的面容、亲切的目光、落落大方的仪表，这会给课堂定下一个愉快安详的基调。教师和蔼的语音、鼓励的语言、尊重平等的态度，能给学生创设一个和谐融洽的心理环境。在教学中，教师应把学习主动权给学生，让学生多一些思考的机会，多一些活动的空间，设计一些难度适中的问题，让不同层次的学生完成，让大家都有表现的机会，都能体验成功的喜悦。在课堂上，教师应经常用鼓励性的、商量式的语气说话。可以说“别慌，你怎么想的就怎么回答。”“请你想一想再补充好吗?”“你来做一点补充好吗?”等等。学生每取得一点进步，教师应及时加以肯定和鼓励，这会让学生有一种成就感。对学习困难的学生，应给予更多的鼓励和关心。教

师这样有意或无意地在教学中如此渗透积极心理学，会使学生感觉到轻松、愉悦。

2. 在教学过程中开展多种评价，培养学生的自信心

教师应让每一名学生都有表现的机会，为学生们搭建回答问题的平台。多让学生上台讲解题目或上讲台板演，能够调动学生的积极性，锻炼学生的胆量，增强学生的自信心。当学生回答完问题时，教师一定要给予相应的回应，不管他的回答是否正确。当学生答对了应该鼓励，例如“你真棒!”“你的答案非常完美!”等。当学生的回答只有一部分对时，教师也要及时给予表扬，如“你能想到这步真不错!”“你真聪明!”等。如果学生问题回答得不完整或者不正确，可以请他重述别人的答案和分析，促进学生形成自信心。每个学生都有值得赞美的地方，作为教师要善于发现这些闪光点，并积极地加以肯定和赞美，对于学生来说，教师的一句赞美的话会起到意想不到的作用。

教师在布置、批改作业时可因人而异，要充分考虑到学生起点不同。批改作业可以不打叉，而是指出错误让学生订正后仍打对号。单元测验也可采取同样的方法，允许学生做比原测试题接近的题目，学生做对时，同样可以得分。这样可以顾及不同层次的学生。教师在教学中要充分发挥评价的作用，即鼓励学生相互评价、自我评价，又让学生在参与评价的过程中学会参与、交流，享受激励带来的愉悦。

3. 培养学生的合作精神，激发其学习兴趣

积极心理学强调交流合作的重要性。学生在解数学题时会遇到障碍，这时教师应教育学生遇到问题要勇敢面对，给学生足够的时间，让他们自己研究解决，特别在学生板演遇困难时，教师应耐心地给予引导提示，鼓励其完成。让学生自己或他人说出思路和方法，最后教师再讲析。学生只有体验解题的成功，学会师生合作，才会以更高昂的斗志和勇气向新的目标迈进，在以后的学习中，能以一种顽强的意志去战胜困难。教学中，往往教师启发学生积极思考问题以

后，学生都会急着作答，而时间又不可能满足学生倾诉的需求。这时教师要大胆鼓励学生自主探究，小组讨论，倡导团队协作，学生间互交朋友，形成积极向上学习的集体气氛。教师要教给学生交往的技能，让那些相对缺少同伴、性格孤僻、胆小的学生在大胆的交流、沟通等中，既学会与同学交流与沟通，又在对学习内容的探究中理解知识的发生和发展，从而在数学建模的过程中，有效地学会学习、学会发展、学会创造。在这个过程中，教师要把自己看成是与大家一起研究学习的伙伴，凡是学生能探求的老师绝不替代，凡是学生能发现的老师绝不暗示。通过小组合作学习，加强了学生之间的交流，将合作、竞争和个人行为融为一体，符合教育规律和时代要求。在这样的交往互动中，能使学生多思考，多表达，更多地体验到成功的喜悦，体验到积极的情感，进而激发学生学习的兴趣。

在数学教学中渗透积极心理学，能促使学生在学习数学知识的过程中树立自信，体验成功，激发兴趣，学会交流，学会协作，养成良好的性格。师生构成一个协调统一的教育整体，既可以切实提高数学学科的教学质量，又可以落实“以人为本”的理念。这也是我们教师培养造就时代所需人才的责任。

（二）充分挖掘教材中蕴含的心理教学内容，有的放矢地进行渗透

虽然数学学科的内容更多地趋向于理性化的知识，人文性相对较少，但是，我们仍能从中找到许多有利于学生心理健康发展的内容。例如，数与代数这一类课，我们主要培养学生认真、仔细地计算、估算能力；综合实践应用较多的课，我们可以让学生主动探索，体验一下自己发现的喜悦与自豪感；图形认识一类的课，我们可以重点培养学生的空间观念和空间想象力；统计与概率这类课，我们可以让学生有更多的机会与社会生活相联系，使学生学以致用。数学中的好多定理、公式需要从大量的个别事例中抽取一般的、带有普遍性的东西，进而上升到理论的东西，这样的过程需要每步的认证严密和逻辑思维，有助于学生在将来的生活中，能够运用这些规则去看待问题、思考问题、解决问题。

比如学生在学习“移多补少使两数同样多的应用题”这一内容时，我们就可以很自然地渗透公平性、平等互利等思想，培养学生平和的心态。又如一题多解，这是数学练习中经常遇到的题目。这些题目能使我们在日常生活中面对各式各样的困难时保持一种良好的心态，能够试着从不同的角度，用不同的方法去研究它、分析它并进面解决它，从而提高我们的生活质量。例如上“圆的周长”这一课时，教师充分考虑了教材中关于祖冲之的知识，查阅资料，并将它打印在了投影片上。当学习到计算圆的周长时，学生通过小组合作，发现圆的周长总是它的直径的三倍多一点时，教师揭示了圆周率的概念，同时打出了投影片，告诉学生关于祖冲之的一些知识。学生一方面觉得自己的发现居然和伟大的数学家的发现一致，有一种“我其实也能成为数学家”的喜悦感；另一方面，祖冲之的发现比国外的数学家的发现要早一千多年，作为一个中国人，学生们的自豪感油然而生，纷纷发表议论，体验作为中国人的自豪感。

总之，在数学学科教学中渗透心理健康内容，虽然相对于其他学科来说有一定的局限性，但并不是无迹可寻。只要我们认真专研，精心挖掘，用心去做，我们一样能从公式、定理、性质、规律、概念、例题等这些抽象的、枯燥无味的数学知识中“挖掘”出我们所需要的材料来。

在英语教学中渗透德育的研究

周鸣宇

著名的教育学家苏霍姆林斯基曾经说过:“请你记住,你不仅是自己学科的教员,而且是学生的教育者、生活的导师和道德的引路人。”《义务教育英语课程标准(2011 年版)》指出教师应在教学中不断激发并强化学生的学习兴趣,并引导他们逐渐将兴趣转化为稳定的学习动机,以使他们树立自信心,锻炼克服困难的意志,认识自己学习的优势与不足,乐于与他人合作,养成和谐和健康向上的品格。在教学中,教师不仅仅传授知识,而且还应当关注每个学生的情感,利用专业知识,利用一切可能的机会让学生在学习之际接受品德教育,形成美好的心灵品格。

一、研究背景

(一)小学英语教学的特点

小学阶段的儿童正处于心理发展变化的关键时期。在这一时期,儿童的心理变化和大脑思维最活跃。根据儿童时期的特点,我认为小学英语教学主要有以下特点:第一,重视培养学生学习英语的兴趣。重视培养学生学习英语的兴趣,这是小学英语教学的目标之一。一般来说,小学生刚从学龄前的游戏活动进入系统的学习阶段,他们对学习的动机的认识比较模糊,学习英语的主要动力就是兴趣,而这种兴趣是极不稳定的。作为教师要想使得学生对学习英语的兴趣持续下去,并升华为热情和爱好,就要在教学活动中下工夫。第二,在教学活动中，要有和谐的语言教学氛围。我认为，教师不但要注意自己的形象，而且要注意与学生做知心朋友，要使学生觉得亲切可敬。教师的思想、教学态度、性格、志趣和情感等对学生的影响都很大。在课堂上，教师要态度和蔼，平易近人，语言里要流露出安慰和鼓励，这样才能提高学生的学习热情和树立学好英语的信心。

（二）小学德育的重要性

德育是学校教育的重要组成部分，加强对学生的思想品德教育，必须引起我们的高度重视，切实抓好。小学阶段是养成教育的最佳年龄期，抓好这个阶段的教育，对少年儿童良好思想品德和行为习惯的形成至关重要。一个人人生观、价值观、世界观的形成，是要经过一个长期的、反复的过程的。小学时期的德育教育、少年时代良好道德观念的树立，能够为中学和大学时期的德育和青年时代人们的科学世界观的形成打基础、做铺垫。因此，小学德育是不容忽视的。

（三）在学科教学中贯彻德育的意义

课堂教学是学校教育的主阵阵，是学校有目的、有计划、有系统地对学生进行德育的基本途径。通过课堂教学渗透德育，教育者能够引导学生掌握系统的科学知识、辩证唯物主义和历史唯物主义的基本观点以及社会主义的道德规范，这对于提高学生的思想认识，形成道德观念，奠定他们人生观和世界观的基础，具有极为重要的作用。

二、研究实施

（一）在小学英语学科教学中，贯彻爱国主义教育

爱国主义教育是中华民族传统美德教育的核心内容，是德育的一个永恒主题，也是学校德育教育的基本内容。爱国主义可以渗透在教学过程中，例如：新版小学英语三年级上册第五单元第二十五课要求教学“red”（红色）一词，这个单词的读音及拼写都比较容易，我没有把教学的重点放在拼读上，而是放在德

育教育上。我首先让学生们了解“red”一词的音、形、意，然后提出一个问题，让学生们自由地联想：“在我们日常生活中，有哪些物品是红色的?”学生们有的说：“太阳是红色的。”有的说：“红领巾是红色的。”一个学生说：“国旗是红色的。”于是教师立刻表扬他并且趁热打铁地提问：“同学们，你们知道国旗为什么是红色的吗？因为它是用烈士们的鲜血染成的。烈士们为了我们今天的幸福生活，毅然决然地献出了他们宝贵的生命。”经过思想教育，不仅帮助学生记住了单词，而且还渗透了爱国主义思想，激发了学生们极大的爱国主义热情。

（二）在小学英语学科教学中，培养学生团队合作意识

新课程标准要求激发和培养学生学习英语的兴趣，使学生树立自信心，发展自主学习的能力和合作精神，为他们的终身学习和发展打下良好的基础。因此，培养学生团队合作精神也是英语新课程改革的重要目标之一。

为培养学生的团队合作意识，在教学中教师可以采取小组合作学习。由于学生之间存在个体差异，刚开展小组合作的时候，教师可以选一些成绩较好的、口齿清楚、说话流利的同学担任组长、检查小组成员，负责小组内协调、疏通的工作。合作学习的目的是为了让每一位学生参与学习的全过程，完善提高自己的学习能力和水平。有的同学由于个性问题，不愿多开口，就必须采用轮流担当学习组长的方法，真正让每一个同学都有锻炼的机会。在整个学习过程中，学习的主体由以前的个人变成了一个团队。

（三）在小学英语学科教学中，运用表扬激励的评价体系，帮助学生树立自信心。

自信心是学好英语的前提。一个人的行为、情感甚至才华永远是与自信心连在一起的。从心理学的角度看，自己心中的我比真实的我更重要。因此，培养和提高学生学习英语的自信心是非常重要的。教师在与学生的交往中，适当赞美学生，会增强一种和谐、温暖和美好的感情。在教学实践中，教师要多激励学生，多赞美学生，用赞美来激发学生潜在的动力，自觉地克服缺点，弥补不足。

我们不要吝惜对学生的表扬，要对学生多说几句“你真棒”，哪怕是竖竖大拇指，一个肯定的眼神，一个会心的微笑，都会让学生感到自己被赏识、重视，这对他们来说都是莫大的鼓舞，从而能够信心百倍地投入学习中来。

（四）在小学英语学科教学中，培养学生的环境保护意识

词汇教学是英语教学的重要环节之一，我们可以把环境保护教育渗透到词汇教学中。如在讲解动物中涉及 lion（狮子）、panda（熊猫）、elephant（大象）、tiger（老虎）、monkey（猴子）、bear（熊）等动物。我们可以使学生认识到熊猫是仅生存在中国的濒危动物之一，我国特别重视对其的保护，设立了专门的保护区。像孟加拉虎、大象等一些濒临灭绝的动物，世界各国都采取了有效的保护措施。只不过我们常能见到的动物是在动物园中。从这些词汇的教学中，我们可以教育学生爱护动物，保护生态环境，思考人与动物、人与自然如何和谐相处、共同生存发展等问题。

三、研究收获

（一）在学科教学中渗透德育，使得德育更加形象具体

各个学科的知识都在一定程度上反映了人们的思想观点，思想形成了学科知识的内在属性，它们相互融合，互相渗透，脱离了教学，谈品德，则德育成了空洞的说教；反之，没有德育的教学，教学也是苍白的。因此在具体的教学活动中，为了更好地实施教学，落实教学目标，德育与教学结合是必要的。

（二）将德育渗透到英语学科教学中，能够使得英语学科教学更好地发挥德育功能

学科教学中的德育，重在渗透。德育的渗透在于自然地与知识融为一体，要善于在学科教学和学习过程中捕捉德育因素，做到点到为止，切忌牵强附会。今后我们要继续实践和探索，更好地发挥小学英语教学中的德育功能。

把思政教育投入教学之中

刘　晨

小学阶段是一个人思想道德品质形成的关键时期，也是学做人的关键时期。学校教育起着主导作用。儿童的模仿能力极高、求知欲极强，还具有极大的可塑性，易受到环境的影响。这种影响是具有双面性的。一方面，对小学生道德品质的形成起着积极的促进作用。由于社会的快速发展，当代儿童有多种渠道来获取各种各样的信息，便于形成各种思想理念；另一方面，对小学生道德品质的培养具有负面影响。现在很多的家长及教师本身就缺乏对自身思想道德的修炼，平时的言行对儿童的思想品德的形成了负面的作用。极端个人主义、享乐主义和拜金主义影响到了我们的下一代的身心健康。事实告诉我们，小学生的思想道德建设仅靠思想品德政治课来落实是不够的，我们应该在教学的整个过程中贯穿道德教育，学校教育的首要任务是德育。

一、讲文明、懂礼貌，文明用语不离口

任何一门学科中都多多少少地包含着德育因素，英语教学也不例外。形式多样的教学方法会使学生更好地汲取德育素养。“Thank you！”“Excuse me”这些礼貌用语在我们生活中出现频率较高，教师不需要对其读音和意思进行太多的解释，这些语句如何正确地使用、什么时候使用成了教师教学的目的。除了教学中创设情境之外，教师还可以在与学生相处、交流过程中的细节体现其用法。比如，在请学生上台进行课文角色扮演之后，教师可以将小贴画或印章作

为奖励,同时提醒孩子在接受奖励时,对老师说一声:“Thank you!” 教师马上笑答:“You're welcome!”。这比单一地讲解有效得多。

当有特殊情况,不得不打断他人的对话时,老师可以示范说出“Excuse me.”和孩子们较为熟悉的 Sorry 进行区分,把英语学习和礼貌用语相结合。像类似的情形在校园里无处不在,关键在于教师善于发现教育时机,恰当引导,由此培养学生养成懂文明、讲礼貌的好习惯。教师要礼貌待人、使用礼貌语言,当因为自己的过失犯错时,也能敢于承担责任,不推脱,不逃避,互相理解,共同进步。

二、尊师长、爱他人,学会感恩记心上

现在的学生中仍然是独生子女占多数,一个小朋友是几个家庭的掌中宝,家人从小就把爱毫无保留地给了他们。这往往导致他们当中的一部分人常常把这当成理所当然,缺乏共情,不懂得关心别人、爱护别人。教师在日常教学活动中,可以利用丰富多彩的课内外活动,有目的、有计划地加以引导,激发学生对英语的兴趣,同时让学生得到良好道德情感的熏陶。如在教师节,教师可以引导学生动手制作贺卡,并写上祝福语:“Happy Teachers' Day!”(教师节愉快!)在母亲节、父亲节贺卡上写:“I love you, mom and dad, You are the best mother and father in the world.(我爱你,妈妈爸爸,你是世界上最好的妈妈爸爸)。”还可以根据学生实际,进行情境表演,排演儿童剧目等。通过这些方式,不但培养了学生的动手能力、交际能力和想象力,而且还促进他们形成尊敬师长,关爱他人的情感品质及对美好事物的认知情感。

三、爱动物、保环境,爱护家园人人有责

在学习人教版精通版小学教材四年级的课本中“我爱动物”和“在农场”这两个有关动物的单元时,为了挖掘教材中渗透的德育因素,教师借助 CAI 制作动画《地球在哭泣》:刚刚还是茂密的森林一转眼变成了荒山,清澈的小溪流淌着黑色的浓液,鸟儿的歌声不再,鱼儿也不见了踪影……鲜明对比,激起了学生们爱护动物、保护环境的强烈愿望。最后通过本教材的一首英文歌曲 We are happy bees 唱出了同学们爱护动物的心愿。这样学生既受到了思想教育，又受到了美的陶冶。

四、守规章，讲道德，争做文明小学生

国有国法，家有家规。对小学生来说，讲法制就是要守纪律，讲道德就是要讲文明。其实，纪律就在我们身边，如平常接触的《小学生守则》、学校规章制度和课堂纪律等，这些都是我们必须遵守的。在英语课的学习中，我们在五年级下册第三单元“我们应该遵守规则”中，学习了家规、班规、社会规则等：

Home rules(家规)：

You shouldn't watch TV too often(你不应该太经常看电视).

You shouldn't read in bed(你不应该卧床读书).

You should help to do housework(你应该帮忙做家务).

School rules(校规)：

Don't be late for school(上学不要迟到).

Don't make noise in class(不要在教室制造噪音).

Hand in your homework on time(按时上交你的作业).

Social rules：

Keep off the grass(禁止践踏草坪).

Help the old, and take care of the young(尊老爱幼).

You mustn't spit on the ground(禁止随地吐痰).

当然，仅对学生在课堂上进行各种规则意识教育是远远不够的，在校园中我们要通过营造遵守规则的氛围，让学生融入其中，自然而然地形成规则意识。简单地说，不允许学生乱扔垃圾，那么老师就应该在扔垃圾时保证把拉近扔进垃圾桶里，而不是随手往垃圾桶的方向一扔；不允许学生迟到早退，老师也坚决不允许出现迟到早退的现象。学生如果身在一个有规则的环境中，会更容易形成规则意识。

教师教学生在社会日常情景进行对话时可以告诉他们接待的礼仪，如第一次见到来访者或客人应握手道好："Nice to meet you！ How are you?"在介绍两位同性认识的时候，介绍要有次序，先介绍年轻者给年长者。介绍两位异性认识时，通常先将男士介绍给女性。结束会谈后，应起身握手道别，送来宾出门。与此同时，还可以结合中华民族传统礼节，对学生进行道德教育。

五、爱祖国，文化知识用得巧

爱国是每个人应具有的高尚情感，对于处在当今和平时代的小学生来说，我们更需要对其进行爱国教育。教师在英语教学过程中，需要通过文化知识的渗透和强化将爱国思想、爱国意识传递给学生，让学生在文化知识学习的同时感受我们祖国的强大，让学生因为成为祖国的一员而感到骄傲。在进行小学英语六年级上册第八单元"中国的新年"教学中，我将我们的教室布置成为新年的样子，贴上喜庆的窗花，拉上漂亮的拉花，还在班级门上贴上喜庆的红色福字，教室立刻洋溢着新年的气息。在这样的氛围下，我将我们中国新年的传统娓娓道来：鞭炮的制作、福字倒贴的历史……这些传统文化带给学生无尽的畅想。有的同学说道："All the people who work far from home will come back and have a meal with their family."有的同学说道："I love the new year."

尽管小学阶段的英语知识相对浅显易懂，作为小学英语教师，我们应时刻严格要求自己，课前认真备课，备学生、备学情、备教材，不仅要对所教教材内容十分熟悉，更要根据学生、学情以及社会现状，结合教材在英语教学中渗透德育。在进行新课教学时，在保证学生学习到语言知识，培养他们的思维和思考能力的同时，把德育知识贯穿到教学过程中，结合英语教材，引导学生思考，力争学生对英语知识点掌握到位，用提问或假设等合适的方式使学生思考并内化成自己的德育意识和判断。小学高年段英语教师理应熟悉掌握教材，拓展其深刻内涵与外延，充分发掘并利用教材中显性或隐性的德育素材，视实际情况，采取科学、合理的方式对学生进行德育。

学校开展德育的主渠道是学科教学,英语学科以其独特性为教师开展德育提供了有利条件,其包含丰富的文化背景知识更是实施德育教育的一种有效载体。英语教材中广泛涉及的文化知识包括中西方的风土人情、传统习俗、政治历史、人文地理、文学艺术、行为规范、科技文化等,教师要适当拓展英语教学内容涉及的文化背景内容,挖掘文化背景所蕴含的德育内容,在教学中渗透德育。教师应充分利用教材里丰富的德育素材,增强学生的爱国意识,开阔他们的视野,丰富其生活经历,使其形成良好的品格,树立正确的价值观,为以后的成长、成才打下坚实的基础。

探究主题式教学对实现英语学科育人的有效性

■ 郭　静

《义务教育英语课程标准(2011 年版)》指出:新时代的英语学习不只是对语言知识的学习,更是对学生思维品质、综合语言运用能力及文化素养的培养;教师的职责是关心、爱护全体学生,尊重学生人格,促进学生在品德、智力、体质等方面全面发展;教师的使命是履行教育教学职责,教书育人,培养社会主义事业建设者和接班人,提高民族素质;课堂教学既是教师传授文化知识和技能的阵地,又是进行思想道德教育的重要阵地,因此英语教师应该在这个阵地上承担起学生英语启蒙的责任,充分利用主题式教学模式,积极渗透品德教育,充分发挥英语学科的育人功能。大量的教学实践证实:主题式教学方法,有利于小学生对英语知识的掌握,有利于提升孩子们的英语实际交际应用能力。

结合自己的英语教学工作实践,我设计的主题式英语教学为:以教学目标为核心;结合教学情境和内容,采用切合实际的教学策略;从学生的实际生活出发,激发学生兴趣,尊重各学龄段特点,优化育人体系,引发学生对主题的思考和分析;鼓励学生畅所欲言,发挥学生的想象能力,促进学生的身心全面健康发展,为今后的发展奠定基础。

一、理解概念,探究育人策略

主题式教学(Thematic teaching)是指提供一个良好的学习情境,让学生在具有高度动机的环境中,接触和主题相关的各种领域的学习内容。教师的教学

有时可以整合不同学科知识和不同领域的内容,横向编选和该主题相关的教学材料,有时甚至可直接打破学科之间的限制。主题式教学设计是一般课程设计的一个类型。当学习经验总是围绕一个特定焦点的主题来组织时,便可称之为主题教学设计。在主题式教学之下,不同单元的教学活动涉及一个主题。在主题英语教学中,主题被分为不同的模块,如晨诵、绘本阅读、长文挑战,这样在同一个主题的学习中既保证了学习的趣味性、多样性,又以不同的形式反复出现该主题的关键信息,在反复出现的过程中学生逐渐加深对关键信息的印象,从而达到让学生掌握关键信息的目的。

在小学英语教学中,采用主题式教学,可以立足学生现有知识水平,切合学生实际生活,打破学生学习知识与情境之间的界限;注重学生主体性培养,倡导在学习情境中自主的学习;打破单一的集体教学模式,充分利用好分组教学的优势,有利于培养学生的团队精神和沟通能力。

二、立足学科,彰显育人价值

通过英语学科主题式教学,能够促进学生学习效率的提升,使学生在生活、学习中形成健康的观念,实现创新发展;能够突破传统教学模式的局限性,培养学生的情感能力与学习能力,提升整体教学效果。英语主题式教学具有一定的育人优势,能够提升育人工作效率与质量,满足当前的发展需求;可以从英语课程方面凸显育人的价值,树立以学生为主体的观念,提高学生的判断能力与学习能力。同时在此期间,通过英语主题式教学,可以有效培养学生独立思考能力,指导学生在学习中养成良好的学习习惯,在掌握英语知识之后,能够提高跨文化交际能力,增强英语知识的运用效果;有利于学生在现实生活中,使用英语知识与他人进行良好的合作与交流,增强社会责任感,提高学生的人文素养。

三、挖掘教材,拓展育人领域

《义务教育英语课程标准(2011 年版)》提出英语课程具有工具性和人文性双重性质,即:通过英语学习和实践活动,逐步掌握语言知识和技能,提高语言实际运用能力的过程,又是他们磨砺意志、陶冶情操、拓宽视野、丰富生活经历、开发思维能力、发展个性和提高人文素养的过程。课程标准强调英语课程对于学生的情感、思维、个性、人文素养等方面的促进作用。小学英语是一门综合性基础课程,在培养学生人格、促进学生成长方面有着独特的作用和价值。英语学科在传递科学知识的同时,更关注学生在课堂活动中的状态,包括他们的学习兴趣、积极性、学习方法与思维方式、合作能力与质量、发表的意见等,努力实践在语言学习过程中实现育人的无痕化。

例如小学精通英语五年级下册第三单元的教学内容围绕“我们遵守的规则”这一话题展开,以校规、班规、社会规则为切入点,引发学生进一步思考并尝试提出建议,创设情境,让学生运用提建议的正确表达方式对学习和生活中的类似情况提出合理的建议。在这些情景中启发学生去思考什么是对错,寓思想教育于语言教学之中。对学生进行礼仪教育和责任感等人生观、世界观和价值观的教育,体现了新课程“学科育人”的教学理念。

四、走进故事,实现育人目标

英语绘本故事语言生动、图画传神、故事有趣、情感丰富、主题明确,既充满童真童趣,贴近学生的内心世界,又蕴含丰富的人生哲理,有着深远的育人价值,在课堂教学中,英语绘本故事对锤炼学生的语言能力、发展学生的思维品质意义重大。我充分利用课本中的 Fun Facts,抓准阅读的训练点,立足绘本,开展围绕主题的思维训练、言语训练以及表演训练,引领学生走进绘本,走进故事,释放学生的阅读潜能,让育人教学落实在阅读实践中。

(一)巧用绘本,突出主题

“思维决定视野”,学生思维的广度、深度与灵活度,决定着我们课堂教学的高度。绘本阅读过程能够活跃学生的思维,放飞学生的想象。绘本阅读以教师为主导,以学生为主体,关注学生在阅读过程中的独特体验,整个过程以启发及引导为主,通过提示线索、问题语境等形式,让学生主动打开绘本阅读的大门,在猜想、预测等活动之中，主动走进绘本故事。

如在讲授精通英语四年级下册第三十二课“长颈鹿和骆驼”时，我将教材内容改编为绘本小故事，采用图片环游的形式，以绘本形式营造出整体的、鲜活的故事语境，并配合设置问题链，引导学生在环游图画的过程中，对故事的主角进行大胆的预测。在这个活动中，学生在图画及问题的牵引下，很快抓住故事的主要信息，通过主题式问题引领学习，使学生理解进而掌握了描述长颈鹿和骆驼的外形特征，促进学生在语境中掌握由词到句、由句到篇的语言知识和运用语言交流的能力。

（二）畅享悦读，尽情交流

在绘本教学中，我根据绘本内容开展丰富多彩的语言训练，引导他们学会观察与发现，学会模仿与创造，在绘本的精彩对话中，掌握语言表达的技巧，感受英语文化的魅力。

如在教授精通英语五年级下册复习二“有趣的阅读”时，我以进行电视专访为主线，把本课内容以绘本故事的形式展示给学生，学生在主题故事的情境中将某人的姓名、年龄、国籍、职业、工作地点、喜爱的食物、饮品、运动等多个话题整合为专访内容，我以师生互动、生生互动的形式带领学生走进故事，引发学生的阅读兴趣，营造出轻松有趣的语言氛围。我扣紧本册教材六个单元的教学内容，引导学生认真倾听他人的问题和描述，给出相应的回应。然后以小组为单位，就本小组成员共同喜爱的人物展开介绍。在英语绘本的教学中，我们要善于将阅读的教学转变成语言实践的教学，引导学生进行有意义的模仿，让语言变得更加鲜活、更加接地气。

（三）走近角色，演绎故事

小学生生活经验有限，缺少真实的、丰富的英语学习环境，因此在教学过程中，我们可以利用英语绘本，让学生以亲身体验的方式，接触到更真实、更有情感气味的英语。在绘本阅读中，我在学生掌握、运用语言知识的基础上，开展一些表演训练活动，如情境重现、故事剧场、对话续编、创编结尾等，让学生以“本色出演”的方式，将自己对角色、对故事、对情节的理解，以表演互动的形式展现出来，从而让英语课堂绘声绘色。

如教学六年级同步绘本 Little Mouse Wants an Apple 时，在故事拓展环节中，我引导学生以对话的形式将这个故事改编成小短剧。在对话设计的过程中，不少小组还就对话过程中人物的表情变化、动作变化进行了想象与创造，这使得对话变得更加生动、更加饱满。

五、渲染情感，发挥育人机制

在小学英语教学中应创设各种学习活动，加强学生的自主性道德教育。积极健康的情感能使人的思维敏捷深刻，想象丰富活跃，记忆力增强。学生只有对英语学习有积极情感，才能保持英语学习的动力。其中激发兴趣使学生树立正确的学习观是关键。如刚开学时，我在第一节的英语课上会播放一首旋律、歌词简单，易于上口的英语歌曲（如 Hello）这样，既可以礼貌地跟同学们打招呼，渗透思想教育，又可以使学生轻松学会“Hello！ How are you？ I’m fine，thank you.”，一举两得。紧接着我又问：“2022 年冬奥会在哪里举行？”同学们大声回答：“北京、张家口是冬奥会的主要场地。”我问：“你愿意用一口流利的英语去迎接外宾吗？”有的同学说：“愿意！”有的同学说：“我的英语还不是很好。”我又说：“2022 年冬奥会离现在还有一定时间，我们有足够的时间学好英语。那时候会有更多的外宾，你愿意用流利的英语去迎接外宾吗？”绝大部分同学会异口同声地喊：“愿意！”我接着说：“So we should study hard（所以我们应该努力学习）.” 当我举起拳头解释“Study hard”的时候，学生们也跟着举起小拳头说“Study hard”，这时我知道他们已经自觉地选择了道德教育。

课堂教学应给学生设置一个适宜的语言情境，让学生自己感受到从事各项任务的必要性，从而自己能够主动地、积极地去完成。如在不同年级的英语教材中都涉及有关动物的英语教学内容，通过学习，孩子们认识了很多动物，我们在教会学生知识的同时，要适时地告诉他们动物是我们的好朋友，要好好珍惜，保护生态环境；在讲授食物、饮品主题的教学内容时，我们可以适时地渗透珍惜粮食，饮食要均衡、要健康生活的意识；在讲授教材内容时，时常出现一些礼貌用语的英文表达方式，我们可以教育孩子们要有礼貌，懂礼仪；讲授到课本中介绍闻名世界的中国古代名胜古迹时，我们可以教育孩子们要有民族自豪感；还有在短文涉及传统故事“拔萝卜”和向希望学校捐赠文具时，我们可以向孩子们灌输团结就是力量、做一个有爱心的小朋友，要懂得团结协作，等等。

总之，英语课程将国家课程与校本课程有机融合，解决课堂教学碎片化、知识化、功利化等突出问题，在整体语言教学的视野下，聚焦核心性主题、围绕多个关联性主题重新梳理教材，解读重构文本，探究核心性主题意义，对创新课程、拓展课程和活动课程进行统整，通过单元主题教学、绘本教学和教育戏剧编排演等项目式教学方式，同时运用“演出来”“做出来”等可视化评价方式来反馈学生学习情况，充分彰显课程育人的功能，让课程改革和教学改革并驾齐驱。

音乐中的思政教育

路丽阳

“经典”是长久以来在人们心中无法抹去的、永不衰败的国家文化精髓。从小学习艺术的我对音乐情有独钟，虽然我学习西方音乐较多，但我深知，作为一名中国人，要想持有属于自己的那份骄傲和自豪，就要保持民族气节，这股“气”正是来自自身的文化底蕴，然而文化底蕴是从小在潜移默化中培养出来的一种文化气质，而文化气质离不开“知识所搭建出来的思想”。

《义务教育小学音乐课程标准》强调要弘扬民族音乐，理解音乐文化多样性，我将自己的喜好——少数民族音乐与课程标准、教学理念以及教学方法相融合，传授给我的学生。在教学过程中，通过学习以及不断更新对学生的认知后，我对音乐教学工作有了新的认识和理解。

在欧洲音乐教育界在19世纪末就强调民族音乐教材的重要性。著名音乐教育家卡巴列夫斯基指出：“音乐教育中心的材料，必须从民族音乐、古典音乐及现代音乐三个方面来选择，但首先必须立足于本国自己民族的音乐文化。”印度采取的是封闭式的民族音乐教育，即使是学习钢琴演奏专业的学生也必须以取得民族音乐的合格证书为毕业的前提。日本则以欧洲音乐教育方法为基础，形成具有本民族特点的音乐教育体系，把传统音乐列入教育的课程。至今，我国仍未建立起真正立足于民族音乐的具有中国特色的现代化民族音乐教育体系，也没有在学校音乐教育中确立民族传统音乐教育的主体地位，缺少探索出实施民族传统音乐教育的途径。少数民族音乐教育被忽视，有一定学生认为少数民族音乐“土”。相比之下，民族传统音乐教育只相当于为西方音乐“大餐”中的“一道小菜”。在这种情况下，难以培养学生对少数民族音乐文化的“主体”意识，更不用说对少数民族音乐的传承与保护了。

对于音乐教学来说，我推崇的就是民族音乐中的少数民族音乐，原因很简单，学生对歌舞繁多的少数民族音乐更有兴趣。只有民族的，才是世界的。这个理念不断得到中外音乐学界人士的认可。实施民族特色的音乐教学，成为当前学校音乐教育中民族音乐文化继承与发展的重要任务。近两年我国涌现了大量的少数民族歌手，国家还专门为这些歌手开设了展现的舞台，这也是为了能够让更多的人关注到少数民族音乐，喜欢上少数民族音乐。

我国是一个多民族的国家，各个民族的音乐以不同的艺术形式和特点，体现了中华民族所特有的审美习俗和审美观，展现了我国作为多民族国家的盎然生机。每个民族都有其地理人口、生产方式、民族语言、民族习惯、节日、主要音乐活动以及民族音乐形态特征上的不同，民族音乐风格因此而不同，这也是它们的魅力所在，只有这样，音乐的元素才会丰富起来。也只有这样，世界音乐才能流动起来。在课上我会为学生依次呈现少数民族音乐，在欣赏每一首歌时，我通过设问、引导的方法，让学生自主学习，听赏音乐，并用自己的语言表达出聆听后的感受，分辨并说出音乐作品所属的民族，并在分组讨论后，归纳音乐作品中体现民族风格的音乐要素。我充分利用多媒体设备为学生展现少数民族音乐的美。我在自主学习、主动参与的音乐实践活动中培养学生对音乐的描述与评价能力，学生在聆听、体验少数民族音乐美的同时，激发热爱祖国的情感。例如：在民歌教学的同时教学生一些简单的民族舞蹈动作，激发学生学习的兴趣，使学生对舞蹈产生好奇，同时也增加了良好的师生互动。在学生做得好的时候及时给予表扬和鼓励，学生对课堂充满了期盼，满足他们内心对成功的渴望，这样做既能很好地完成自己预设的目标，又使师生在课堂上形成和谐的氛围，提高了教师的威信。

少数民族的音乐资源非常丰富,值得深挖。在我深入探究之后,我将每个少数民族与其拥有的丰富音乐资源一并归总,例如讲述一段音乐故事——王洛宾这个“西部歌王”是如何扎根西部,以西部少数民族音乐为题材创作的歌曲为何能够传唱至今。要想更好地教学,教师所收集的材料就要既能充分为教学目标服务,又能符合当代学生的口味。我在给学生欣赏藏族民歌时,选用的是现代的组合——西藏阿佳演唱组合,她们非常现代的舞蹈结合藏族舞蹈动作,高亢的藏族山歌的风格,立刻抓住了学生的眼球和好奇心,学生边听边看,非常陶醉。

现在的音乐教育缺乏对民族音乐素材的挖掘。在网络化的今天,如果只知道流行摇滚音乐,则审美观会变得狭小、片面,审美情趣就会陷入庸俗化。如果不能端正审美态度,必将引起人整体素质的下滑。深入挖掘我国民族音乐中的合理内涵,使音乐教育普及化并成为一种全民族的文化资源,是全面提升人们审美能力与文化素养的关键。中国少数民族音乐是我国五千年文化的重要组成部分,是中华民族的宝贵财富,是世界上独一无二的文化瑰宝。学生在学习民族音乐时,秉承民族音乐的传统,在其基础上继承与创新,丰富民族音乐文化的内容,能够创造一个良好的、能够让民族音乐健康发展的环境。我国少数民族音乐在历史的长河中都留下了精彩的作品。许多少数民族的音乐在少数民族文化研究中有着不可替代的作用。经典的音乐都是前人及现代人音乐文化的结晶,也是我国未来音乐文化发展的源泉和动力。通过学习,使学生能够更多地感受蕴藏在民族音乐文化中的民族精神,这样才能对民族音乐产生强烈的保护意识和责任感,并且把音乐与其他学科联系在一起,培养思维、想象和创造能力。经过不断努力学习,学生的综合素质也会随之提高。使学生了解中国音乐历史,了解作为中华民族不可分割的组成部分的少数民族的音乐文化,了解少数民族音乐在中国音乐发展中所做出的巨大贡献,这对于增强学生的民族凝聚力、认同感有着重要的理论及现实意义。在音乐界、在音乐教育界,我们必将要弘扬少数民族的经典音乐,以充实音乐教育,增强民族自信心,振奋民族精神!

集体舞中的思政教育

刘　红

作为南开区红星艺术团的成员之一，我校每年参加区集体舞的组织、编排及各项活动。通过集体舞对学生进行思想品德教育，既生动，又深刻。集体舞不但教会了学生们一个动作，一个队形，更能从某一侧面使学生受到教育，其效果往往会胜过言语说教。集体舞不仅能够塑造和展示韵律美，同时也能通过人的肢体动作来表现和再现人类对真、善、美的追求，从而提高学生的审美情趣，陶冶情操，净化灵魂。当舞蹈的力量渗入学生心灵的时候，就会使学生在道德、情感、品格上发生变化。集体舞以人为出发点，以情感人，潜移默化地影响学生的意识和行为，这是其他品德教育方法代替不了的。

一、在集体舞训练中，培养学生坚强的意志

有人说，舞蹈是门残酷的艺术。这主要是从基本功的训练来说的，一个好的舞者必须具备扎实的基本功，而基本功的训练既单调枯燥，又是长期且艰苦的。虽然集体舞并不需要非常严格的专业训练，但要使动作整齐划一，也需要长时间的训练、彩排。这就需要队员有坚强的意志和不怕吃苦的精神。

在集体舞的训练中我们发现，开始很多同学对舞蹈很感兴趣，很想加入舞蹈队，但一旦经过一两次的训练后就有人打退堂鼓。为了增强学生的兴趣，首先我们在训练中采用适合儿童特点的音乐、语言，将儿童的情趣注入训练中，使同学们在生动、活泼、童趣盎然的气氛中，忘记疲劳和训练的艰苦，完成规范化、

系统化、科学化的技能技巧训练。其次,我们用教师榜样的力量激励学生形成坚强的意志。由于集体舞需要统一的服装,我校两位老师自己购买布料、设计服装式样,在三天内自己裁剪制作出42套集体舞演出服。我们抓住这一有利的教育契机,开设生动的德育课,让全校同学来到老师们制作服装的现场,用教师的行为激励学生刻苦练习。当同学们站在两台“嗒嗒”作响的缝纫机前,看到老师们忍着颈椎病的疼痛,一刻不停地赶制演出服装时,大家都被感动了。一个刚从外校转入我校的调皮学生泪流满面,抽泣着说:“看到老师们为了我们那么辛苦地工作,我还有什么不能克服的呢?”再训练时,同学们个个精神抖擞,动作协调,动作整齐到位,训练收到了意想不到的效果。在之后长达一个月的训练中,再没有一个学生因为个人原因而缺席。

优美的舞姿和良好的气质,是经过长期不懈的磨炼和雕琢得来的,适时地给学生欣赏一些获奖舞蹈节目,更能够激起他们的兴趣。在教师的陪同训练和激励下,怕苦怕累的现象少了,同学们更喜欢集体舞了。

二、在集体舞训练中,培养学生的团结协作的精神

集体舞是一门整体艺术,它是以群舞形式进行排练或演出的,整齐划一的队形动作,常常是衡量美感的标准。一个优秀的集体舞之所以能取得好的成绩,是因为集体舞中的每一个成员都能用团队意识规范自己的动作。如果有一个学生不认真,动作不协调,就会影响甚至破坏场面的美感。如在编排集体舞《新疆舞》的过程中,教师要求大家手拉手,围一个大圆圈跑跳步向右转,有几个同学步伐总是合不了拍,不是快了就是慢了,影响了整个舞蹈的进程和美感。有一些同学埋怨这几个同学,甚至不想与他们拉手。这时,教师和同学们共同分析那几个同学为什么总跟不上。其中有个别同学显得不好意思,因为在教师教的时候,他开小差讲话,所以没掌握动作要领。有个别同学是因为努力也做不好,于是教师安排跳得好的同学教他们。经过大家的共同努力,这些同学不仅快速掌握了舞蹈动作的基本要领,而且潜移默化地形成了相互学习、相互督促、相互帮助的好品质。

在培养学生团结友爱、互相帮助时，我们还选用像《欢乐山寨》等儿童舞蹈，寓教于乐，使学生们在快乐中得到启发，受到教育。就这样，随着集体舞队形的多次变化，舞蹈动作的相互交替，学生们逐渐懂得个人与集体的关系，学会合作。久而久之，学生们就能够养成自觉遵守纪律、主动关心帮助他人、注意集体协作的行为习惯。

三、在集体舞表演中，培养学生美好的情感和自信心

集体舞是通过包含不同情感的形体动作来表现意义的，集体舞的过程也是情感表达的过程。如：根据集体舞的主题“精忠报国”，教师给学生们讲述了“精忠报国”的故事，让他们理解集体舞所要表达的主旨、表现的内容，多次聆听舞蹈音乐，解读其中的歌词，使学生能够理解集体舞所表达的思想感情和刻画的人物形象，并且将自己融入舞蹈之中。表现主人公的爱国情感能够增强学生的民族自豪感。在集体舞《摘葡萄》中，教师启发学生如何用自己的动作表现摘葡萄的喜悦心情以及尝葡萄时的感受。在教授健美操集体舞《愉快的课间》时，教师采用节奏较快的韵律动作，把课间同学们不同的表情、动作，表现得淋漓尽致。这不仅培养了学生的观察力、表现力和节奏感，而且让学生在音乐中体会到了学习的快乐，感受到了生活的美好。

集体舞也是当众表演的，这种艺术活动有着现场即时进行人际交流的特点。在舞蹈表演的训练过程中，教师可以利用舞蹈的外向特征，激发学生富有激情的表演，给每个队员上台表演的机会。针对性格内向、胆小怯弱的孩子，除了耐心辅导其完动作之后，教师还经常请同学到队伍前面做示范，培养他们的自信心。一次次成功演出以及观众的热烈掌声也慢慢培养了学生开朗的个性。通过邀请个别学生上台表演，帮助许多学生克服了内向、胆小害怕的心理。通过参加舞蹈活动，开阔了学生的眼界，增强了他们的自信心，培养了他们开朗活泼的个性。

四、通过集体舞，培养学生正确的审美观

审美观是人们对美丑所持的基本观点，是世界观的一个组成部分。培养正确的审美观就是要培养学生对自然美、社会美、艺术美的认识、体验和爱好。

（一）认识美

教师引导学生通过舞蹈去认识生活。因为优美的舞蹈来源于生活又高于生活，通过集体舞的学习，学生能够辨别什么是美，什么是丑，什么是好，什么是坏。这就是对生活认识的一种感受。

（二）体验美

教师引导学生通过舞蹈真实地感受生活的美好。抒情性是舞蹈的特征之一，舞蹈的过程也是学生体验美的过程。在舞蹈过程中，人们的情感靠肢体语言和面部表情淋漓尽致得展现出来，心灵也随之受到震撼。

（三）表现美

认识美是舞蹈的前提，体验美为其过程，表现美为其目的。舞蹈中流畅的线条、铿锵的节奏、优美的造型无不在表现生活的内容和意义；心灵的震撼。

集体舞通过形式美和内容美来陶冶学生的情操，促进他们对美产生认识和追求。集体舞能表达一种美的思想内容，包括心灵美、行为美、人物美、自然美。这种对美的生活的赞颂，必将给小学生幼小的心灵留下美好而深刻的记忆，也可为他们树立正确的审美观、人生观奠定良好的基础。通过集体舞训练实践，学生的舞蹈能力得到提高，变得更加热爱学习和生活。集体舞的训练不仅美化了学生的形体，也美化了他们的心灵。

第七章

导行未来

——培育学生核心素养的探究

以课程创新为学生终身素养发展铺路

■ 刘 红

2014 年，教育部下发了《关于全面深化课程改革 落实立德树人根本任务的意见》，“核心素养”一词首次被提出。核心素养的提出指出了新一轮基础教育的课程改革方向，“育人”这一教育的终极目标得以凸显。学生是完整的人，各个独立学科所立足的只是培养学生全面素养的某一部分。想要发展学生的综合素养，就需要对课程进行整体规划、有机整合和系统实施。课程整合是培养核心素养的最重要的途径，即通过课程的改革来推动素养的提高。宜宾里小学的课程建设就是为了更好地利用课程这一载体进行育人，让立德树人的根本任务落到实处。

一、规划品能课程建设之路

宜宾里小学始建于 1952 年，在几十年的办学历程中，逐渐形成“精心培养学生核心素养，为学生的终身发展奠基”的办学理念。在宜宾里小学的教育理念中，每个人的人生都是为了追寻精彩而来。学校希望通过素质教育的实施和推行，让每一个生命都有自己的精彩，让每一个生命的正能量得到释放，为每一个生命个性发展奠定基础。基于此，宜宾里小学将“品能教育”作为学校教育的价值追求，坚持“涵养学生终身受用的核心素养”的办学宗旨，并将“品能兼进”确定为校训。

对于“品能教育”，师生有着自己的解读——“品”，品德，即品行淳朴，崇德尚理;“能”,能力,即自强不息,聪慧创新。“品”与“能”是人格与智慧的最高境界,代表言行标准、心灵美好以及情操高尚。学校希望培育出有着“品”和“能”的高素养学子。

课程决定着学生的发展。实践中,学校深刻地认识到:学校原有的校本课程设置缺乏规范性,国家、地方、校本课程内容有交叉、重复的地方,不利于学生深入学习及培养综合能力,课程不能基于学生的学情、兴趣设置校本课程,不利于学生个性的培养,等等。

面对这些困惑,在总结办学经验和特色的基础上,宜宾里小学提出了基于核心素养观下构建品能课程体系的思路。学校将视野从“学科本位”向“学生本位”回归,秉承关注学生、适合学生、发展学生的原则,科学把握全体与个体的关系、课上与课下的关系、多元与开放的关系,确定了“夯实常规管理,建设课程文化,聚焦课堂教学,促进师生发展”的工作方针,提出通过系统、高品质的品能课程建设,为学校特色发展、教师专业发展、学生全面而有个性地发展提供强大的动力,使每一个学生都能成为一个具有完善人格品质与创新学力的人。

二、构建核心素养观下的品能课程

几年来,宜宾里小学以丰富多样的课程促进学生个性化知识的建构,致力于激发学生的兴趣,开发学生的潜能,培育学生的创新品质,构建了宜宾里小学核心素养观下的品能课程体系,为每一个学生提供个性化、综合性、实践性的课程体验,竭力为每一个学生构建出人人适切的课程。这一过程,不单有“加法”,也有“减法”,更有“混合运算”,最终形成“4—2—5—3—1”品能课程体系。

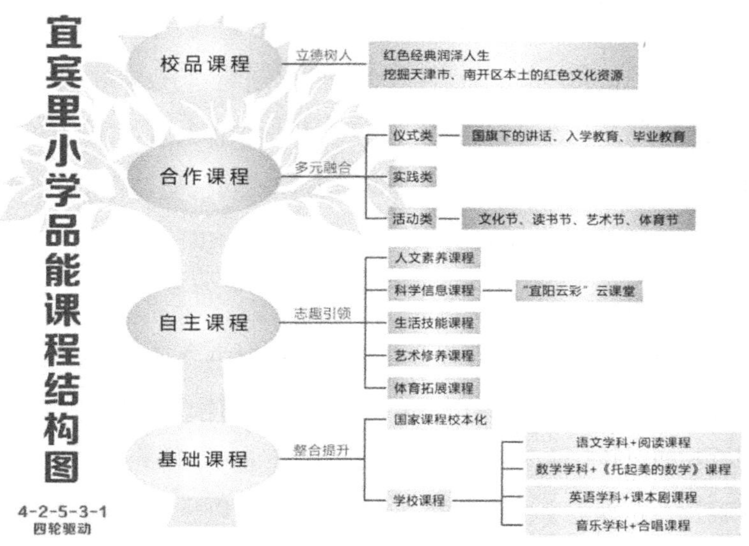

图1　宜宾里小学品能课程结构图

“4”是指品能课程体系包括基础课程、自主课程、合作课程、校品课程四大类型课程，犹如“四轮驱动”，与学校文化一脉相承。“2”是指基础课程分为国家课程的校本化、学校课程两个类别。“5”是指自主课程分为人文素养课程、科学信息课程、生活技能课程、艺术修养课程、体育拓展课程五个类别。“3”是指合作课程分为仪式类、实践类、活动类三个类别。“1”是校品课程，即经典润泽人生。

基础课程，重在“整合提升”，第一部分是完成国家课程的校本化研究与实施，通过增添、删减、拓展、活化、提升教学素材，提供适合的教与学的方法，引导学生能学、会学，学好、学会，让枯燥的知识变得有生命。基础课程的第二部分，是学校必修课程，全体学生都要学习。这部分课程是对国家课程的有力补充。学校提供了“语文学科 + 阅读课程”“数学学科 + ‘托起美的数学’课程”“英语学科 + 课本剧课程”“音乐学科 + 合唱课程”等。其中，由付涛校长带领数学教师团队编辑的“托起美的数学”课程，突出了“数学思维”为主线的系列能力训练，培育学生科学精神、学会学习、实践创新的核心素养。这套教材结合学生的年龄特点和已有的认知经验，通过古今中外的名题趣题、数学故事、数学游戏等内容，突出了数学好玩、数学有用、数学之美、数学精神及数学文化的熏陶，注重了趣味性、欣赏性、娱乐性。通过学习和使用这套教材，能够让学生们感到生活中处处有数学，并积极主动地用数学的眼光去探究知识、关心环境、关心社会。

自主课程，重在“志趣引领”，主要是让学生依据自己的兴趣，走班选课，体现“张扬差异，各美其美”的教育思想。这个板块有五大部分，分别是人文素养课程、科学信息课程、生活技能课程、艺术修养课程、体育拓展课程。其中，人文素养课程旨在通过传授人文知识，使学生的人格、品质、修养得到全面提升。科学信息课程旨在培养学生的创新精神和实践能力，以完善学习方式为特征，以应用现代信息技术为标志，关注学生学习经历并促进每一位学生发展。如“宜阳云彩”云课堂，通过网络加强对学生辅导，将纸质教材富媒体化，实现师生在线教学的数据记录、过程保留及结果评价与分享。学校利用云平台，提高了学生的学习效率。生活技能课程旨在关注学生自理、自立，是提高生活品位的课程。艺术修养课程旨在发展学生的艺术能力，增加艺术素养。体育拓展类课程旨在提高学生身体素质和运动能力。

合作课程重在“多元融合”，包括仪式类、实践类、活动类课程。学校特别重视仪式类课程，因为庄重、高雅的仪式往往能够触动人的心灵，如每周进行的升旗仪式、国旗下的讲话，入学教育，毕业教育等。学校注重学生领导力的培养，通过学生、年级、班级学生自主管理委员会，实现学生在各项活动中自主设计、广泛参与，重视体验，关注合作。自主管理委员会成员不仅仅停留在检查评比各班活动和常规表现上，而是引导他们发现亮点和问题，提出改进意见和策略，成为学生学习和生活的志愿服务者，为学生在学习、活动中提供力所能及的帮助。文化节、读书节、艺术节、体育节等活动集中展示了课程教学成果。

校品课程重在“立德树人”，以经典润泽人生，培养学生以爱国主义为核心的伟大民族精神，树立正确的理想信念，养成良好的道德品质。立德树人是基础教育的首要目标，要把这一目标落到实处，必须厚植根基，而厚植根基极有效的方式或丰厚资源埋藏于中华民族优秀的传统文化中。根据这一思路，学校开设“经典教育”课程，充分挖掘天津市、南开区本土的文化资源，包含优秀故事、英雄人物、杰出人士、爱国基地、历史文化故居、经典影视歌曲等十项内容。

三、多元评价激发品能课程活力

评价作为课程改革的关键环节，对课改的顺利实施具有保驾护航的重要作用。宜宾里小学从课堂、学生两个方面进行评价。

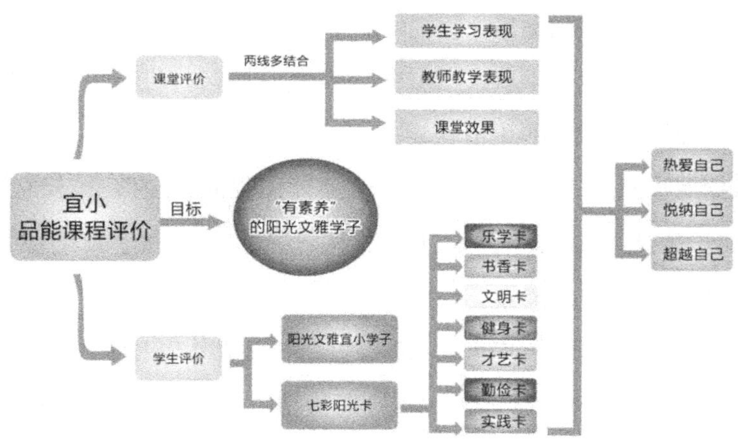

图2　宜宾里小学品能课程评价结构图

课程需要在课堂教学中加以落实。我们围绕教学方式变革以及校本课程课堂教学，进行了“两线多结合课堂评价标准”的研究。学校根据自身特点制定了“两线多结合”的课堂评价方案。课堂评价标准分为学生学习表现、教师教学表现和课堂效果三个维度，注重自主开放、合作探究、智慧生成，不仅要求教师的教法活，更注重学生的学法活，教学相长，促进师生的共同成长。

对学生的评价采用“有素养的阳光文雅学校学子”的评价方式。“七彩阳光卡”是以色彩心理为设计理念，将以学校培养主体——“阳光文雅学子”为目标设计成“红、橙、黄、绿、青、蓝、紫”七色卡片，分别命名为“乐学卡、书香卡、文明卡、健身卡、才艺卡、勤俭卡、实践卡”，用于对学生在校内外学习、生活、交往等各方面表现的评价，以此激励和促进学生全面健康发展。

通过“七彩阳光卡”的颁发和每学年“阳光文雅学子”的评选，让评价真正发挥其教育功能和激励功能。帮助学生认识自我、建立自信，激发学生的内在潜力，调动学生的积极性，从而规范学生的道德行为，促进学生综合素质的养成，使每个学生更加热爱自己、悦纳自己、超越自己，幸福、快乐地成长为“有素养”的阳光文雅学子。

四、组建团队为深化品能课程提供支持

一直以来，宜宾里小学从实际出发，对品能课程建构进行了多年的探索，在此过程中，不断形成丰富的价值认识，对学校整体工作推进与发展起到了引领作用。根据课程实施的需要，学校建立了品能课程的管理体系，成立课程领导小组，由校长领导，引领思想、把控方向、提供政策支持。教学校长总负责，设置课程，从制订计划到总结检查，全程管理。围绕课程发展、分别由教育、教学、科研等部门进行协调管理，负责组织品能课程的日常操作以及管理调配。

品能课程的实施所倡导的“参与”理念为教师专业发展开辟了新的道路，实现了学校内部的系统性变革，宜宾里小学积极组建教师团队——专业共同体。教师们群策群力、相互学习、发挥专业共同体的教育合力，发挥教师个体的主体性和创造性，最大限度地挖掘、利用课程资源。同时，学校注重校本研修，针对教师的培训，实现系统化、精细化，鼓励教师进行跨学科、跨年级合作。培训中，通过“专家引领—案例分析—研究观摩—总结提升—课堂实施”这一过程，让教师在反思中成长，进而把自己的所学转化成教学生产力。

品能课程的实施，使教师的教学目标观由知识本位走向能力本位、核心素养；使学生的学习方式由被动接受转变为主动合作探究；将教学空间由学校、课堂拓展到家庭、社区、社会，形成学校、教师、学生、家庭、社区、社会全方位的教育互助，最终指向学生核心素养的形成与提升。

多年的探究与研发，学校拥有丰富、多元、开放的能够满足不同学生兴趣与个性发展的几十种课程；授课者不仅是教师，社会志愿者、退休教师、家长等纷纷成为课程的协助者；课程场地不仅是学校教室，社区、博物馆、科技馆等众多场馆，均成为学校实施品能课程的场地资源。当然，学校品能课程在实施的过程中也发现了不少亟待解决的问题：一是特长教师少，教师的专业技能普遍有待提高；二是部分教师和家长对品能课程的认识程度不到位，不能从学生长远发展考虑，只重学习成绩，不重素质全面发展的现象依然存在；三是校本教材开发的力度不够；四是学校的硬件设施还不能满足各种课程活动的需要等。学校要正视这些存在的问题，积极努力采取措施，不断改进。高山仰止，景行行止。今后，学校将继续行进在课程建设的路上，不断地完善提高。

心理健康是孩子最宝贵的财富

■ 吴佳忆

一、小学生的心理现状分析

“谁敢惹我，我就揍他！”有些学生因为一些琐碎的小事变得情绪非常激动，容易做出过激行为。有些学生无法融入同学之中，终日无精打采，不喜欢参与学校的任何活动。这些现象表明，孩子的心理出现了问题。遗憾的是，一些父母和老师有的时候不理解孩子的表现，对孩子缺少安慰，反而会“鞭策”“指责”，由此加重孩子的心理负担，恶化本已经极为糟糕的情况。要想改变现状，我们首先要找到根源。造成这些心理问题的原因有哪些呢？

（一）家庭因素

父母是孩子的第一任老师。父母教育孩子的方式并不会完全决定孩子的未来，但确实对孩子的成长起到了主要作用。很多性格霸道、脾气急躁的孩子背后都有一位非常严厉的家长。当孩子不能及时满足要求时，父母便立即实施惩罚，使孩子的自尊心受挫转而向其他方面发泄，导致孩子性格极端。同样，溺爱的家长教导的孩子心理问题也不容忽视。当孩子的要求无限制被满足之后，便对那些不能及时满足自己的事情产生抵触、厌烦情绪，变得自尊心强、自信心差，做一切事物都是以渴望得到别人的肯定为目的。还有一类家长喜欢比较孩子与他人之间的差距，亲缘性的比较容易对孩子造成较大的伤害，每一次比较都容易加重孩子的自我否定，挫败的心理会让孩子产生心理阴影。还有一部分孩子是因为缺爱，由于父母离异或家庭条件极度困难，孩子会在很多方面感觉低人一等，尤其当父母的教育方式不当，孩子就会产生妒忌、不满、不公平等心理，甚至会通过一些极端的方式引起他人的注意。

(二)高压教育

孩子的天性是玩乐，虽说减负是当今教育的主流方向，但成绩依然作为衡量学生的重要标尺，因此在竞争如此激烈的今天，要想孩子不输在起跑线上，唯一的办法就是为孩子“加餐”。孩子整天精神紧张，心理疲惫，压力很大，容易造成孩子孤僻冷漠，产生对学习、家长和学校的逆反和仇视心理。

(三)自身因素

某些孩子由于外表不够出众，被父母过度保护而缺乏与人沟通的能力，与别人交往过程中容易感到自己不被尊重，不被理解，不被信任。由于自卑，孩子的性格会越来越内向，如果父母和老师没有意识到这些问题，孩子就容易产生羞愧、自卑等心理问题。

二、关爱学生心理健康，及时进行心理疏导

对小学生来说，其心理问题多数与关爱、理解、信任的缺乏有关。要想使孩子的心理健康，辅导老师需要充满爱心与耐心，真正站在学生的角度考虑他所面临的问题，即使做不到感同身受，也要对学生报以友善、保护、关心的态度，尽可能去理解和包容，用爱去影响孩子。我们应当如何找准定位才能解决孩子心理问题？如何使心理辅导变得真正有效？

(一)关注学生问题根源，因“爱”施教

心理健康疏导区别于思想品德教育，不能简单地对学生归类定性，它更多要求的是关注孩子的问题根源以及个体差异，有针对性地实施教育，才能有成效。孩子的心理问题大多是多种原因综合作用的结果，冰冻三尺非一日之寒，这就需要辅导老师的爱心与耐心。当老师或家长在帮助孩子进行心理辅导时，需要耐心地倾听和分析，不要主观臆断或是给孩子贴标签，要意识到我们可能是唯一能帮助孩子走出心理困境的人。尤其是班主任，在平时的日常工作中，要尽可能地全面了解每一个学生的状况。通过日常的观察，初步确定重点的教育对象，在做进一步的深入了解之后，制定合理的教学计划、具体方案和实施措施，循序渐进地对学生进行教育和心理疏导。

(二)家校合作，共促成长

很多孩子的心理问题来源于家庭，由于孩子的表达能力不够强以及对父母权威的畏惧，很多时候他们无法与家长直接有效地沟通，其实稚嫩的心灵更需要关爱。首先家长要学会倾听。可能孩子只是在复述学校生活或是动画片当中的某个情节，学校中的某个事件或者动画片中的某个片段对孩子的心理产生了影响，家长应当学会思考，从而抓住教育契机。但家长往往习惯于自己说话，让孩子听话。在学校里，一个老师面对几十个学生，主要也是老师说，学生说话的机会相对少，说心里话的机会更少了。家庭应该是孩子说心里话的地方，家长要注意把说话的机会留给孩子，鼓励孩子多说话，不能因工作忙而忽略与孩子的思想交流。

(三)积极创设环境，发展健康心理

孩子要亲近大自然，接触社会生活。学校组织的学生社会实践和郊游是集体活动，不能替代学生个体的社会活动，我们要鼓励孩子接触大自然，接触社会。放学后可以让孩子在开放的空间尽情地舒展身心，休息日让孩子在蓝天下、草地上晒太阳，亲近大自然。我们要鼓励孩子参加社会公益活动，培养孩子为他人服务的行为与爱心，体验不同的学校角色、家庭角色、社会角色，体验生活的多姿多彩，有助于培养孩子的完善人格。

心理健康是孩子一辈子的财富。当然，对于小学生的心理健康教育不仅是个人的责任，只要家庭、学校、社会共同参与，处处留心学生的心理状态，发现问题并及时开展帮教，用爱温暖他们，重视他们的内心世界，就一定会培育出他们内心的阳光花朵。

谨防“过誉心理”，重视学生心理健康

吴佳忆

对学困生的心理疏导已引起教育工作者的高度重视，但是，对优等生的心理健康教育尚未引起人们注意。事实上，在教育过程中，有些优等生的心理发展状况并不尽如人意，有的甚至走向教师期望的反面。激励的作用并非完全是积极的，荣誉可以成为“助长剂”，强人意志，壮人斗志，激发人奋进；但亦可成为重大挑战，阻挡前进的步伐，压沉人们驶向目标的航船。

心理学的研究成果告诉我们，一个人在取得成绩、获得成就、做出贡献的时候，往往会情不自禁地产生一种喜悦之情。当外界的赞誉和这种喜悦融在一起，超过一定“度”的界限，即处于过分荣耀之中的时候，就会产生一种失去正常状态的心理，即“过誉心理”。这种心理一旦形成，就会使人沉浸于自我陶醉、自我欣赏之中，淡忘外界环境的作用和人生志向，掩饰对潜在问题和不利因素的深刻反省，从而使人陷入一个迷人的错觉误区，落得“满招损”的结局。

一、优等生“过誉心理”的特点

从“过誉心理”的形成过程来看，它具有两个主要特征：

（一）“过誉心理”的伴誉性

虽然“过誉心理”并非学校激励与学生荣誉观发展的必然产物，但它却是伴随成绩的提升和荣誉的升格而产生的，是因不适度的激励促使荣誉感畸形发展而生成的。一般情况下，“过誉心理”的强弱和成绩大小、荣誉的高低成正比，和取得成绩所付出的代价成反比。成绩越大,名誉越高,越容易形成较强的“过誉心理”;付出的代价越小,取得的成绩越大,越容易陷入过度的喜悦之中;不切实际的浮夸更容易陷入“忘我”及“过誉”的状态。所以有人认为,“过誉心理”常常出现在部分学科佼佼者、三好学生、优秀学生干部中。

(二)“过誉心理”的演变性

优等生“过誉心理”不是突然形成的,而是在赞誉的氛围中,由优等生的特定心理背景演变而来的:

自尊自信演变为虚荣。优等生的自尊心和自信心较强,这是因为他们在集体活动中多是同学的榜样,是班主任的得力助手。他们在班集体中享有较高的荣誉,很难听到批评,很少受到打击,常常享受“重点保护”的厚待,由此便产生了认识上的片面性,过高估量自己,盲目自信,认识不到自己的弱点和不足,只注重务虚求荣,甚至以弄虚作假的方式去骗取荣誉,以满足强烈的虚荣心。

倔强好胜演变为高傲自大。优等生一般思维敏捷、理解力强、意志坚定,具有坚强不屈、争强好胜、不服输的心理特点。这种心理容易在名誉的诱惑下失去控制,无限扩张,逐步向消极的不健康的心理演变,慢慢变得高傲自大、自鸣得意、目空一切、傲慢无礼。

自重自爱演变为自私自利。优等生学习自觉性强,能严于律己,勤于思考,乐于吃苦,善于拼搏,善于创优,注重人格,珍惜名义。但是,由于他们一直处于家庭、学校、社会的关注中心,经常被关心、被帮助、被爱护、被照顾、被补偿、被宽待、被安慰、被赞赏,其个人欲望和需要一般都能得到满足。时间一长,他们便把这种待遇视作理所应得的,自重自爱心理逐步发生畸变,“自我中心”意识和“人人为我”的占有欲逐渐增强,个人主义膨胀,成为极端利己主义者。

二、优等生“过誉心理”的预防

对优等生“过誉心理”的疏导,重点应当以主动积极的态度去预防,而不应该等到这种消极心理形成之后再去亡羊补牢，被动地矫正。在教育实践中，我认为有三种情况值得注意：

首先，在学习过程中，一直处于顺境的情况下，要防止心理上出现过分庆幸的情况。教育实践告诉我们，一个人一直成长在顺境之中并非是件好事。学习环境比较顺，遇到的困难、挫折相对少，外部压力就会逐步减轻，内在动力就会慢慢减弱，惰性就会逐步滋生。同时，在成长的道路上，相对他人付出同等或较少劳动而得到较多的补偿，就可能失去冷静和反思，暗生一股喜悦之情，幸运之感，“过誉心理”就会由此逐步沉积。所以，当学生一直处在顺境中，并暗生“过誉”心理时，教师要注意培养其忧患意识和进取精神，防止滋生不求进取的随性和暗自庆幸的幸运感，避免形成“过誉心理”。

其次，在较短时间内取得显著成绩的情况下，应该防止心理上的过度“自誉”。学生在学习活动中都希望能够成功。但是，由于受到的智力因素、非智力因素和环境因素等多重影响，奋斗的效益对每个人或每个阶段来说并不是完全均等的。有时虽“头悬梁，锥刺股”，以勤为径苦作舟，可总是“有心栽花花不开”，成功姗姗来迟；而有时似乎“时来运转”，一经点拨和努力，成功如不速之客般频频降临，收到“无心插柳柳成荫”的意外收获。这种在较短时间里取得显著成绩、获得殊荣的情况，常会给人带来难以抑制的兴奋，引起强烈的心理震荡。如果学生缺乏自知之明，容易沉浸在成功的欢乐之中，长期陷入庆幸、陶醉的漩涡。

当我们的教育对象的学业成绩在较短时间内得到超常提升，特别是成功超出预定目标的时候，我们要务必防止过度“自誉”。教师对他们的激励一定要适度，切不可进行不合实际的夸耀。同时，要适时地给予“降温”，促使其感情服从理智的思考，懂得今天的过度欢乐和骄傲中埋藏着明天失败的种子，从而及时调整自我奋斗的目标，放眼未来，脚踏实地，朝着学业更高水平努力。

再次，在“声誉鹊起”的情况下，要防止心理上的错位。优等生在取得突出成绩、获得较高评价时，往往会获得同学的羡慕、家长的欢心、老师的喜爱、学校的表彰，在他们周围会形成一个充满赞誉之声的小环境。这些赞誉之声无疑是一个看不见的陷阱，极容易使其误入歧途，发生心理错位，把成绩看成是自己能力高于别人的表现，淡忘同学的帮助、恩师的教诲、家长的抚养、社会的关怀。因此我们必须清醒，当学生的成绩日渐突出，特别是产生轰动效应时，老师不能以“伯乐”自居而去欣赏“千里马”的光彩，而应及时帮助学生合理控制和调节自己的心理追求，确定更高的奋斗目标，选择更强的竞争伙伴，不断跨越荣誉的羁绊，再接再厉，完善自我。并且要帮助学生保持清醒的自我意识，严于解剖自己，充分认识环境因素在自我成长中的作用，耐心听取同学们的逆耳忠言，虚心接受老师的教育指导，既不为困难所屈服，又不为荣誉所迷惑，不断扬长避短，完善自我。

在帮助学生成长的道路上，教师一直是引路人。我们要关心每一个孩子，让所有的学生都得到心灵的成长。

在新课改中开展学生心理健康教育

王 鑫

随着科学技术进步,生活节奏加快,人们的思想观念不断更新,社会环境也日趋复杂。这一切给人们的心灵带来一定的影响,波及到校园和学生。独生子女受家庭的宠爱,心理问题日渐增多。对学生进行心理健康教育,使他们拥有健康的心理,是全社会的共同责任。苏霍姆林斯基说:“最完备的社会教育是学校—家庭教育。”在影响孩子成长的各种因素中,家庭教育和学校教育是非常重要的,整合家庭教育和学校教育,形成教育合力,对孩子的健康发展非常必要,这也是对学生进行心理健康教育的主要方面。对于小学阶段的学生而言,学校教育更加重要。为此,教师学习和掌握心理健康常识尤为关键。

一般情况下,家庭的影响是潜移默化的,而学校教育则是有意识、有计划的。教学关注学生智能的发展,如果忽视了教学心理卫生,学生智能发展不但会受到影响,其身心健康也会受到损害。仅就学业负担过重而言,其引起的学生生理疲劳和心理疲劳是不可忽视的,尤其是后者。长期疲劳会造成学生视力减退、食欲不振、面色苍白、失眠、心情忧郁、信心不足、注意力不集中、记忆力减退等。学校教育应当把心理健康教育渗透到各科的教学及日常管理中去。这就对教师的心理素质和教育方式提出了更高的要求。因为不同的教师所带的学生也存在不小差异,教师正是用自己的一切去教育学生、影响学生。

首先,教师自己要能够面对现实,积极乐观,对前途有信心,教师要具有能够胜任教学工作的认知能力。教师要有独创性,能运用有效合理的方式解决工作中和生活中遇到的困难和挫折;要有较强的心理适应能力和活动能力;要有健全的人格,在与他人交往中能和谐相处,积极态度(如尊敬、羡慕、信任、赞美等)多于消极态度(如畏惧、怀疑、憎恶、嫉妒等)。教师的心理常态应是不卑不亢,不愠不哀,宽严适度,既有激情,又很理智。教师无论处于何种状态下,都必须表现出心理状态的稳定性。教师自己的心理承受能力要大大超过学生,要做“宰相”,豁达大度,心胸宽广,气量宏大,能容人之过,甘当人梯,喜欢学生超过自己。教师要举止大方,态度端庄,不论何时都不忘记为人师表,要严以律己,宽以待人。教师要对每位学生的态度保持均衡,不能凭自己的好恶区别对待学生。教师遇事要冷静,不能随便发怒,不以威压人;处事要公平合理,不抱偏见,对学生要一视同仁,不能厚此薄彼,要和每个学生的心理距离应是一致的、等距的。教师自己也要在长期的教育教学工作中,注意自我心理的完善。如果学生眼中看到的是一名能够自我认识、自我评价、自我监督、自我控制的教师,看到他自尊但不自傲、自重但不自夸、自信但不固执,能正确对待挫折、乐观向上、尊重自己的事业、尊重他人、言行一致,我们可以想象他在学生心中的地位会怎样。尤其是小学生,他们模仿性很强,这样的教师一定会对小学生的心理健康产生巨大的、深远的影响。所以要培养学生健康的心理,我们教师应首先拥有同样健康的心理。

教师拥有了健康的心理,还需要良好的教育方式。

教师应创设和谐、宜人的教育教学物质环境。

给孩子一片空气,让他们自由呼吸;给孩子一块绿地,让他们栽花种草;给孩子一片绘壁,让孩子自由涂抹;给孩子一片饲养园地,让他们感受动物的可爱。我们要顺应孩子的天性,让他们快乐成长。我们要创设优美、安全、舒适的物质环境。校园的户外场地要富有变化,能够激发小学生热情,引导小学生开展活动。在活动场内,我们可以提供丰富多彩的设备和材料,使处处充满绿色和生机。教室是小学生主要的活动空间，我们力争使室内宽敞明亮，温馨舒适，所布置的内容随着教育目标、季节变化而变化。整洁优美的物质环境能够唤起小学生对生活的热爱，陶冶小学生情操，充实小学生生活，激发小学生的求知欲，培养小学生的探索精神与生活情趣。

教师应创设民主、和谐的教育教学精神环境。

校园的教育教学精神环境是指校园中人与人之间的关系及校园校风、氛围等。心理学家苏霍姆林斯基对认知与情感的关系做了这样一个生动而贴切的比喻："情感如同肥沃的土地，知识的种子就播种在这个土地上。"反过来讲，如果离开"情感"这块"肥沃的土地"，知识也就结不出"良好的发展"的果实。

教师应平等对待学生，跨越陈旧的"代沟"。在课程改革环境下，教师要转变心态，以亲切的面孔及平等、和谐的口吻与学生交流，缩短师生间的"心距"。学生在这样一个人格得到尊重、情感得到理解、行为得到鼓励、努力得到肯定的氛围中，就能尽情释放自己潜在的创造能量，毫无顾虑地表达自己的思想感情，自然地表露出自己的困惑疑问。

良好的课堂心理环境是高质量教学的有力保证。心理学研究表明，和谐、愉悦的氛围有助于学生积极参与课堂活动，而紧张、冷漠的气氛会大大抑制学生学习的热情。如何减轻消除学生学习上的心理压力，使学生对学习形成一种良好的心态？教学中，教师要扮演好一名引导者、组织者、协作者的角色，创造最佳的心理氛围，使学生情感得到体验，心灵得到沟通，理念得到认同，情绪得到调节，行为得到训练，进而充分展示自我，学得懂、学得好、学得轻松。这样不仅能够增强学生的学习兴趣、信心和勇气，而且能够培养学生相互协作、共同探究的精神。当学生的思维、情趣、爱好都有了释放的空间时，就会走近老师，和老师攀谈并成为朋友，这为学生心理的健全发展打下了扎实的基础。

师生真诚相对，理解铸就成长。在人际交往中，真诚是最重要的，教师要做到能理解别人，设身处地为他人着想。作为教师，在学生面前必须表现一个真实的自我,用真诚的爱去对待每位学生,才能使学生感到真实、可信。蒙台梭利说:“教师不仅是一个教师,还是一个心理学家,因为他要指导儿童的生活和心灵。”开展心理健康教育有一个重要的原则就是理解。成年人渴望理解,小孩更渴望理解。我们只有通过各种途径,深入地理解我们的学生,才能达到成功教育的目的。

作为一名老师,如果不理解儿童的心理情感,不能与他们真诚地相处,他是难以顺利开展工作的。随着社会的不断变化发展,人的心理也在不断地变化着。社会的因素、家庭的教育都给我们的教育带来了一定的难度,唯有积极探索,适应新情况,敢于面对新问题,才能不断地发现儿童的最新动态,走出一条与时俱进的道路。

现代的教育观认为,教师不应该是教育的主宰,不应该再有权威不可侵犯的思想。命令、强迫的教育方式其实是把软刀子,不但否定了学生的权利和尊严,导致学生产生心理障碍,而且会扼杀了学生的创造力。教师应放下架子,努力创设宽松、和谐的氛围,以朋友的身份与学生交流,用真诚换真诚,让学生切实感觉到教师是他的朋友,我们才能深入他们的内心世界,才能使他们从心里接受我们善意的意见与建议。

小学生心理健康教育既是素质教育的重要组成部分,也是素质教育的重要途径,是素质教育总体结构中的奠基性工程。没有健康的心理,一切形式的素质教育都是空中楼阁。

小学五年级学生体质健康现状的调查与分析

■ 杨　坡

一个国家的兴盛繁荣需要充足的后备人才供给,体质健康是人才可持续发展的重要基础,而人才的培养要从学生开始。学生是我们祖国的为来,我们要保持可持续的竞争力,学生的身体素质应该引起我们的高度重视。体育锻炼和体育运动是促进学生体质健康的重要途径,而学校体育正是培养学生进行体育活动意识的摇篮。因此,全面结合学生自身、学校、家庭、社会等多方面因素来提高学生体质健康标准具有十分重大的意义。2002 年 7 月,教育部、国家体育总局联合发布的《学生体质健康标准(试行方案)》成为《国家体育锻炼标准》在学校的具体实施方案。全国教育行政部门与学校为增强学生体质不懈努力,但由于我国地域辽阔,各级各类学校体育设施、体育教师等条件差异明显,加之社会、家庭等诸多因素,我国学生体质健康状况仍令人担忧。通过对我国学生的体质健康现状的相关研究发现,我国学生的体质呈现下降趋势,体重超重现象较为严重,学生身体的某些值(如肺活量、视力等)持续下降。对天津市学生调查显示,学生体质下降涉及学生自身、学校、家庭、社会等多方面因素。因此,我们应加强老师、家长和学生的沟通,全面进行健康教育,把体质健康教育融入平时的教学中,促进中学生健康成长,进而为提高天津市学生体质健康水平提供依据。

按照《国家学生体质健康标准(2014 年修订)》相应年级组的所有测试项目

及记分方法测试并记录成绩，我们运用数据统计法将测试数据汇总、评分、评定等级、对比分析，使用平均数、百分比等对我校学生体质健康状况进行描述。

一、测评项目及评价指标

学生体质健康测试项目包括：身高、体重、肺活量、50 米跑、坐位体前屈、仰卧起坐、一分钟跳绳、50 米 × 8 跑。各项目的等级评定：90 分以上为优秀，75 ~ 89 分为良好，60 ~ 74 分为及格，60 分以下为不及格。

二、学生体质健康标准测试评价分析

表 1　学生体质健康总分评价等级所占百分比

	不及格	及格	良好	优秀
男生	11.60%	52.20%	21.70%	14.50%
女生	6.60%	51.70%	36.70%	5.00%

从以上测试结果可知，学生体质健康成绩不够理想，高低差距较为明显。男生不及格人数偏多，百分比达到 11.60%，女生优秀百分比仅为 5.00%，女生的良好率要高于男生，总体的平均分为及格，这反映出学生的体质健康总体状况有待进一步提高。

三、体重指数(BMI)测试评价分析

身体形态是人体结构的外在表现，与人体的机能、体能密切相关。我们一般采用身高标准体重指标来评价身体形态。从表 2 我们可以明显看出，BMI 指标女生好于男生，尤其是女生超重及低体重率均较低，仅为 1.70%，但男生超重和肥胖比例偏高，为 17.40%。这从一定程度上反映出了这部分学生营养过剩、体力活动不足。小学生处于生长发育的高峰时期，营养的过度或者是偏少摄入都会影响到学生的健康成长，而我校小学学生面临的问题尤为严峻，呈现两个极端，只有适当进行体育锻炼与合理摄入营养才能解决该问题。

表 2　学生体质健康体重指数(BMI)评价等级所占百分比

	超重	低体重	肥胖	正常
男生	17.40%	2.90%	17.40%	62.30%
女生	1.70%	1.70%	13.30%	83.30%

四、心肺耐力项目评价分析

肺活量的测量主要通过最大呼吸量来衡量人体的心肺功能,是评价人体呼吸系统机能状况的一个重要指标,我们可以同时结合耐力性项目综合评价心肺功能。根据《国家学生体质健康标准(2014 年修订)》测试标准测得结果显示,女生肺活量优秀率为 25.00%,男生肺活量优秀率只有 7.30%,远远低于女生。而男女不及格率相差不大,分别为 4.30% 和 5.00%。

表 3　学生体质健康肺活量评价等级所占百分比

	不及格	及格	良好	优秀
男生	4.30%	52.20%	36.20%	7.30%
女生	5.00%	51.70%	18.30%	25.00%

从生理角度讲,耐力跑是对学生综合体质要求较高的项目,良好的耐力素质能促进学生心、肺、血液循环系统的健康生长,使学生拥有一个健康的体魄。同时耐力跑也需要良好的意志品质来支撑,对培养学生的身心健康发展也具有重要意义。相比于小学五年级肺活量指标,学生 50 米 ×8 跑成绩在反映学生心肺耐力方面更具有代表性。现阶段学生体力活动不足、学生对耐力跑较为反感还具有恐惧心理、学校耐力跑课程内容少等均已成为限制学生心肺耐力发展的重要因素,只有全面保障学生活动时间及强度、引导学生正确锻炼方式方法才能有效改善学生耐力项目不足的现状。

五、速度素质项目评价分析

50米跑是典型的速度项目,反映的是人体快速移动的能力,是用于测试位移速度的一项身体素质指标。50米跑是学生体质测试里面所有年级均要测试的项目,可以看出其重要性。从表4可以看出,男生50米跑优秀率和不及格率都高于女生,分别为17.40%和14.50%,这说明男生50米跑向两个极端的方向发展。女生的情况比男生的要好,女生50米跑不及格率仅为8.30%。男生和女生及格率都刚刚达到60.00%,这说明我校男女生的50米跑有很大的提升空间。

表4　学生体质健康50米跑评价等级所占百分比

	不及格	及格	良好	优秀
男生	14.50%	60.90%	7.20%	17.40%
女生	8.30%	60.00%	25.00%	6.70%

六、柔韧力量测试评价分析

坐位体前屈主要反映躯干、腰、髋等关节部位韧带和肌肉的伸展性、弹性及身体柔韧素质的发展水平。通过表5可以看到,柔韧性项目中,女生表现要好于男生,女生优秀率为21.70%,男生优秀率为8.70%,男生和女生不及格率分别为7.20%和6.70%,说明男生要多加练习柔韧性的运动,比如说武术和健美操等项目,我们还要在课上注意多练习一下柔韧拉伸运动。

表5　学生体质健康坐位体前屈评价等级所占百分比

	不及格	及格	良好	优秀
男生	7.20%	59.50%	24.60%	8.70%
女生	6.70%	56.60%	15.00%	21.70%

七、力量素质项目评价分析

一分钟仰卧起坐、一分钟跳绳是反映学生上下肢、腰腹力量的重要指标,从

表6和表7我们可以得知，我校学生腰腹力量锻炼得不够，男生的不及格率为11.60%，有很大的提升空间，女生的及格率非常好，但优秀率极低，为1.70%，这说明女生要努力才能到达更好的标准。一分钟跳绳女生的不及格率为0，男生的优秀率到达了42.00%，这是因为我校非常重视课间绳操的缘故，此外，我校上体育课时也非常重视跳绳热身活动。

表6　学生体质健康一分钟仰卧起坐评价等级所占百分比

	不及格	及格	良好	优秀
男生	11.60%	65.20%	11.60%	11.60%
女生	3.30%	86.70%	8.30%	1.70%

表7　学生体质健康一分钟跳绳评价等级所占百分比

	不及格	及格	良好	优秀
男生	5.80%	43.50%	8.70%	42.00%
女生	0.00%	40.00%	31.70%	28.30%

力量是身体素质发展的基础，对身体迅速发展的学生尤为重要，但是从总体情况来看，学生的力量不足已经成为制约学生体质健康发展的主要因素之一。相对于其他锻炼方式，力量锻炼枯燥乏味是学生不愿锻炼的主要因素。这就需要老师在体育课程中对学生正确引导和鼓励，同时在体育课程中增加力量锻炼的趣味性，只有学生和老师共同努力、相互配合才能完成提升我校学生力量素质的任务。

八、建议与对策

（一）学校方面

生命健康安全第一的思想成了阻碍学校体育发展的“枷锁”。由于学生身体素质下降，校园中出现了一些安全事故，学校体育工作变得越发谨慎。我们应该改变传统的思想观念，实施全面发展的素质教育，认真执行《国家学生体质健康标准》和新课程标准。我们要深化教学改革，不断提高教育质量，有效增强学生的体质。同时学校要实行科学规范的作息制度，引导学生积极参加运动活动，形成人人参与、个个争先、生气勃勃的校园体育锻炼氛围和全员参与的群众性体育锻炼风气，有效地促进学生走向操场、走进大自然、走到阳光下，积极参加体育锻炼，培养体育锻炼的兴趣和习惯，切实提高学生的体质健康水平。

（二）家庭方面

不同的家庭的结构和素质不同，在教育子女问题上存在许多差异，这制约了学生身体素质的健康发展。家长要深刻地认识到体育对孩子成长的重要意义，树立正确的教育观、健康观和成才观。同时，家长要掌握必要的营养科学知识，注意改善孩子的膳食结构，矫正孩子的偏食习惯，有意识地让孩子多劳动、多运动，要走出重智育轻体育、重营养轻锻炼、重技能轻体能的误区，不能以牺牲孩子的健康为代价，进行“课业加餐”。最后，家长要培养孩子良好的作息习惯和科学、健康、文明的生活方式。

（三）学生方面

要提高学生体质健康，关键还在学生本身。学生应树立“体育生活化”的观念，不能以没有场地、器材、设施、时间为借口而放弃运动，学生应该把体育作为一种生活方式，要明白身体好，学习才会好。学生经常参加体育活动，体质增强了，思维才会更敏捷，学习效率才会更高。因此，无论学习有多紧张，学生都应每天抽点时间锻炼身体。

通过对学生体质健康状况的调查与研究，我们找到现在状况的不足，及时调整工作思路和方向，做出改变，使学生体质更健康，祖国的明天更美好。

有效开展学生课外体育锻炼活动

曹　剑

身体是革命的本钱。国民体质强弱会直接关系到国家的强弱。当前，体育素质教育在培养学生身心健康、养成良好的锻炼习惯、促进学生思想品德和文化课学习等方面都起着非常重要的作用。李希贵曾说过："教师不是教学科的，而是教学生的。"要想取得体育素质教育的成功，我们仍有许多工作要做，这其中有很多问题值得研究。我们知道，体育成功教育在价值取向上不仅要着眼于如今，并且要放眼于将来。

体育老师一方面要使学生掌握一定的运动技术、实现教学目标，另一方面培养学生自我锻炼的能力和学生坚持体育锻炼的观点。要较好地完成这两项任务，除了上好每一节体育课，还要设法抓住课外体育锻炼这一重要环节。因为，在课外体育锻炼中，学生可以根据自己的兴趣爱好、个性特征、针对自己的体质状况进行经常的必要的锻炼，使他们在一点一滴的成功中培养兴趣、增强意识、养成习惯、提高能力，促进身心健康。由此可见，抓好课外体育锻炼是势在必行的，我们要尊重学生自身成长规律，在合适的时机，用适宜的内容，选择合适锻炼的方法，通过设计多种情境，提高学生核心体育锻炼的素养，从而达到终身锻炼的目的。

一、课外体育锻炼的表现形式与特点

课外体育锻炼是学校体育的重要内容，而学校体育课由于课时有限，仅靠体育课是不能完成锻炼的任务的，因此，必须通过课外体育锻炼，形成完整的学校体育体系，才能让学生的身体素质更上一层楼。

(一)锻炼内容丰富,组织形式多样

体育活动的内容非常丰富,远超出学校体育课堂教学的限制,从游戏到比赛,从趣味到竞技,从室内到室外等锻炼的内容无所不包,组织方式多样、方法灵活。体育活动的组织形式可以是全校、年级的,也可以是班级的、家庭的、小组的和个人的,等等。

(二)项目选择灵活,主体作用明显

学生能够根据他们自己的兴趣爱好和特点,选择自己喜欢的、适合自身练习的项目,参与课外体育锻炼活动。学生利用课余自觉地去参与体育锻炼活动,老师给以一定帮助和指导,使学生能够在课上充分施展自己。课外体育活动锻炼有利于学生坚强毅力的培养。

(三)学生参与广泛,组织指导多层

课外体育活动是指学生利用课余时间去参加体育锻炼活动,实现锻炼身体和愉悦身心的目的。在校的课余时间,他们即可以按照自己的喜好来参与锻炼,也可以按照自身特点、专长选择各自的课外体育锻炼方式。教师可以利用课余时间统一安排广泛的体育锻炼内容和项目,让学生们自行去参与锻炼。由于参与课外体育锻炼的学生人数、锻炼内容和项目较多,所以把控安全和指导的难度系数不断增大。

二、基于课外体育锻炼的特点应掌握的原则

根据课外体育锻炼的特点,在课外体育锻炼中,教师和学生都应积极参加锻炼,相信学生能够自己教育自己,发挥自己的潜能。

(一)自觉积极性原则

学生喜欢一项运动时才会对它表现出主动和自觉。兴趣是第一动力,学生已经有了锻炼活动的兴趣时,我们就要趁热打铁来稳固他对体育锻炼的活动兴趣,间接或直接的传递体育锻炼的重要意义。教师要认真对待每个一学生,安排他们自己喜欢也能做到的体育锻炼活动,充分调动起学生的兴趣,使其愿意用课余时间去锻炼。

（二）经常性原则

体育锻炼经常性是保证以健康为目的，持续一定时间和强度的身体活动。经常性参加课余体育锻炼，不仅能消除自我的负面情绪，也能使自己的身体更加强壮，自信心更足。学生循序渐进地在体育活动中达成目标，慢慢就能养成良好的锻炼习惯。

（三）全面锻炼的原则

我们在锻炼时要做到全面发展，尽可能参与更多的体育项目和不同的运动技能，贯彻学生的全面锻炼的原则。尤其是我们青少年锻炼时，一定要注意全面的发展，由于我们身体在飞速地成长。适合青少年的课外体育锻炼我们要全面进行，学生要多接触各种项目并加以简单的练习。各种体育锻炼方式是紧密相关的，比如我们练习跑步，既能增高肺活量，又能加强肌肉的稳固性。在学习游泳时，肺活量和肌肉的稳固性能够提高游泳速度。在一种锻炼方式中得到的提高，能够提升另一种运动的能力。

（四）从实际出发的原则

我国幅员辽阔，不同的地区气候差异很大。同一个地区，学校之间的办学条件也有所不同。学生之间的性别、年龄、生活环境和体质在同一体育锻炼方式中也会呈现不同的影响。因而，在课外体育锻炼中，我们必须贯彻从实际出发的原则，根据学生的特点、学校的办学条件、天气等制定合理的锻炼内容。

三、开展课外体育锻炼研究结论

（一）大力进行思想教育，弘扬拼搏精神，转变学生的锻炼态度

要想尽快提高学生的体质，增强其身体素质，我们不能仅仅依靠不间断地锻炼，更重要的是要扭转学生的锻炼观点，使学生（包括学生家长）改变对体育不正确的认识，使他们从不自觉锻炼到自觉锻炼，从不喜欢体育到喜欢体育，进而培养自锻能力，只有这样，才能使他们终身受益。我们随时随地利用所有能

够利用的机会向学生进行思想教育，例如在体育课、体锻课和个别指导时。我们利用室内理论课及课前几分钟对学生进行体育宣传教育，特别展示出一些优秀运动员的成功之路，以达到启发鼓励学生的目的。我们要注意挖掘身边的实例，在学生中树立与推广典型。

（二）根据学生的兴趣爱好，指导并提供不同的锻炼方法

学生的喜好是不同的，根据不同的对象，运用不同的器材，同样能够达到锻炼目的。如何使学生兴趣爱好得到满足的同时全面发展他们的身体素质？我们及时列出一些简单实用、切实可行的锻炼方法供学生采用，指导学生进行课外锻炼。如：上肢力量较弱的学生，可以采用俯卧撑练习或双手吊门框、双手提水桶行走、脚高手低的静止俯卧撑练习等方法进行锻炼；下肢力量弱的同学，可以采用连续做下蹲、半蹲跳、跳楼梯、跳台阶等方法进行锻炼。学生自己可以因地制宜、因人而异创造一些方法进行锻炼。

（三）教师与家长密切配合，共同做好帮助督促工作

在学校里，教师提出一定的要求，进行必要的指导，在家里，家长要配合教师，督促学生在家里锻炼。在这方面，我们主要做了以下工作：

一是根据期望效应制定合适的、经过一段时间锻炼能够达到的目标，以加强学生的自信心，并针对学生基础差异，制定不同的目标，经常给学生以必要的鼓励、表扬，激发他们的锻炼欲望。二是坚持开展"一帮一"的课外锻炼形式。三是适时进行家访，积极主动参加家长会。不少人认为体育老师家访、接待家长没有必要。其实不然，转变家长和社会对体育的认识非常必要。学生每天放学后、双休日及假期都在家里，而这些时间是进行课外锻炼很好的机会，学生课外的锻炼情况只有通过家访、家长会才能具体深入了解。

通过以上的做法和措施，增强了所有学生的体育锻炼达标的信心，也较好地培养了学生自我锻炼的能力，提高了学生锻炼的兴趣，同时也提高了学生的身体素质和体育成绩。

利用室内小场地开发体育实践课技能教学，增强学生体质

杨 坡

最近几年京津冀雾霾频发，学生的室外活动受到了一定限制。针对天津市中小学学校的现有实际现状，体育课只能在教室进行。然而，在中小学校体育教学中，传统的室内体育课基本上都会忽视小场地的实践技能教学，体育教师基本在室内讲授一些基本体育知识，剩下时间让同学们安排自习与写作业，无法同室外实践课那样满足学生身体素质的要求。室内小场地的体育课实践技能教学目的就是让孩子们能够让身体动起来，在动起来之后要学会能愿去参加体育活动，从而达到终身体育锻炼的思想。

室内体育实践课技能教学小场地的指导思想要以国家颁布的《国家学生体质健康标准(2014 年修订)》为主，在室内小场地的有限空间能够让每个同学得到的锻炼，增强学生体质，达到国家要求的水平。

一、制定室内小场地预案，及时调整教学计划

随着雾霾的出现，体育老师有权根据天气状况改变体育课的计划，将室外体育课调整为室内小场地实践教学，完成学校整体的教学计划。

二、室内小场地的体育课实践技能教学方法

速度素质是指人体进行快速运动的能力。短距离跑是人体快速运动的最基本的运动方式，在日常生活中是运用最多且是体育教育中基本的教学内容。室内小场地的速度素质的锻炼方法有：在小场地 15 秒的高抬腿、在小场地 15

秒的摆臂。通过上面两个练习不仅能增加速度的频率,还能增加身体的协调能力,让学生们的体质达到国家标准。

柔韧素质是在静止状态下的躯干、腰腹、髋关节等关节达到可能的活动幅度,反映了身体关节韧带与柔韧素质的发展水平。国家非常重视学生的柔韧素质,柔韧素质在室内小场地的锻炼方法有:侧压腿、正压腿、横叉、竖叉以及在利用室内的桌椅来完成压腿的练习。比如,柔韧好的同学可以把脚放到桌子上来完成压腿练习,柔韧差一些的同学我们可以把脚放到板凳上来完成压腿练习。这样能保证学生在室内小场地进行柔韧素质的锻炼,让学生的柔韧性保持最佳的状态,减少运动受伤的概率。

力量素质是指机体的某一部分肌肉克服内外阻力的能力。力量素质在室内小场地的实践教学方法有:学生坐在自己的板凳上做举腿练习,或利用小场地做平板支撑等力量的练习,以增强学生的四肢力量。在练习时,以高质量为前提,通过一定数量与强度的反复练习,到达锻炼的预期效果。教师一定要注意小学生身体的安全。

室内灵活动作技能组合实践教学,让学生利用小场地分组循环来练习,这样教师就能高效率地为学生提供服务,教师要根据课上学生完成的动作情况,分层进行教学,合理利用和控制练习的时间与强度,使学生准确掌握和灵活运用运动技能。比如,学生可以利用小场地来学习八段锦、少年拳和跆拳道太极一章等技术动作,也可以灵活改变一下动作的顺序,从而达到在室内小场地体育实践技能的练习。

三、室内小场地的体育课实践技能之教学多媒体的创新运用

体育课上运动技能学习大多数都是从模仿开始,慢慢领悟动作的技术要点及重点,从而达到运用自如的状态。室内的多媒体创新运用,是学生模仿的重要开始。教师应充分利用好现代科技多媒体教学教具。比如,在教学“跨越式跳高”时,教师示范时,完整的动作示范在短时间内就完成,动作很难停留在高空中定型，学生很难看清楚动作细节。使用媒体教学就可以把每个动作的环节都定格，再细细讲解，从而使学生对动作的理解更加深刻，迅速有效地提高课堂教学效果。

四、室内小场地的体育课实践法

徐志波、高俊波的研究表明，室内小场地的体育课实践法可以成为制作体育器材的手工课，教师需要事先布置和准备制造体育器材的相关材料。学生分成若干个小组，教师将材料发放给学生，让他们根据材料制作相关的体育小器材，如沙包、毽球等。在这一过程中要充分发挥学生自由创作的能力，创造出不同的体育器材。这些自制的器材不仅能丰富课堂情趣，让学生先动脑，再结合自己的理解去完成动作。学生在应用教学活动中能够充分体验成功的乐趣。

五、室内小场地的体育课实践技能创新改变

随着人们锻炼的意识逐渐提高，很多体育项目都慢慢变成了室内的体育项目，人们可以不受天气的限制来锻炼身体。室内运动的项目很多，比如瑜伽、游泳、舞蹈、动感单车等。但是我们如何在学校的教学中改变教学思维，创编一个适用于中小学生室内体育锻炼的实践活动？《人民日报》讲到室内手指操是课间活动的不错选择。我们也可以像手指操那样设计一个适用于室内小场地体育课实践技能的一套操，室内武术操训练就是不错的选择。武术操可以在有限的范围内活动，配上学生喜欢的音乐，编排一系列的简单动作和动作组合，并可以根据小学生年龄和身体结构的特点，编排适合他们自己的武术操，并进行评比，激发学生的锻炼的兴趣，起到锻炼的目的。

综上所述，如何更加科学合理地利用小场地教学，把室内体育课组织好、上得有特色、能吸引学生的兴趣，还需要体育教育的同行们在今后的体育教学实践中不断地摸索与实践。总之，体育教师要开动脑筋调动一切积极因素，把最适合的方法用到各个年级，把每节体育课上得精彩完美。

基于美术教学中的学生学科素养

沈晓旭

美育教学对于学生终身发展至关重要。小学阶段学生不仅掌握基本美术知识和基础绘画技法，更是提升学生综合素质、培养学生兴趣和美术素养的关键时期。美术课程包含了德育教学，为学生打开了一个崭新的世界。在新的课程改革推动下，美术课堂教学中常见的问题亟待解决，核心素养本位的美术教学，不仅能够培养学生的品格与能力，提高其审美情操，更能提升学生的综合实力潜力。

一、小学美术教学中存在的问题

第一，课堂上教师一方讲授得过多，范画没有分类，示范刻板，缺乏针对性和目的性，忽略对学生创造力、想象力的开发，学生容易对老师的范画产生依赖，缺少自己的想象力和创造力。随着年级的增高，这一现象越发严重，反而低年级的孩子们在画画时更能冒出天马行空的想法，能够创造出令人意料之外的画面构思和绘画效果。造成这一现象的原因和学生年龄的增长相关。学生们用学习文化课的方式和习惯来学习艺术课程，缺少艺术类课程老师的正确引导和正确有效的教学方法就会出现以上问题和现象。美术教学有别于其他一些主课教学，不需要完全依照课本的公式概念去学习，美术需要更多的想象力和创造力。这里要说的是，基于传授美术知识和技能的教师课堂示范是不可或缺的，但是不能过多。这时教师的积极引导和正确的教学方法就显得尤为重要。

孩子们的艺术表达能力是与生俱来的，因此在课堂教学中教师应注意引导学生主动参与到学习中来，让学生学会质疑，然后在解决问题过程中答疑，并大胆表达自己的想法，大胆想象，在创作中融入自身的想象力和创造力，不断拓展思维，出现更多的"奇思妙想"，这样学生们才不会过多依赖教师的范画，被动学习。避免缺乏对孩子们品格的培养，可以提高课堂教学的效果。

第二，学习氛围一般，理论性知识过多。美术教师在授课过程中理论知识讲述过多，且注重自己讲授，较为抽象，缺乏结合实际经验，不能完全激发起学生主动学习的欲望。由于小学阶段，学生知识水平、认知水平有限，学生难以理解，光靠想象不能很好地理解和吸收教师讲授的知识。这要求教师要做到"简单化"和"分解化"，将理论知识结合实际内容，引导孩子们像美术家一样去创作。孩子们天然地喜欢有趣的方式，希望老师能够采取独特有趣的教学方法吸引他们的兴趣，在轻松愉悦的课堂中获取知识，并能够像画家一样思考。

第三，学生作品呈现两极分化，缺乏学习的主动性。造成这一现象的原因是由于大家对美术课的重视程度不足，尤其随着年级的升高，美术课没有考试和家庭作业，学生并不重视美术作品的创作完成，且出现两极分化的情况：基本功扎实的同学会认真对待，作品优秀；基础薄弱的同学干脆不画或应付完成。核心素养本位下的教学不仅对教师教学提出了要求，同时也要求学生应当主动参与到学习中去，不断拓展自己的美术思维，要像画家一样去思考。一些教师和学生习惯了"被动"的学习方式，教师一味地传授讲解内容，留给学生思考的空间不足，缺乏正确引导，因此我们需要提高小学美术教学课堂的质量，加强老师和孩子们的互动，学生们才会充分发挥自己的兴趣去学习。

二、小学美术教学方法的创新策略

首先，重视课堂"导入"环节的重要性，让学生主动发现问题，有质疑的能力，激发学生解决问题的欲望，在解决问题过程中学习美术知识。教师在示范绘画范画时，应充分认识到"导"的重要性，可按学生不同的水平，课前准备几幅范画，用不同的创作构思，同时，在范画中将以前学过的技法和新技法巧妙结合，这样就能让学生学以致用，学用结合。教师可以将范画作为吸引学生的“糖果”，激发学生创作的“火花”。此外，教师还应拓展学生课外知识，获取大量的信息，拓宽孩子们的视野，也是激发学生创造性思维的好方法。拓展学生的知识面，拓宽学生的视野，将美术在生活更多的应用和创造展现给学生，这样也可以激发学生学习的欲望，并能在以后的创作中大胆发挥自己的创造力。例如在小学一年级“泡泡飞呀飞”一课中，我们在引导学生观察不同形状、不同颜色的泡泡，完成本课造型表现目标后，可以课外拓展，将利用彩色的泡泡飞落在纸上，所产生的肌理效果的视频，展示给学生看，不仅可以激发学生兴趣，还能拓展学生思维。

其次，将抽象的知识融入实际生活中去，与实际经验相结合，便于学生更好地加深印象，激发学生学习的欲望。例如在讲授小学四年级“色彩的冷暖”一课时，单纯讲授冷暖色的概念，让学生知道哪些颜色是冷色，哪些颜色是暖色，它们又分别具有怎样的特点，这是较为抽象的，我们可以根现实的例子，引导学生真实地去感受不同色调带给他们真实的不同的感觉。我们可以用学生身处的教室举例子，教室的墙面是蓝色的，我们可以向学生提出问题：“为什么教室墙面不是那些偏红、偏黄的颜色?”学生产生质疑后就会思考，通过对比后发现蓝色可以使人镇定、安静，内心平和，更利于同学们学习。如果是偏红偏黄的暖色调，会让人无法安心学习。同理，学生也可以举一反三，举出医院、幼儿园等冷暖色实际的应用，通过切身感受深刻认知到冷暖色的特点。这样比教师一味地传授要具体得多，孩子们在发现问题、解决问题的过程中获取知识。孩子对于周围的事物还是有着很多疑问的，这个时候就需要教师将事物具体化起来，这样更有利于提高课堂教学的有效性，同时也是核心素养本位下美术教学的概念体现。

再次，教师要学会分层次教学，并根据教学任务的实际需要，有目的、有方法地选择，对于低年级学生来说，遇到较难的且需要学生动手能力的学习内容，教师可以带领学生学习。例如初学水墨画时，教师可以从笔墨纸砚开始介绍，从构图和用笔开始学，对用笔、用墨、用色的处理方法——示范讲解，学生脚踏实地、踏踏实实地学习，能较快地掌握技法，同时能持久地维持学习的积极性，能自信地完成创作。高年级的学生在质疑、解惑的能力上较强，并有了一定的思维方法，因此教师可以参照本课的教学目标，在基本的美术技法和基础知识上稍做引导，鼓励学生大胆地完成创作，融入自己的想法。教有法而无定法，教学方法是灵活多样的，我们要培养学生发现问题和解决问题的能力，教会学生融会贯通地掌握知识，面向全体学生，使每一个学生的美术素质得到提高，为他们的身心全面健康发展打好基础。

小学阶段的美术课堂教学其目的在于对学生综合素质的培养与发展，不仅是对学生品格的培养，也是锻炼学生解决问题的能力，符合核心素养本位下的要求，注重并加强学生与教师之间的互动，培养学生学习的主动性，强调将核心素养本位下的教学理念融入日常教学中去，真正保障小学美术课堂的有效教学，提高教学的质量和效率。

小学生音乐创造能力的培养

路丽阳

《义务教育音乐课程标准》指出："创造是艺术乃至整个社会历史发展的根本动力，是艺术教育功能和价值的重要体现。音乐创造因其强烈而清晰的个性特征而充满魅力。"创新人才的培养依靠创新教育，但是长久以来传统的教育模式不利于学生思维的发展。学生被动地在课堂中接受"应答式"的训练，独立发现问题和提出问题的主动精神被压抑，这在无形中削弱了对学生创新能力的培养。

首先是教师的"教"。儿童是与音乐非常亲近的人群之一，从某种意义上说，每个儿童天生都是一个音乐家，每个儿童都喜欢在音乐中游弋。然而实践证明，传统的教学模式并不能有效激发出学生对于音乐的热情，相反，传统小学音乐教育以传授音乐知识、训练音乐技能为主要的教学目标，以教师为中心，以教材为教学半径，把音乐教育禁锢在固定的区域内，使学生常常处于被动地位，学生的创新意识和热情受到极大的抑制。学生的音乐基础是参差不齐的，其中不乏音感一般的普通学生。对于这类学生的教学，音乐知识、音乐技能的传授必不可少，但过分强调这方面的训练，可能会使他们对音乐的兴趣、热情消耗殆尽，对音乐产生厌倦感。这时，教师就要努力让不同程度的学生都能在自身基础上获得创新性的发展。音乐是时间的、表现的艺术，在众多艺术门类中，它的创作自由度是最高的。这就决定了音乐教学过程不能是封闭的、孤立的。它应是学生对音乐的认识与对音乐的实践辨正统一的过程，是教师主导作用的发挥、学生主体能力的生成和发展的过程，是动态、变化、发展的过程，是极具开放性的。在开放的音乐教学中，教师应营造一种民主、自由、轻松、愉快的氛围，创设良好的师生关系。老师大多数时间可以走到学生中间，缩短和学生的距离。教师应是导演，能够有序地领着孩子走进音乐的殿堂，不断给孩子新的内容，让他们有新的发展。教师又应是演员，与孩子们一起欢歌跳跃。教育心理学认为，如果教师与学生之间能形成友好信赖的关系，那学生就可能更愿意和教师相处，接受老师的教诲。同时在这种平等、和谐、热烈的氛围中，能更好地激发学生学习和创造的积极性。当然在这里就更要提高教师自身的专业素养和不断钻研教学的精神。比如说，精细地挖掘教材。在教学中，教师应充分利用和挖掘教材内容的时代性、教育性、趣味性、实用性，不仅应着眼于学生掌握音乐知识和技能，更重要的是充分理解和挖掘教材各项教学内容中的创造因素的内涵。如自制简易打击乐器、听音响做体态动作、听音响绘画、听音乐故事、结合器乐教学为歌曲编配简易伴奏、结合歌曲教学进行抒发音乐情感创造性的表现和处理，结合欣赏教学有创造性地回答学生在音乐欣赏中提出的问题等，使学生对音乐产生并保持一种积极的心态，养成爱好音乐的良好态度，树立学习音乐、学好音乐的信心。有了教师的努力，孩子们也会自然潜移默化地受到感染。再比如在音乐欣赏课中，同样的音乐往往可以让不同的学生产生不同的联想。正如人们常说的“一千个读者心中，就有一千个哈姆雷特”。音乐欣赏能够激发学生的内心活动，这是带有很强的主观性的。每个学生的内心世界是多姿多彩的。教师应搭建让学生自主表演的“旋转舞台”和“梦想剧场”，使学生的心理素质、协调能力和创新思维都能得到良好发展，让学生成为学习音乐的主人，让音乐课真正地“活”起来，让音乐课真正焕发出生命的活力。

师生间的感情最能唤起学生学习音乐的动力，所以学生与音乐作品情感上达成共鸣也是学好音乐的关键。音乐是情感的艺术，没有情感的音乐是苍白的。作曲家的生活体验越丰富,越深刻,产生的情感也就越真挚、越强烈,这情感将产生强大的推动作用,将作曲家的创作推向一个高潮。从要扼住命运咽喉的《命运交响曲》到《欢乐颂》,从唤醒人们灵魂的《义勇军进行曲》到《我爱你中国》,这些优秀的音乐作品无不蕴涵着真实的情感,能够引起人们共鸣、激动、想象,这些真挚的情感浸润、震撼着人的心灵。孩子们的内心同样蕴涵着多样、深厚的情感,这种情感一旦被触动,必然会自然地宣泄、流露。因此,作为老师,我们更应该抓住良好时机来调动学生的情感,打动学生内心的情感。

教师应充分激发学生的创造性思维,这是培养创造能力的核心。创造能力的培养,其核心是创造性思维的培养。发展创造性音乐教育,要求音乐教育的引导者能够使学习者充分发挥创造力,用音乐打开学习者想像的闸门,培养他们的创造思维能力,使他们学会以审美的态度感悟人生,认识社会。首先,教师要培养学生的形象思维,发展其想象能力。音乐教学中培养学生形象思维及想象能力,应从“听”入手。音乐是听觉的艺术,教学中以听觉为先导,可使学生在学习中获得美感和情感体验,激发学生音乐情感,发展学生的音乐创造能力。音乐教学中的“听”,应充分调动和激发学生的形象思维,引导学生走进音乐中,去发现、探索。“引导”就是教师让学生在聆听的基础上利用谈话、讲授、讨论、图画、演示、创设意境等多种手段点拨、启发学生,通过音乐艺术实践,使学生感受到乐曲特点,让学生利用已有的欣赏经验去联想、想象、体会、感受和理解音乐作品的艺术表现力和表现形式。低年级可采取游戏情景模式,让学生在游戏中感受乐曲的情感和音乐形象,对中高年级可以采取活动参与模式,引导培养学生在随意和注意中感受和发现音乐中的基本要素。学生的想象力丰富,创作思维活跃,这种天性的潜能,如果我们都视而不见,不去挖掘,势必无法挖掘学生的创作潜能。我们要以学生为中心,让他们自主探索,自信创造,挖掘学生潜在创造力,帮助他们产生创造的欲望,实现创造的结果。艺术的生命力就在于有所创新,要充分发挥创造性思维,推动一切艺术的发展。老师应该鼓励学生自主创造、突破常规，也许就会有学生能创作出全新的音乐作品。音乐是情感、听觉的艺术，离不开想象。形象思维在音乐学科中应用得最为广泛，如欣赏、歌唱、视唱、演奏、舞蹈、作曲等音乐活动，都需要有丰富的想象力。儿童的想象力最为丰富，他们能乘着歌声的翅膀描绘心中的蓝图，谱写出心中美的旋律和动人的歌谣。这不仅是学生的创新思维，更是学生真实情意的再现。因此，创造教育也应该注重想象力的培养。

课堂教学是培养学生创新与实践能力的主要阵地，音乐教学中教师要灵活选用发现教学法、问题教学法、情景教学法、开放式教学法等先进教学方法，针对音乐学科特点和教学内容经常变换教学方法，让学生在不同的情景中动口表达，动手操作，举一反三，触类旁通，使他们的创造力得到较好的培养和发展。教师还要加强音乐活动教学。音乐活动课是音乐课的延伸，音乐活动课这种特殊的课堂教学形式，使学生创造思维的空间更为广阔。音乐活动课除完成基本教学任务外，更多的是要把活动的主动权交给学生，鼓励学生编创歌、舞、音乐剧等活动。音乐活动课要特别注意音乐与相关学科的联系，它有助于学生扩大音乐文化视野，提升学生对音乐的体验和感受，提高学生音乐鉴赏、表现、创造以及艺术审美能力。开展音乐活动课可以有效激发团队精神、合作精神，有利于智力发展和良好个性心理品质的形成，有利于创新能力的提高。教师要为学生营造宽松的氛围，唤起学生的创新意识，音乐教育本就是以审美为核心，在教学过程中，营造宽松、和谐的学习氛围，尽可能地让学生参与到音乐教学各个环节中，鼓励学生自行探索，使学生敢疑、敢问、敢唱、敢于创新。当学生的创造性想法明显不对或不够完善时，教师也应首先肯定他们的创新意识，使学生产生积极的情绪体验，维持创新的热情。当然我们要以培养学生对音乐的兴趣为基础，引导学生积极参与音乐实践活动与音乐体验，这是我们音乐教学的主要任务之一。在教学中，学生是学习的主体，在音乐课上，教师必须提高学生主体地位，尊重学生意愿，通过师生间交流，激励学生积极主动地参与到学习创新中来。学生在课堂上自由畅想,自由创造,不受时间、空间的限制,使创新意识得到增强,产生浓厚的创新兴趣。

例如:在欣赏《玩具兵进行曲》的时候,教师可以首先展示出“玩具”这一标题,当学生一见“玩具”二字时,立刻会联想起他们自己喜欢的或者自己拥有的玩具,然后引导他们去想象玩具兵与音乐的关系,听音乐中的节拍、节奏等,想象玩具兵在干什么。听完音乐后,可以让他们跟随着音乐的速度以及节奏理解进行曲,认识到在规整的速度中出现了不规律的声响以及突出的音色变化,引导学生自主想象、感受玩具兵进行的律动,在此过程中使他们的创造才能得到展现,自主学习能力得到提高。

音乐教学不能局限在音乐课堂中,而应以课堂教学为轴,向学生生活的各个领域延伸,这样才能缩短音乐与实际生活的距离。我们可以通过多种渠道,借助社会力量,组织开展音乐活动。我们可以把学校音乐教育与社会实践结合起来,这样不仅能丰富学生的想象,而且能进一步激发学生创新动力,确立创新的理想。创新是在实践中产生的,创造性思维离不开实践的土壤。

声音是音乐的载体,想象是音乐的翅膀。学习音乐离不开对学生想象力的培养。在感受音乐作品的过程中,学生只有发挥想象力,才能真正感受音乐,才能发现音乐作品中蕴含的美。因此,教师在教学中应采取各种策略,培养学生联想。例如,在赏析《会跳舞的洋娃娃》这首乐曲时,作者营造生活情境,激发学生想象:先让学生感受三拍与两拍的强弱,感受其中不同的情绪。然后,通过演奏电子琴,让学生感受节奏。在学生聆听的过程中,教师通过肢体语言来表现其中的节奏,这样,学生也跟着模仿起节奏来。他们做出了各种动作,有的做切菜动作,有的做洗衣服的动作,还有的模仿敲键盘的动作等。在遇到强拍时,有的学生能用较快的动作或用响亮的声音来表现。在遇到弱拍时,学生的动作表现得很轻,或做出小心翼翼的样子。教师应给予他们更多的鼓励与肯定,从而激发他们的自信。除了赏析课,演唱课也是小学音乐中常见的形式,是培养学生创新思维的沃土。在歌曲教唱中，教师应容许学生对歌曲发表见解，可以在教学中尝试用多种演唱形式培养学生对音乐作品的理解，让学生通过讨论发表对作品的独特理解。例如，在教唱《歌唱二小放牛郎》后，学生在谈自己对这首歌的理解时，有的学生说："这首歌是表现王二小在危急时做出的决定，所以应把曲子处理得快速一些。这样才能表现当时情况的紧急。"从这里可以看出，在教唱歌曲时学生对音律的理解反映出他们创新思维。在演唱《捉迷藏》时，我们可以鼓励学生创演，学生可以根据歌词中的春、夏、秋、冬四个娃娃捉迷藏的情境开展创演活动。又如《幸福拍手歌》中让大家拍身体的其他部位，在充分的表演中感受到音乐给大家带来的幸福感受。这反映了学生的想象力，从他们欢乐的表情与动作中我们可以看出他们在情景中的表现力。再比如，在上"小青蛙找家"这一节课时，由欣赏歌曲、感受和分析歌曲特点，通过四幅图片让学生自由想象出小青蛙找家的故事，让学生充分发挥想象，用听、说、演、打击乐器伴奏这四种方式来表现歌曲。在引导下，学生知道了乐器可以在创造下有不同的演奏方式，这样的活动集中了文学、艺术的内容，学生通过赏析课外歌曲就更能理解乐曲情感，同时让也增强了环保意识。总而言之，只有改革，才能不断创新。培养学生的创新能力是时代赋予我们教师的神圣使命，工作在第一线的音乐教师对于培养学生创新意识责无旁贷。只要教育工作者不断更新观念，刻苦钻研，大胆实践，勇于探索，就能为音乐教育事业创造出更加灿烂的明天。

其次，我国音乐教育发展的局限与固化的音乐教学模式息息相关。爱米尔·雅克·达尔克罗斯所创立的教学法传入美国已久，现在该教学法在美国仍非常流行，这是一种以发展儿童的音乐能力及创造力为目的的教学法。在西方国家，音乐教育模式多种多样，这些音乐教育模式的共同主题是"创造"，它强调在音乐学习的过程中主动探索、开拓创造。德国著名音乐大师贝多芬早期的音乐作品受海顿、莫扎特等人的影响，随着贝多芬对音乐的深入了解，对社会生活的进一步认识，中期以后，贝多芬的作品反映出他在自然地逐渐摆脱海顿、莫扎特的影响，作品中逐渐表现出自己的特点，连海顿也看出贝多芬的作品中出现了一些“另外的东西”，而这“另外的东西”实际上就是贝多芬在继承前人的基础上加以发展创造的结果。贝多芬继承了欧洲古典音乐传统，但他并没有到此止步，而是继续突破传统，进行创新，直到形成自己独特的艺术风格。他有一句名言：“为了获得‘更美’的效果，没有一条规律不可被破坏。”这话十分形象地展示出贝多芬大胆突破，勇于创造的精神。德国不但是世界上较早开展教师培养的国家，而且是学校音乐教育发展最早的国家之一，同时又是世界上音乐教师培养体系中比较科学和完善的国家之一。德国的音乐教育与其整体的教育模式相关。在德国的基础教学中，学生的兴趣类课堂是可以自主选择的，选择包括两个方面，一方面是对兴趣课的选择，另一方面是对上课时间的选择。这样的教学模式决定了在音乐课堂上进行学习的同学绝大部分都是热爱音乐，是对音乐有一定兴趣的同学。另一个选择也决定了学生有充足的时间来了解音乐，为学生进入音乐的世界打开了方便之门。中国的教育模式决定了音乐课堂的设置，包括时间、内容等核心方面。这样的教育模式制定相对科学，能够较好地完成教学目标，但是也容易压制同学的积极性和创造性。

音乐课一定要走出小小的课堂。随着社会的不断进步发展，音乐课不再是一架钢琴、一台录音机就能对付得了的，在教学过程中，现代化的教育技术成了课堂教学的必要手段，它信息量大，交互性强，快捷简便，直观形象。电视、广播、网络等各种媒体，开阔了学生的视野，拓展了音乐文化范畴，可以让学生获得古今中外各种音乐信息，也可以开展综合实践活动，把课堂延伸到更为广阔的创新空间。

作为小学音乐教师，我们应该紧跟时代的步伐，创造性地开展教学活动，努力在教学活动中培养学生的创造性思维能力。音乐是一门艺术性很强的学科，只有在创造性的学习中，才能把音乐艺术演绎得精彩纷呈。音乐教育并不是为了培养音乐家，而是为了培养和提高人的整体素养。人类已经跨入了崭新的21

世纪,音乐教育也应该走出传统教育模式。教育者应该本着以“创造”为主题的教育思想去挖掘学生的创作潜能,发展学生的创造性思维。新世纪的发展腾飞更需要有创造思维的人才,我们新时代的教育者理应更新思想,去激发学生的创作兴趣和欲望,去燃烧他们内心的情感之火,发展学生丰富的想象力和灵感,让孩子们唱出自己的歌,也自然地使他们的头脑得到训练,身心得以发展,创造思维得以发展,全面素质得以提高。

有句谚语说得好:“一只狮子带领的一群绵羊能够打败一只绵羊带领的一群狮子。”这句话说明了领头人的重要。教师是教学的组织者,是学生学习的帮助者,必须重视自我素质能力的提高。有人说:“创新是无处不在的,处处可以创新,人人都可以创造。”这说明创新具有普遍性。我们应该通过音乐教育来启迪学生的思维,培养学生的创造性思维能力。

在小幼衔接中培养学生良好的数学习惯

■ 闫薪羽

由于小学生年龄较小，刚刚踏入校门，对于学校学习和生活都不是很了解，还处于懵懂的状态。他们就像一张白纸，需要由老师和家长不断带领他们学习、适应学校的生活，这是培养他们良好习惯的最佳时机。习惯是一个人在长时期中逐渐养成的、一时不易改变的行为或倾向。教育家乌申斯基说："良好的习惯，是人在他的神经系统中所储蓄的资本，不断在增值，而人在其整个一生中就享受着它的利息。"教育家叶圣陶说："教育是什么？往简单的方面说，只需一句话，就是培养良好的学习习惯。"两位教育家的话足以说明培养学生良好的学习习惯的重要性。刚入学的学生需要教师培养其学习习惯，其中包括自主学习的习惯、专心倾听的习惯等。

一、培养学生自主学习的习惯

兴趣是学生最好的老师，兴趣是最大的动力。在教学时，教师要充分调动学生的积极性，精心准备好每一节课。教师可以通过讲故事、猜谜语、趣味答题等多种形式引入新课，抓住学生的注意力，让学生以一个饱满的精神进入教师创设的教学课堂，如在教学"10 的认识"一课时，可以采用猜谜语的形式，在本节课之前，学生已经认识并会写 10 以内的数字，教师说出谜题，学生回答。这个数在尺子上表示起点，什么都没有也要用到它，学生根据之前的学习都能猜出这个数字是 0，下面的数字是 0 的一个邻居，由于学生已经学习了相邻数，可以知道这个数字是1，教师层层递进，把这两个数放在一起，让学生猜是哪个数字。这样引入了本节课对于数字10的认识，通过这个猜谜语的环节，不仅让学生更快地进入课堂，更快地掌握本节课的知识。

在上课期间，教师要以饱满的热情、生动的语言、多样的评价方法，让学生在40分钟内集中注意力，由于一年级的学生较小，在教学初期，让他们在40分钟内保持良好的学习状态很难，这就要求教师在开学初期就给每位学生做好规定，可以通过一些口令及时整顿班级纪律。在教学过程中，也可以采用闯关、师生互动、生生互动等形式增加课堂的趣味性。

二、培养学生专心倾听的习惯

会听是会说的前提，学生在倾听教师的讲解以及他人的意见时才能使自己得到提高。所以在课堂上，教师要培养学生上课认真听讲的习惯，由于一年级学生注意力容易分散，在学习用品准备时，尽量准备一些简单的、必需的，防止学生被其他事物影响。在教学知识点或重难点时，可以让多名学生重复老师所说的话，部分知识还可以编成儿歌以便于记忆，如在学习“ < ”“ > ”时，两种符号容易混淆，教师可通过儿歌“一条大鱼和小鱼，大鱼在前叫大于，小鱼在前叫小于”帮助学生分辨。

善于倾听不仅要听老师的话，还要听其他人的意见，学生可以通过生生评价的方式，发现其他人的优点进行学习，让每位同学得到提高。教师应多创造展示自我的机会，鼓励学生积极举手发言，学生举手不仅仅是回答问题，也是提醒自己集中注意力，在学生回答问题时，不仅要答对，更要在低年级培养学生说完整话、用数学语言来回答问题。当学生回答问题出色时，可以采用表扬的方法，或其他同学重复的方法。这样无形中树立了良好的榜样，使班级有一个互相学习的良好氛围。

三、培养学生积极实践、动手操作的习惯

一年级的数学教学中，侧重于数数、20以内的加减法，这就需要用到小棒拆分、组合。如在教学10的认识时，10的分与合有多种情况，学生在自己想的过程中会出现重复、遗漏的现象，这时可以借助小棒，把10根小棒分成两部分，一边分一边记录，培养学生的动手能力。在后续的学习中，可以让学生摆脱实物，在脑海中呈现小棒分的过程，以此来培养学生抽象思维能力。

数学解决方法是多样的，例如在教学解决问题“一共有多少人?”时，学生通过观察图片，发现可以从不同角度收集信息，比如从性别的角度，分为男生和女生;从位置的角度分为前排和后排。学生用学具将所看到的信息摆出来。本题培养了学生多角度思考和动手操作的能力。

在教学认识图形一课时，学生第一次接触立体图形，我们可以让学生摸一摸、看一看、想一想，说出每个立体图形的特征，在教学时可以把正方体和长方体放在一起进行比较，学生会发现它们的共同点是都有六个面，每个面都是平平的，角是尖尖的。那么怎么区分长方体和正方体呢? 通过观察，学生发现正方体的每个面都是相同大小的，而长方体是相对的两个面相同，学生通过对比能够进行区分。在教学圆柱和球时，学生观察到它们的共同点是都可以滚动，不同点是球的每一面都是圆形的，圆柱是只有两面为圆形，侧面观察是长方形的。学生通过动手操作感知物体的特征，加深对立体图形的认识。

四、培养学生的书写习惯

学生在进入一年级后，比在幼儿园有更多的书写要求，因此我们要培养学生良好的书写习惯，其中读书的习惯、握笔姿势、书写习惯都要有所要求，教师也要以身作则，因为低年级的学生模仿能力最强，教师要用规范的书写给学生做一个良好的榜样，如在教学数字1~9的认识时，学生已经有了对这些数字的基本认识，也会写这些数字，但是并不规范，这就要求教师讲授如何在日字格中规范地书写数字，要注意的问题是什么，进而让学生养成规范写字、数字的习惯。在教学时，画图、符号都要借助规范的工具来完成，在连线、写符号时要用尺子，这样书面不仅工整漂亮，也给学生一种潜移默化的影响。在教学解决问题时，数学信息、问题和等式都可以画线再写，这样不仅用简单的文字降低了题目的难度，也养成了良好的数学习惯。“提出一个问题，比解决一个问题更重要”，通过这一过程，逐步培养学生提出数学问题的意识和能力。

五、培养学生自觉检查的习惯

在练习时，学生完成题目的速度很快，但是正确率方面不能保证，原因是学生思维活跃，觉得题目比较简单，没有用心答题，而且没有养成验算的习惯，这就要求学生成为“小小验算员”，在计算时，把结果再复核一遍，看看结果是否相同。在解决问题时，需要找好数量关系，检查数字有没有抄错，计算是否正确，符号有没有写错，单位名称是否有错或漏写。教师在作业时，对于学生马虎的错误，可以先不批改，让学生自己检查并找出哪里有错误，这样学生更能发现验算的意义，养成自我检查的良好习惯。也可以让学生准备一个错题本，把易错题目写在上面，在固定的时间温习，这样学生在改正自己“错误观念”的同时能够不断提高。学生在低年级养成良好的自我检查习惯是为高年级学习数学打下的良好基础。

六、培养学生应用与生活相联系

数学是解决生活实际问题的学科，与实际生活有着密切的联系，实际生活的经验迁移到数学学习中可以使学生更轻松、快乐地学习知识，如在教学认识钟表时，由于学生已经有了认识钟表的实际经验，学生联系实际，能够感受数学与日常生活的密切联系，加深学生对数学概念的理解和对身边处处有数学的体会。在教学“认识钟表”时，由于学生已经有了一定的生活经验，在认识时针、分针、秒针后，可以用钟表看时间，并归纳出认整时的方法：分钟指向12，时针指几就是几时。也可以自己制作钟表，拨一拨每个整时，更好地理解、认识钟表。

总之，由于学生和家长都是第一次进入正规化教学，在生活和学习上都有需要适应的时间，教师应多跟学生和家长沟通，做到家校一体，通过我们的共同努力，让学生有一个良好的习惯，为以后的美好校园生活打下良好的基础。

用数形结合思想提高学生的数学素养

闫薪羽

一、数形结合的含义

数学家华罗庚说过:“数形结合百般好,隔裂分家万事休。”数与形是数学中最古老也是最基础的研究对象。数形结合思想是数学众多思想中的一种,同时也是贯穿整个小学数学中尤为重要的数学思想方法。数形结合思想包括以形助数和以数解形两种最基本的类型。它将抽象的数学语言、代数关系与直观几何图形、位置关系相结合,使数学问题具体化,从而有助于问题的解决与思考,达到问题解决的优化原则。

二、数形结合的原则

(一)“形”的精确性原则

小学生还不具备学习抽象数学的能力,而数形结合思想的运用使抽象的数学变得直观形象。正确且简便地解决数学问题对于“形”的要求是很严格的,我们要根据数学事实真相精确地将数用形表达出来。

形的精确性是非常重要的。精确的图形是问题分析的有利帮手,否则,粗糙的图形可能会误导学生对于数学问题的理解,甚至彻底否定数学问题的原意,脱离了轨道。数学问题得不到解决还会造成知识的理解困扰。想要将形定位准确也有一定的原则:

1. 深刻理解题意

用“形”正确概括题意是数形结合思想的核心内容，也是最重要的部分。而深刻理解题意就是前提。

认真审题，清楚题意，找出已经条件与要求问题是解决数学问题的一般规律。我们要深刻挖掘数学中的隐藏条件，在小学数学教学中尤其要培养学生认真审题的能力。养成习惯后，学生在审题中就会形成自己对于数学问题的整体把握，随着时间的迁移，这种把握会越来越准确。这是一种需要逐步培养的能力。对于题型有了准确的把握才能根据题意做出正确的图形，进而正确解决数学问题。

2. 思维的深度与广度

所谓思维的深度与广度就是时间能力的具体体现，也就是应用能力的体现。数学思想能锻炼思维能力，而思维能力的高低不是一瞬间的体现，而是在学习生活中一点一滴积累与训练的。

思维的深度与广度决定了“形”定位的准确度。拥有较深较广的思维，对于“形”的精确性的把握就更加准确。明了、准确的“形”是问题解决的利刃，能够如虎添翼般解决困难复杂的数学问题。

3. 数形结合的等价性

数学具有严谨性，一切有疑问、争论的结果都不能成为数学结果。因此，数学是容不得一丝一毫的马虎的。数学思想亦是如此，数形结合在运用过程中要严格遵守等价原则。这里面的等价当然说的就是“数”与“形”的等价。

在数形相互转化的过程中，我们要尊重客观规律与事实，不可主观进行增减。不论是“数化形”还是“形助数”，我们都要尊重数学的客观规律。变化过程中每一步骤都要有凭有据。只有这样才能正确地将数形结合的作用发挥出来，从而为己所用，否则，按照自己的主观猜想随意转化只会让数学真相离我们越来越远。

（二）数形结合的渗透性原则

数学方法教学是依附在数学知识教学中的教学。虽然数学中存在众多的数学思想方法，但是在小学阶段，数形结合就是小学数学知识的精髓，教材中处处渗透着数形结合的思想方法。所以我们应该以数学知识为载体，挖掘教材中存在的数形结合思想，将其适时地渗透在日常教学中。

教材中数形结合思想内容渗透在数学的知识点中，内隐在教材中的数形结合思想需要从数学知识中提炼。比如：到了小学四年级，就要学习解决问题了，解决问题的题目对于初次接触的小学生来说具有抽象性。在学习过程中，教师不但要结合生活进行教学，还要运用图形帮助学生理解题意，才能达到理想的教学效果。教师要有一双能够发现的眼睛，挖掘教材中隐藏的数学思想，认真钻研教材，这是在数学教学中渗透数形结合思想的前提。

了解了教材中隐藏的数学思想，接下来就要选择合适的渗透方式。由于数学思想的形成较数学知识体系的形成是一个更加复杂、长久的过程，同时，又受学生年龄、学习程度等的影响，选择合适的方式、恰当的时机向学生渗透数形结合思想就尤为重要。在向学生渗透数形结合思想时要遵循阶梯式教学，符合学生的认知水平。在渗透过程中要经历孕育、形成、发展应用以及深化四个时期。

孕育期就是低年级学生通过图形、模型等实物学习数学知识，反复孕育数形结合思想方法，让学生初步认识数形结合思想的意义与价值，做到初步渗透。形成期就是由学生主动领悟形成数学思想的运用过程，会运用线段图与数学模型等方法去解决实际问题，初步形成数形结合思想的雏形。发展应用过程发生在高年级，在低年级两个阶段，数形结合思想的不断渗透与学习，在这个过程中学生能够自主发现运用数形结合解决问题，发现更加高级的数形结合思想价值与意义。到了深化阶段，学生已经实现了数形结合思想的灵活运用，数形结合思想已经成为数学学习中的主要思想。学生能够准确地分析数量关系，将代数与几何有机联系在一起，成为终身受益的能力。

（三）数形结合的简洁性原则

数形结合的简洁性原则是有效性原则，尽量将图形做到简洁明了，繁复的作图会使题目更加复杂。不仅图要简洁，数也要尽量避免复杂，这样可以降低失误，这才是运用数形结合的最终目标。

（四）数形结合的双向性原则

1. 化数为形

数学中“数”和“形”是相互对应的。有些数量关系比较复杂就需要借助图形来帮助理解。这种方法往往在问题解决中具有定性作用，因此我们就需要将数对应的形找出来，利用图形的直观性的优势解决问题。

小学数学六年级在学习分数除法的规律时，为了让同学们深刻理解这个规律，我们可以利用线段图来帮助学生理解。教材中是以一道应用题引入的：

小明从家到学校，小时走了 2 千米，小红小时走了千米，小明和小红谁走得快？

同学们都能根据学习过的公式“速度 = 路程 ÷ 时间”列出算式，但是同学们还没有学习除数为分数的除法的计算方法，如果直接告诉他们除以一个分数等于乘这个分数的倒数，同学们会有疑惑，从而只能死记硬背，不利于数学思维的培养。教科书中注意到了这个问题，便运用线段图自然的解决的这一疑惑。

书中以小明同学为例，是这样展示的：

小明平均每小时走：2 ÷ 怎么计算呢？我们画个图试试：

同学们根据线段图表达的内容，很容易列出 $2\times\frac{1}{2}\times3$，教师适当引导后，学生能看出其中的奥妙，进而同学们自己就能总结出分数除法的规律。这样得出的数学规律既有利于学生的理解，也能够激发学生的兴趣，发展学生的思维。在学生创新意识的培养中，这种引导是非常必要的。

2. 以形助数

刘徽在《九章算术》注释中谈到“析理以辞，解体用图”，这反映了数形结合思想在古代数学中就是一种重要的数学思想。

以形助数在数学学习过程中最重要的作用就是帮助学生理解抽象的数学概念以及数学规律。例如,小学四年级下册,小数的意义与性质这一单元中,小数比较大小中关于小数末尾是零的比较。对于初步接触小数的学生来说,比较大小是彻底了解小数数量关系的关键。其中对于小数的比较,运用数形结合的思想就会起到很好的教学效果。如对于0.1米、0.10米、0.100米这组小数比较,运用数形结合思想说明这组小数是相等的就非常简单。同学们把这几个小数化成整数,就是1分米、10厘米、100毫米,然后在本子上分别画出这组小数的长度,同学们自己就会发现是一样的长度,这说明这三个小数相等。接下来就可以用事实告诉同学们一个道理,那就是小数末尾的零可以去掉,大小不变。由此可见,以形助数对于数学概念教学有着显著的效果。

三、数形结合的功能

(一)有助于数学知识的记忆

数学不仅仅只是计算的学科,数学也需要记忆。通常来说,数学中的记忆更复杂,更具有抽象性。如果不能理解而死记硬背的话,记住的只能是表面的公式,并不能合理运用在生活与工作之中。因此小学生在记忆数学时就需要将抽象的数学语言与图形结合起来,也就是运用数形结合的思想将数学知识扎根脑海。笛卡尔曾经说过:“没有任何东西比几何图形更容易印入脑际了。因此,用这种方式来表达事物是非常有益的。”

例如,四年级数学第五单元三角形一节的学习过程中,第一课时是说出三角形的特征。如果我们在教学中直接说三角形就是由三条线段首尾相连而组成的图形,由学生根据这句抽象的数学语言自己想象什么是三角形、三角形是什么样的,下一次教学再问同学什么是三角形时,同学们很难叙述三角形的定义。对于这一课时的学习我们就需要将各式各样的三角形图案摆出来,给同学们看看什么样的图形属于三角形。用图形来帮助同学记忆三角形的定义,下次再复习时提起三角形，就有了图形，学生很容易就能说出什么样的图形属于三角形。这就是数形结合的记忆功能。

（二）有助于数学问题的思考

数学是一门复杂的学科，需要不断思考、不断研究才会不断前进。小学数学是基础，打好基础、学会思考将会使学生受益终生。

在数学学习中，我们不仅仅要教给学生们解题的答案，而要教给学生解题过程。这个过程不是书面上的解题步骤，而是脑海里的思考过程，也就是对于一道题的思考过程。让同学们学会思考，那么我们就能很好地举一反三，甚至能够创造新知。在小学就培养学生这种意识，让其勤思考、爱思考，那么学生才会越来越灵活。赞科夫说："教会学生思考，对学生来说，是一生最有价值的本钱。"由此可见，数形结合的思考在小学数学中有着至关重要的作用。

在一节听课过程中，我听到了这样一道题：长方形长 10 厘米，宽 6 厘米，现在将长增加 2 厘米，长方形面积增加了多少？学生的回答是这样的：学生 1："$10+2=12$（米），$12\times6=72$（平方米），$10\times6=60$（平方米），$72-60=12$（平方米）。"学生 2："$6\times2=12$（平方米）。"两位同学算出结果是一样的，也都是正确的答案，但是步骤不同，这样的原因是什么呢？经过询问，学生 2 是通过画图形，直接根据图形就得出答案，简单明了。这是一个典型的例子，充分证明了数形结合能使问题简单化、使数学易于思考，开拓了学生的思维。

四、小学生数形结合运用存在的问题

小学生运用数形结合能力弱是多方面因素造成的结果，有学生自身因素，也有外界因素。

（一）自身因素

在小学阶段，儿童心理特征的特点决定了学生的思维方式以形象直观为主。而数学是一个抽象的学科，学生处在一个从直观思维向抽象思维转化的过程，在这个过程中，由于同学们对于图形的接受能力强，教师要抓住这个特点，积极帮助学生完成思维的转化。

处在这个特殊的年龄阶段,学生不能将数字与图形紧密联系在一起,教师应该发挥主导作用,引导学生将数形结合自动归纳到数学问题解决的方法中去。

(二)外界因素

1. 对教材中数形结合的基础知识不够重视

虽然教师都知道,数形结合是小学阶段最为重要的数学思想,但是教师对于这方面教学的方法以及重点不够重视。这导致教师在教学中,无法将教材编写者的意图表达出来,再次钻进传统教学的误区。

教师对于数形结合能力培养不重视的原因是教师没有深刻领悟到数形结合数学思想的内涵以及运用的便捷,依旧按照传统方式向学生传授知识。然而,传统教学已经不能适应现在教育的发展了。教师这种传统的教育方法不利于现代教育事业的发展,也不利于当代人才的培养。

新时代对于人才的要求不再是能将前人知识统统学会,而是能够将前人的经验总结创新,形成属于自己的独特知识体系。在飞速发展的教育事业面前,这点尤其重要。所以教师要提高自己的认识,改变自己固有的思维模式,勇于创新,将数形结合的数学思想勇敢地带进小学课堂,培养小学生的数学思维。这是教育对新教师提出的要求,更是对有经验教师提出的挑战。

2. 数形结合在教学中存在问题

有一些教师意识到了数形结合思想在小学数学中的重要性,也有意识地将数形结合思想带给了学生,但是为什么效果微乎其微呢?这其中有多方面的原因。教师在教学中占主导作用,所以教师要根据多方面因素进行教学。数形结合的运用是有一定的原则的,在运用过程中要严格遵守这些原则才能起到事半功倍的效果,否则会成为一节课的累赘,反而不利于教学。

除了以上讲到的一些原则,教师还要分析儿童的心理特征,根据儿童的年龄阶段选择适当的数形结合形式。对于低年级的小学生,可以用一些与实际生活接近的图形来帮助学生理解,一点点渗透数学思想。年级高一点的学生有了自己的主观意识,这时低年级用到的模型不足以引发学生的兴趣,这时就需要教师发挥自己多年的经验,积极发掘学生感兴趣的事物,从中渗透数形结合思想。这样既增加了学习的趣味性,还激发了学生的学习兴趣。

对于教学中存在的种种问题,每个学校应该加以重视,并根据本校的情况提出可行的方案,才能使教育最优化。

五、培养小学生数形结合素养的方式

数形结合思想的培养需要一个循序渐进的过程,在这个过程中需要各个方面共同努力,将数形结合思想扎根于小学数学教学中,扎根于学生的脑海里,成为学生自己的知识与能力。

(一)学校教育

培养小学生数形结合思想的重要任务最主要还是在教师的身上,对于此,教师应做到以下几点:

1.重视数学思想方法学习,提高数形结合能力

纵观小学数学一至六年级的知识可以看出,编著者着重培养小学生数形结合的能力。整部教材都贯穿着数形结合思想,以帮助学生从直观到抽象地建立数学体系,发展数学思维。在这种背景下,教师更要加强对于数学思想方法的学习,建立数形结合意识,领会数形结合内涵,使数形结合思想深入脑海,才能在教学中无时无刻给学生们渗透这种思想方法,使这种思想方法深入学生们的心中,从而得到灵活的运用,为学习抽象的数学培养良好的数学思维,提高学生的数学学习能力。

另外,教师应该注重自己的模范效应。小学生就像一张白纸,教师在教学过程有怎样的操作,在小学生的一生就会留下怎样的印记,所以教师要尤其重视自身数形结合能力的提高。在教学过程中,教师要重视作图的准确性、作图

工具使用的正确性以及对于一种数量关系作图表达的多样性。只有这样才能将正确的数形结合知识输入小学生的脑袋，帮助他们将数形结合思想运用得灵活、有效。

2. 重视由数到形的教学，数形有机结合

形是数的形象的直观体现，数是形的抽象的逻辑表达，数与形是辩证统一地存在于整个小学数学中。小学生的思维方式是以形象逻辑思维为主，逐步向抽象逻辑思维方式转化。而数形结合就承担了这一转化任务。以形助数是学生们的顺向思维，教师要善于训练学生的逆向思维，也就是化数为形。将代数问题与几何问题紧密联系在一起，做到融会贯通，才能真正理解算式的意义与内涵，做到形中有数、数中有形、数形结合，从而提高能力。

3. 重视思维能力的培养

现代数学教学最大的弊端就是单方面地重视学生成绩的提高，对学生思维能力提高的关注较少。不可否认的是，学生成绩的提高是检验学生学习程度最有效的方法。但是，这一方法却忘记了在提高成绩的过程中仍要培养学生创新的思维方式，而不是对前人数学成就的照抄照搬。

因此，教师应注意对学生数学思维的培养。作为小学阶段最为主要的数形结合思想的培养就显得尤为重要。教师可以自己根据意图去编一些应用题，引导学生运用数形结合思想去用不同的方法解决，锻炼学生全面思考问题的能力。在这个过程中由同学们自己钻研，有效地帮助了学生自身知识的大迁移，还有效地激发了学生的兴趣，增加了对数学学习的信心。

4. 考核体现

考核体现是指在对学生进行知识考核过程中要有意识地引导学生运用数学思想方法，注重体现数形结合思想的运用的重要性。这就要求教师在对考核内容的把握上，要积极注入数学思想，使学生潜移默化地运用数形结合思想解决数学问题，从而达到思维方法的提升。长此以往，同学们就能从机械地学习转化为灵活地运用，从而发现数形结合思想解决数学问题的优势，促使学生领悟其精髓，提高解决问题的应变能力。在经过了这种方法带来的成功的喜悦后，教师还可以激发学生的好奇心与求知欲，发展学生思维的广阔性和灵活性。

（二）家庭教育

要培养小学生的数形结合运用能力不是只有教师单方面努力就可以了。家庭教育是小学生除学校教育外受到教育时间最多的教育，所以我们要重视家庭教育。

在家里的时候，家长对于孩子的教导也要有意识地去渗透数形结合思想的运用，让学生真正意识到数形结合的简洁与方便，从而有利于进行学校教学。

（三）社会教育

国家应该大力推广数形结合思想的教育，教育部也应该重视学生在这些方面能力的培养，加大宣传力度。

新课改将数形结合思想纳入其中，说明国家已经深刻认识到了数形结合思想的重要作用，接下来要严格实施，将这一思想落实到教学当中去，真正改变老一派教学方法，鼓励发展新型教学。我们要多开展实施新型教学展示，培养具有新思想、新教法的新一代教师，逐渐将数形结合思想自然地带入小学课堂。

在小学数学中，运用数形结合思想的地方有很多，针对小学数学的学科特征，结合小学生思维特性，教师应重点培养学生对于数形结合思想方法的运用，使学生在头脑中形成相关概念，让图形伴随着思维发展。这样可拓展学生的思维的深度与广度，使学生在数学学习中更加有深度，也使学生对于知识的学习更加深刻，更富有创造性。

数学思想方法不是一朝一夕培养出来的，也不是在短时间内就能看到成效的。意识到了数学思想培养的长期性，我们就要有耐心，循序渐进地巩固培养，并不断进行反思，在反思中不断成长。

在数学课堂教学中发挥学生的主体作用

闫薪羽

杜威主张"在做中学,在问题中学"。他认为,教学的任务不仅在于教给学生科学的知识,更重要的是促进并激发学生的思维,使其自己探索、发现并掌握真理和解决问题的科学方法。亚里士多德的教育思想注意学生发展的自然特点,引起学生学习的兴趣是最重要的。文艺复兴后,很多著名的人文主义思想家都很重视教育的问题,他们强调教师要尊重学生的个性,关心学生,信任学生,营造生动活泼的教学气氛。

我国儒家思想的代表孔子提出,要在教学过程中掌握学生的心理状态,充分调动学生学习的主动性和求知欲。蔡元培、陶行知等人提出"好的先生不是教书,不是教学生,乃是教学生学"。这都要求教师在教学过程中调动、激发学生的学习兴趣,发挥学生在课堂教学中的主体作用。

一、教师转变教育理念,研究课程体系

在教育理念的不断传承以及当今时代对教育的要求下,教师应转变"教师教、学生学"的填鸭式教学模式。教师普遍认为大部分学生并不具备自己学习、探索、掌握新知识的能力,所以在数学教学课堂中通过反复强调知识点、不断练习来加强学生的记忆,达到学会知识的目的。虽然在此过程中学生能够做对题目,也好像弄懂了其中的原理,但一旦出现变式题目,或没有例题的引导,学生就会不知所措。这就要求教师在备课时反复研究教学内容,了解课程上下联

系、相互渗透的关系，确立明确的教学目标，分解教学重难点，明确哪些是需要教师讲解的，哪些是学生通过自己观察或他人合作能够解决的。通过以上的分析，这就不会是一节教师满堂讲、学生漫无目的讨论的课堂，而是一节由教师点拨、质疑、解惑，学生讨论、探索、相互合作、相互学习的课堂。

这就要求教师能够创设良好的课堂情景，在低年级教学中，教师可以通过创设童话情景来吸引学生的注意力，引发学生思考，如在教学“7 的乘法口诀”一课，教师可以通过设问“同学们知道在森林里是谁救了白雪公主吗？白雪公主想感谢自己的救命恩人，于是便举办舞会来庆祝，小矮人不仅按时参加，每人还准备了七个气球，看看七个小矮人是不是都来了，一个小矮人拿七个气球是‘1 个 7’，两个小矮人拿七个气球是‘2 个 7’……七个小矮人拿七个气球是‘7 个 7’”。通过情景创设，学生不仅把数学学习与生活实际联系到一起，还能够自己发现数学知识，激发了学生求知欲和兴趣，为后面的教学打下良好的基础。

二、设计合理，科学教学

（一）教育信息化引入课堂

随着教育信息化的发展，教学不再是一支粉笔，一块黑板，越来越多的现代化设备引入课堂，如投影、无线传屏、教学视频……这些设备不仅能让课堂更加生动、活泼、直观，学生也更易理解。

如在教学“两位数加两位数”一课时，教师可以通过投影呈现小棒列竖式计算的过程，既让学生直观理解列竖式时要把个位与个位对齐的道理，又清楚地反映出竖式计算的过程。在学习了两位数加两位数的不进位加法后，教师可以组织学生分组交流算法，为后面学习两位数加两位数的进位加法做准备。

课堂教学中，在计算“35 + 37 = ?”时，教师坚持启发，组织学生分组交流算法，在分组过程中可以采用优、中、差学生为一组，大家交流从哪一位加起，先让学生用小棒摆一摆，学生发现单根相加满 10 的情况。此时教师适时点拨，重点突出单根相加满 10 根小棒，通过把 10 根小棒捆成 1 捆的过程，让学生理解进位道理，为竖式计算中的进位做好准备。

教师要适时质疑，引导学生分组讨论“个位5加7得12”，如何向十位进1，在个位上怎样写，让学生探索进位加法的计算方法。

同时，教师也要及时解惑，强调个位上的数相加满10向10位进的1怎么写和10位上的数相加时不能忘记加上个位进的1。通过以上的过程，学生自己动手操作，感悟算理；自主探索，明确算法；寻找规律，发展思维。在小组交流过程中，学优生施展自己的才华，带领本组同学解决问题，大家在发现规律的同时得到锻炼和提高。正所谓“独学而无友，则孤陋而寡闻也”，在现代信息化设备的支持下、教师的适时点拨下、团体的协助下，每个学生都能发挥主观能动性，事半功倍地学习知识。

(二)开展数学课外活动

陶行知曾说过，“种花要知百花开，育人要懂百人心”。小学低年级学生年龄较小，注意力时间较短，正处于爱玩的年龄段，如何把“玩”与课堂结合起来呢？如在教学“有趣的七巧板”一课时，在课堂上学生通过自己的创造，不断调整，发动自己的想象力和创造力，拼出一个又一个的美丽的图形。为了使每名同学都能欣赏到作品，教师可以通过无线传屏拍照或录制小视频的方式进行展现，还可以通过小组合作的方式，把每个人所拼的图案放在一起，通过学生的想象能力编成一个小故事，其中有一个小组拼出了守株待兔的故事。这样的一节课，学生用图形不断的拼组，在美好的时光中创造出美好的故事。

三、充分发挥评价的激励制度

在发挥学生主体的课堂中，教师要少说是什么，多说为什么，让学生的自主讨论占据较大一部分。由于学生在自主探索和小组合作中发现很多信息，这就要求教师运用教育机智进行评价激励、指导或纠正错误，“你说得真棒……如果在某些地方多改进一些就更好了”。这些话可以充分运用到课堂中。由于学生层次各不相同，教师可以提出不同的发展要求，对学优生多问为什么，在解决问题的过程中不断提出质疑，对学困生多表扬，多鼓励，从简单问题入手，维护每位学生的自信心。

总之，有效的数学学习活动不是单纯的教师反复强调，学生不断记忆，而应是学生动手实践、自主探索、合作交流。通过现代基础教育信息化的有效途径，教师课堂的根本性改变，学生的主体参与，达到以情促知，以知增情，情知交融的良好课堂。

培养学生可逆性思维能力

闫薪羽

思维是人的理性认识过程，思维能力的高低影响着一个人学习的效果，从数学学科来看，数学是一种学科，更是一种文化，在数学教学中，教师应通过实际情景，培养小学生根据题中具体条件灵活运用不同的数学方法，变换角度解决数学问题，培养小学生可逆性思维能力和可逆性思维品质，培养全面发展的人。

在数学教学中如何培养学生的可逆性思维能力，是教师进行数学教学的关键，2014 年新课改教材在概念的形成、知识的归纳、问题的解决方面提供了良好的条件。但如何运用这些条件营造良好的课堂氛围？教师如何发挥教学的主观能动性？这些都是需要我们深刻反思、实践、研究的。

一、激发兴趣，培养思维的主动性

（一）创设问题情境

问题情境的创设有强大的吸引力，能激发小学生思考，引发小学生的可逆性思维能力，因此教师在教学中应重视问题情境的创设，激发小学生解决问题的好奇心，在轻松愉快的氛围中引导小学生体验解决问题的快乐，提高可逆性思维能力的发展。例如，在小学六年级下册计算圆锥的体积中，在小学生已经学习过圆柱的体积的前提下，教师取底面积、高相同的三个圆锥和一个圆柱的容器，通过观察发现圆柱和圆锥的体积关系，引导小学生进行探讨，激发小学生运用已有知识探求新知识的兴趣，培养了小学生对知识探究的能力和习惯。

（二）培养学生分析问题能力

小学生的新思维是在探究问题开始的，在问题得到解决的过程中，思维得到发展，教师在教学中要注重知识的关联性，培养小学生的迁移意识，教师要从整体到局部进行设计，有层次、有坡度、有设计地进行教学，在新人教版五年级下册，在怎样知道一个长方形的体积是多少的学习中，小学生自己动手操作，用体积为 $1cm^3$ 的小正方体摆成不同的长方体，收集不同长方体的长、宽、高以及小正方体的数量，发现长方体所含体积单位的数量就是长方体的体积。长方体的体积正好等于长×宽×高的体积，教师对此做出肯定。这大大激发了小学生探索的兴趣，调动了小学生主动获取知识和动手操作的能力。

二、转换思维，培养思维的求异性

儿童节目《奇思妙想》有一句口号："不怕做不到，就怕想不到。"多角度，多方面思考问题，使一条路变为两条路，进而扩展成多条路，向各个不同的方向发散。教师要鼓励小学生发表独特的见解，从更广阔的思路思考数学问题，这有利于培养小学生良好数学素质的养成。

（一）加强逆思考训练

1. 举反例训练

以命题的形式出示问题，并判断其是错误的，说出原因，举出一个符合命题的条件。这样的例子就是通常意义下的反例。学生判断命题的对错不仅可以发现易错的知识点，还可以加深记忆。例如，底面积相同的圆柱体的体积是圆锥的三倍，针对这一命题，只要举出高不相同即可判断为错。

2. 加强逆向联想训练

小学生能从当前事物联想到与之相反的其他事物。如：在四年级下册小数的加减中，一个问题为："《数学家的故事》比《童话选》贵多少钱?"小学生反过来想到"《童话选》比《数学家的故事》便宜多少"。经常从这样的已知出发，诱导小学生从另一个角度思考问题，日后小学生思考问题、顺向解决困难时，就会自动反向解决，这能够培养小学生良好的可逆性思维习惯。

（二）正向思维和逆向思维的能力

世界上物体的运动是双向的，数学的思维方式也是双向的，正向思维与逆向思维，归纳与演绎，分析与综合。小学生总是习惯正向思维，逆向思维才会打开新世界的大门。教师在教学中可以通过变换思路，使多种思维相互交叉，防止思维刻板僵化。

（三）运用变式，培养思维广阔性

1. 一题多解

一题多解是开拓小学生可逆性思维的有效方法，让小学生从多个角度考虑问题，通过不同的思维、不同的方法解决问题，能够拓展小学生思维的广阔性，将已有知识与新知识结合，融会贯通。如六年级上册百分数中，有这样一道例题：

学校图书室原有图书1400册，今年图书册数增加了12%，现在图书室有多少册图书？

学生可以有两种以上解决方法：

2. 一题多变

教师通过多种变式进行训练，引导小学生从一道问题引申到一类问题，把特殊性转变为一般性，进而达到举一反三的效果

【例题一】

（1）一根绳子一共100米，第一次用去30%，第二次用去50%，还剩多少米？

（2）一根绳子一共100米，第一次用去30%，第二次用去50米，还剩多少米？

【例题二】

（1）司机师傅一个月要接790名乘客，前三天平均每天接65个，以后计划每天接85个，完成任务还要用多少天？

(2)司机师傅一个月要接790名乘客,前三天平均每天接65个,以后计划每天接85个,完成任务共要用多少天?

在例题一中,(2)比(1)多了个米字,数量关系就发生了变化,在(1)中各个数量关系都是未知的,在后两个问题中,问题的条件没有变化,问题发生了改变,所得结果会有很大变化,这就要求小学生要认真审题,辨别不同类型的题目,增加学生灵活性思维的培养。

3. 一题多问

新课改注重培养小学生的发散性思维,题目总留下开放性题目让小学生进行思考。让小学生根据已给出的条件进行不同角度的思考,进而得到问题的解答,使小学生的思维向不同方面、不同层次发展,促进了其可逆性思维的开发。

例如,在学习倍数的课程中,根据"西瓜有4个,橘子有24个,苹果有8个;桌子有8张,椅子有2把"这些已知条件,培养小学生列出算式、提出问题的能力:

(1)橘子的个数是苹果个数的几倍? 算式为24÷8

(2)橘子的个数是西瓜个数的几倍? 算式为24÷4

(3)苹果的个数是西瓜个数的几倍? 算式为8÷4

(4)桌子的张数是椅子个数的几倍? 算式为8÷2

(5)橘子的个数是西瓜个数的几倍? 算式为24÷4

(6)橘子的个数比西瓜与苹果的个数之和多多少? 算式为24-(8+4)

四、学习迁移,培养思维综合性

(一)构建知识体系教学

小学生每天都在接受新的数学知识,在教材的安排中,知识的教学是具有连续性和承接性的,教师要辩证地、用发展的眼光看待教学,注重前后的联系,尤其是小学生的学习。教师要帮助小学生整理系统的数学知识,构建认知结构,形成一个系统的体系。这样学生能够有效地解决问题。如,小学生已学过的表内乘法会对后面五年级的小数乘法、小数除法以及六年级的分数乘法、分数除法有帮助。小学生明白算理，可以举一反三，更快、更熟练地掌握有关知识。

（二）加强概念对比教学

概念的对比越清楚，越有利于小学生掌握有关知识。小学学生正处于由形象具体思维向抽象逻辑思维转变的过程，教师要注重培养小学生思维的可逆性、去自我中心性、抽象性。他们接触的很多概念彼此之间既有联系，又有区别，小学生会出现听不懂、混淆的情况，不能够明白问题的本质。通过类比、对比，可以使学生明白概念之间的联系和不同，鉴别各自的特色和本质。

小学生在学习一立方厘米（$1cm^3$）、一立方分米（$1dm^3$）、一立方米（$1m^3$）时不能准确地把单位与实际物体的体积相对应，不能很好地了解和掌握有关计量单位的知识，教师应注重理论，联系实际，通过实物直观和模像直观展示，使学生切实感受到不同相邻单位相差 1000 的关系，发现概念本质，进而加深对概念的理解，进行有效教学。

（三）注意动手操作能力

美国教育家研究发现："听，会忘记；看，能记住；做，才能会。"在数学教学中，教师应该给予小学生充分的实验时间和动手操作能力，让每一个小学生参与其中，理解知识的深刻性。

在学习"角的认识"这门课中，小学生通过看一看、量一量、测一测、比一比，发现角有两个顶点、两条边。怎样可以画出一个角，画出一个直角？通过与直角的对比，学生能够发现小于直角的角是锐角，大于直角的角是钝角。通过小学生自己动手和观察，教师因势利导，使学生熟练掌握本节课的内容，增强小学生对知识理解的深刻性。

五、评价反思，培养思维的自觉性

评价反思是小学数学解决问题的方式之一，是在一节课的末尾处必不可少的环节。评价要求小学生对自己的学习方法进行反思,对解题过程进行总结,检验其正确性、简便性,探究能否把这一方法创造性地应用于其他问题的解决上面,并进行总结、归纳相同的问题。小学生只有学会了评价与反思,才能对自己的学习状况、学习进程进行思考,并在不同的学习环境运用不同的学习策略,提高学习效率和效果,促进了思维的培养。

在教学中最常见的教学方式有三种:他人评价、小组评价、自我评价。这几种评价需要教师有计划、有层次地进行结合运用,促进小学生思维水平的不断提高。

(一)他人评价

他人评价是除自身以外其他人对自己的评价,这里尤指教师对学生的评价。由于小学生的心智发展并不健全,需要教师进行有效指导和正确的示范,恰当指引小学生的行为和学习进程。学生不仅可以事半功倍,还可以深刻理解知识,把知识掌握得很牢靠。

例如,有这样一道数学题:果农家有桃子 3670 个,橘子比桃子少 1320 个,梨的个数是桃子和橘子的总和,那么梨比桃子多多少个?遇见这样的问题,小学生一般会有两种解决方法。第一种解决方法是把橘子和梨的个数分别求出来,再按照题目要求进行解决。这是大部分小学生都会想到的方法,根据已知条件顺向解决问题。第二种解决方法是从题目进行分析,梨的个数是桃子和橘子的总和,梨比桃子多出来的数量就是橘子的个数,求出橘子的个数就能求得问题的结果。虽然两种解法都能得到正确答案,但是第二种方法更能培养学生思维的灵活性,小学生通过审题发现其中关联,分析、探究新方法。教师适时进行鼓励,小学生学习的积极性就会提高,小学生得到启发,思维得到拓展。

(二)小组评价

教师在教学中,根据教学任务安排互异性学生小组学习,通过相互交流、取长补短,每个学生都会得到提高。小学生积极参与到数学学习和探究中,培养了小学生发现他人优缺点并进行评价的能力,在评价他人的同时反思自己,共同提高。

例如,把 4 块月饼平均分给 5 人,每人分得多少?教师可以引导小学生计算 4 ÷5 等于多少,也可以让小学生拿 4 个圆实际分分看。小学生可能有不同的操作方法:

一种方法是,先把圆剪成 5 个块,再把 20 个块平均分给 5 个人,得到每人 4 个块,然后把 4 个块拼在一起,得到结果——每人分得块。

另一种方法是,把 4 个圆摞在一起,平均分成 5 份剪开,再把 4 个块拼在一起,得到每人块。

教师并不发表任何意见,学生自己观察和讨论后发现,两种方法都是对的,通过交流,学生可以深刻掌握该知识点,还能从中得到乐趣。

(三)自我评价

自我评价是小学生进行评价中的主要评价,教师留出时间让小学生自己进行评价,通过正确的指导,形成较客观的评价。学生通过评价进行反思,改善自己的不足。自我评价能够起到提高的作用。

例如,在进行新人教版义务教育课程标准试验教科书“认识小数”片段教学时:

师:通过今天小数的学习,大家都掌握得非常好,下面请同学对今天自己的课堂表现情况打分,1 分为满分。

生 1:0.9 分。

师:很好,请这位学生继续努力。

生 2:0.8 分。

生 3:1 分。

师:非常好,看来这位学生对自己今天的表现非常满意。觉得自己今天很棒的,请用掌声夸夸自己,觉得自己要努力的,也给自己加加油。

学生为自己鼓掌。

教师在课堂中留出适当的时间，让小学生进行自我反馈，通过评价自己在该课程中的表现，激起学生学习的动机，即使是学习动机不强的小学生，通过给自己加油鼓劲，也能够增加学习动机，长此以往，班级整体的学习动机增强，班级的学习气氛浓厚。在老师的鼓励和带动下，小学生愿意学习，乐于学习，只有把学习当成一种兴趣，才会激发学生的好奇心和求知欲，改变自己的学习行为，在不断评价中进步、成长。

小学生是学习的主体，教师是教学的组织者、领导者、研究者，教师要充分考虑学生的接受能力，学习能力，适应学生的身心发展，培养学生思维能力和可逆性思维能力，增加思维的灵活性，培养学生良好的数学学习习惯，不断增强学生探究问题、发现问题、解决问题的能力。

培养学生的自律能力

杨永悦

培养小学生的自律能力是小学教育工作的一个重要任务，下面根据小学低年级学生的特点，谈谈我是如何对学生进行学习习惯培养的。

一、培养学生的晨读习惯

晨读是一天良好的开端。走进班级，学生精神饱满，坐在座位上愉快地进行学习，伴着琅琅的读书声，美好的一天就这样开始了。刚开始时，我们班从星期一到星期五，分别由五个孩子在台上带领同学一起读。不久我发现领读的孩子读得特别认真，可其他孩子有的在聊天，有的在吵闹，有的虽然在跟读，但是眼睛根本没有看书。对于这样的学生，我仔细分析他们的心理，发现他们这么做是因为自控力弱，有时管不住自己。于是我就让我们班的三位班长轮流值周，每天早晨在教室里来回巡视同学们读书情况，对于那些不认真的同学，要进行提醒。这样的学生，需要我们持续关注，表现稍有好转时要及时表扬，以此来激起他坚持下去的信心。而且我还要让全班同学都知道老师让同学来领读是因为领读的同学认真、声音响亮、能代表老师，大家可以把领读的学生定为自己的目标，更可以超越他、替代他。如果你认为自己比领读的同学读得更好，第二天也可以上台来领读。久而久之，学生慢慢适应了这样的早读习惯，也明确了自己读书的目的和任务，将领读的同学作为自己的奋斗目标，自己的学习也就更有了劲头。在培养过程中，我们既要树立好的典型，也要及时批评指正负面典型。

二、培养学生遵守课堂纪律的习惯

要想在短时间内达到理想的教学效果，我们就要将学生分散的注意力集中在一起，从而让学生在有限的时间内尽可能多地掌握知识，因此调控课堂纪律，吸引学生注意成了低年级教学重要的一环。如在训练学生课前静息时，我就把要求和方法编成儿歌来指导学生。儿歌的内容是："上课铃声响，快步进课堂，书本文具摆好，等着老师把课上。"这样把学生由"课下"导入"课上"，使他们全身心地投入到学习中去，并使学生在轻松愉快中养成习惯，唤起注意力。如在训练学生上课发言举手时，首先要告诉学生为什么上课发言要先举手，再进行示范练习，要求人人掌握规范的举手姿势（举右手，五指并拢，略高于头，不要碰撞桌子发出响声）。发言的体态及声音的高低都要强调。班级中上课东张西望、说话、做小动作的学生要特别关注，可以用一个微笑，一个眼神进行提示，或者设计一些简单的问题让他们回答，使他们感受到上课的乐趣。

三、培养学生主动预习的习惯

学生良好学习习惯的养成，首先就要从学会预习入手，教师要引导学生由被动到主动，逐步养成良好的预习习惯。我特别注重培养学生的预习习惯。虽然预习一般是在课外进行的，但是由于学生开始没有掌握预习的方法，所以我就把预习拿到课堂上，在预习课上，就一篇要学的课文带着学生一起预习，教给学生预习的内容和方法，为了方便学生的记忆，我将其概括为"预习五步法"，并编成了"预习三字经"："预习法，要牢记，读课文，圈生字，查字典，划句子，提问题，读圈查划提，预习五步法。"等到学生基本掌握预习方法之后，就可以让学生回家预习。

四、培养学生阅读的习惯

二年级学生识字量较少，积累的词汇不足，缺乏语感，语言表达往往不够规范，这些状况只有依靠大量的阅读来改变。平时，我有意识地向学生讲一些名人热爱读书的故事。在学习中，及时表扬班里喜爱阅读、作业进步较大的同学，请他们谈谈课外阅读的收获，以激发学生对课外阅读的兴趣。当学生兴趣被激发后，我就有选择性地向学生推荐与教学内容相关、与学生年龄特点适宜的书籍，这样既开阔了学生的视野，又巩固了学生在课堂上学习到的知识，使学生在读书的过程中做到不动笔墨不读书，养成边读边想、圈点勾画、写体会等良好的阅读习惯。我还让学生设计手抄报，让学生在阅读课外书的时候，将自己感兴趣的词语、句子、古诗、文章摘抄下来，并进行装饰，设计成一张整洁、美观、有创意的手抄报，展示给同学们看，并把设计好的手抄报粘贴在教室里。另外，我还开展讲故事、赛诗会等活动，这不但检验了学生读书的效果，还让学生在交流中分享阅读的乐趣，进而提高他们阅读的兴趣。

五、培养学生自我反思的习惯

每周班会课时，我都会给学生留点时间，让他们对这一周的学习进行自我反思，有哪些地方做得好，哪些地方做得不好。刚开始时，孩子们有些顾虑：我要是把自己的缺点说出来，同学们会不会笑话我呢？老师会不会批评我呢？当有个别孩子大胆地说出自己的优缺点及以后改正的方法时，我就对这些孩子加以表扬，并告诉孩子们，我们不怕犯错误，怕的是有错误不改正。我又列举告诉孩子们，中国伟大的思想家孔子说过的一句名言：“吾日三省吾身。”就是说人要每天不断反省自己，检查自己行为中的不足，及时反思自己失误的原因，这样才能不断地完善自我。这时孩子们就能大胆地举起手来，勇敢地说：“老师，这周上课时我和同学说了悄悄话……”“老师，我的字写得不漂亮……”有一名男生是我们班出了名的“拖拉大王”，吃饭是最后一个吃完，每天布置的学习任务没有一次能按时完成的。针对这一情况，我单独找他谈话，也告知家长与学校配合一起管理，但他就是改不了。他看见其他孩子说得津津有味，他也大胆地站起来说出自己的不足，并下定决心改掉做事拖拉的坏习惯。第二天，他果然及时地完成了作业。我在全班同学的面前表扬了他，并奖励他为“进步之星”。平时接受批评的他，这次居然得到了大家的认可，从此以后，他再也没有出现作业不按时完成的情况了。学生自我反省和自我管理的意识提高了,由被动地接受家长和教师管理变为主动的认识和改正,这种状况有利于学生的健康成长。

六、培养学生的学习竞争意识

根据小学生好胜心强、喜欢竞争的特点,我采用"夺红旗"的方式去激发他们的学习热情,促使他们全身心地投入到学习之中。"夺红旗"一个月评一次,每月评出前五位"学习之星",给予他们一定的奖品。如:能认真听课,积极回答问题加一面红旗;能按时按质完成作业加一面红旗;听写全对加一面红旗,等等。我们班的小昱在日记中这样写道:"今天老师又给我们听写了,我错了两个生字,我的同桌得了一百分,老师又给他加了一面红旗,我好羡慕他呀!我以后一定向他学习,争取得到更多的红旗。"这样自然地激发了学生的学习的积极性。

良好的开端是成功的一半。良好学习习惯的培养是教学的重要内容,是教师教学实践的有机组成部分。小学生可塑性大,从小培养他们养成良好的学习习惯,对他们当前的学习和今后的发展都具有重要意义,但是良好的习惯绝不是短期内就能养成的,只有坚持要求、训练严格、耐心诱导、及时指点、反复强化、持之以恒,小学生的良好学习习惯才能得到形成和巩固。

培养学生的习惯养成

■ 周鸣宇

行为形成习惯，习惯决定品质，品质决定命运。“少成若天性，习惯成自然。”从小养成良好习惯，优良素质便犹如天性一样坚不可摧。成功教育从习惯养成开始，教育的核心不只是传授知识，而是学会做人。一个人养成良好的习惯，一辈子都用不完它的利息；养成一种坏习惯，一辈子都偿还不清它的债务。蔡元培先生曾说过：“教育者，养成人格之事业也”。叶圣陶先生则说：“教育是什么？往简单方面说，只是一句话，就是要养成良好习惯。”著名哲学家罗索曾经说过：“人生幸福在于良好习惯的养成。”教育的核心是培养人的健康人格，而培养健康人格应从培养良好的行为习惯入手。小学生是养成行为习惯的关键时期。对于学生来说，好的学习习惯可以充分挖掘其非智力因素，促进其成才；好的生活习惯能培养其自理能力；好的品德习惯可以使学生成为“好孩子”。“培养学生良好的行为习惯”是小学德育重要内容之一，是形成道德人格的基础。我们在教育实践中，要以多种有效的方式来帮助小学生养成良好的行为习惯。从细节抓起，从现在做起，扎实有效地进行学生良好习惯的养成。

一、什么是养成教育

养成教育就是培养学生良好行为习惯的教育。养成教育既包括正确行为的指导，也包括良好习惯的训练，以及语言习惯、思维习惯的培养。习惯是养成教育的产物，它往往源于看似不经意的小事，却蕴含着足以改变人类命运的巨大能量。

二、为什么要注重小学生的养成教育

小学是儿童养成良好品德行为习惯的时期,是促进形成道德人格的基础。教育学生六年,会使学生受益六十年,我们要从小培养学生良好的道德品质,教孩子学会做人,使其终身受益。

三、案例分析

(一)案例描述

小欧,10 岁,男,小学四年级学生。父母离异,对其轮流监护,父母文化水平中等,家庭经济收入一般。小欧的主要表现:经常不交作业或不按时交作业,甚至不做作业;谎称作业落在家里忘带了;课堂作业拖拉,十次中有九次来不及完成;课桌和书包杂乱无章;书和本子"蓬头垢面";课上有说话、做小动作等行为;课下经常与同学发生冲突。

(二)情况分析

造成这种情况的原因主要是小欧在学习上和思想上得不到实质性的帮助。他的自我约束能力差,常容易把作业放错地方,把铅笔和其他学习用品丢弃,在家里和学校都不能有条不紊地学习。再加上其父母工作忙,和他缺乏沟通,对他的关爱非常少。小欧放学回家后,就独自待在家里,有时父母回家后看见他在玩,或未完成作业,并未给予实质性的帮助,而是不停地指责。有时父母因为工作不顺,心情不好,会对小欧大声责骂。在周围环境的影响下,小欧看见别的孩子在周末的时候有爸爸妈妈带着玩,而自己却一个人,从而产生孤独感、自卑感。

(三)解决方法

让孩子加入一个学习小组,家长和学习小组成员可以提醒孩子做作业,在他需要时可以给他帮助,还可以按照交作业的及时程度给予鼓励。

使用积极而及时的强化,定一个书面协议来规定具体的做法,也可以书写简短的便条，概括孩子在学校一天的表现和学习情况。

在家里规定一个固定位置做作业，并把学习用品摆放好。要求父母平时多关心他，多与他交谈，多鼓励他，让他说一说学校里的事。父母要认真聆听孩子的心声。我与小欧的父母谈了小欧在家的感受，也谈了他们平时责骂对他的伤害，还与他们谈了儿童心理特征——渴望受到尊重。父母对小孩的批评要有理有据，否则孩子极容易自暴自弃或形成不健康的心理。通过家访，我们得到了孩子父母的积极配合。

四、养成教育的途径

（一）家、校、社会合力育人

家庭是人的第一个社会生活环境，是人们接受教育、德育最长久的场所。家庭德育是一个人接受品德教育的开端，它可为个体人的个性和品德发展奠定必要的基础。学校的德育必须要以家庭教育为依托，让家庭德育成为学校德育的助手与补充。我们都见过这样的情况，一个在学校规规矩矩的好学生，回到家却变得有些蛮不讲理，听不得别人的意见与教育。我们也见过这样的现象：学校要求的某些行为被孩子认为是在学校才能做的事情，而离开了学校这一要求就不存在了。所以，出现了手拿红领巾上学、出校门随手扔废纸的情况，这都是由于家庭德育与学校德育的脱节造成的。因此，我们要想使养成教育取得良好的效果，就要多方面、多渠道地将学校教育与家庭教育结合起来，通过开办家长学校，每学年使家长至少上两次家教培训课，共同研讨教育子女的方法，提高家长的教育理念。这样一方面能够提高家长对于学生养成教育重要性的认识，另一方面使家庭教育和学校教育具有一致性，形成合力，为学生养成良好的行为习惯打好基础。

学校是养成教育的主阵地。作为教师，应加强身教，给学生树立一个良好的学习榜样。教师一直是学生心目中最完美的人，小学生会有意识地将教师的一言一行作为自己模仿的内容，教师能够对学生进行潜移默化的影响。因此，教师不但要用真心去激励学生，而且要用自身的人格魅力去影响学生，让学生在学校的学习和生活中不断地受到熏陶和教育。

同时，我们还要与社会各个部门建立联系，及时反映学生在社会上的各种表现，结合学校行为规范的教育内容开展社区教育，发挥社会组织的作用，聘请校外辅导员到校进行法制教育，提高学生的法制意识，规范学生的行为。

（二）榜样激励

每一个成长中的孩子，都需要一个好的榜样。好的榜样对孩子的影响力是很强的，会成为他们前进的目标和动力之源。孩子以什么样的人为榜样，他也可能成为什么样的人。当他们以英雄人物、科学家等为榜样，就可能找到动力和方向，成为有用的人。

父母是孩子最近的榜样，父母首先要“正己”，想方设法从各个方面为孩子做出表率来。除了父母外，教师的影响也很重要。榜样的力量是无穷的，小学生模仿性强，为学生树立榜样，是行为规范训练的有效形式。根据这一特点，我们要经常给学生讲名人名家的故事。教师要率先垂范，要求学生做到的，教师自己首先要做到。在平时的教学、生活中，教师要以庄重大方、和蔼可亲的形象和彬彬有礼的语言给学生做出示范。孩子身边的伙伴，哪怕他身上有一点值得学习的地方，比如学习特别认真、特别守时、很有礼貌、遵守交通规则等，那他就是值得孩子学习的榜样。

（三）体验式教育

针对小学生活泼好动的特点，开展丰富多彩的活动，是培养学生良好行为习惯的重要方法之一。学校有计划地利用节日开展教育活动，在丰富多彩的活动中促进学生良好的道德行为习惯的养成。如在敬老日，同学们组成小组到敬老院为老人洗衣服、擦玻璃、收拾房间，在教师节开展尊师活动，在植树节开展植树活动。这些活动学生都很感兴趣，利于入脑、入耳，起到了很好的教育作用。

“在孩子的心灵播种理想,就会收获行为;播种行为,就会收获习惯;播种习惯,就会收获品德;播种品德,就会收获命运。”小学阶段是孩子生理、心理急剧变化的重要时期,是其增长知识、接受良好道德品质和行为习惯养成教育的最佳时期。我们要根据小学生的年龄特点,在培养他们形成良好的道德品质的同时,注重培养小学生的良好行为习惯。

培养学生快乐学习的能力

路丽阳

音乐可以陶冶人的性情和修养，启迪智慧。孩子喜欢音乐，是因为可以唱唱跳跳，在他们唱跳的同时，能够得到很多快乐；青少年喜欢音乐，是因为他们日渐成熟，在学习之余能够在音乐的世界中放松下来；成人喜欢音乐的理由就更多了。大家不难发现，无论是谁，无论处于哪个年龄阶段，音乐都能给大家带来快乐。音符是生命的音符，每个跳动的音符虽小，但他们的力量无限，随着音符的跳跃，人们的心也为之跳动。

小学阶段是儿童最初的过渡期，也是较为复杂的阶段。随着时代快速发展，今天的孩子越来越早熟，可他们从心理学上来看仍旧还是个孩子。现在的小学生对于音乐的学习力比以往要强很多，由于网络的发达，他们能够接触到各种各样的音乐，但由于年龄较小，还未形成对音乐的欣赏能力和理解能力，对深层次的音乐知识学习不足。对于教师的教学，有时会有抵触情绪，因为他们所感受的音乐仅仅停留在表象的快乐上。可是，音乐的学习是多方位的，不能仅停留在唱唱跳跳上，音乐教育要从小开始，而音乐素养的提高需要音乐知识的积累和深度挖掘。我们要让孩子不仅能从欣赏音乐中感受到快乐，而且能够学会如何运用所学到的知识去感受音乐、理解音乐、评价音乐，甚至是创作音乐。唱好歌的前提也是需要学生有音乐知识的积淀。教学让我形成了自己的特色和理念，我的理念是让学生“痛并快乐”地学习音乐。只要是学习，就不可能总是快乐,因为要想进步,就必须攻克一道又一道的难关。而令我高兴的是,现在我的学生们明白学习音乐是要下功夫的事情,能够自觉自愿地去学习,并不觉得痛苦。

我的经验是:让孩子们首先明白音乐学习的重要性,然后针对每个难点寻找利于他们接受多方面音乐知识的各种教学方法,最后一步让他们体会到收获的快乐。久而久之,他们学习音乐知识的劲头会越来越足,攻克难点充满了挑战。音乐课中有很多歌曲,我会通过每一首歌曲的学习,深挖教材,延伸出很多课外的知识,找出学生们的兴趣点,激发他们学习的热情。

例如:五年级上学期,有一节演唱课,教授歌曲《丰收的节日》。这是一首新疆塔塔尔族的民歌合唱曲,2/4 拍中运用了大量的十六分音符,整体速度非常快,学生演唱起来就比较难。第一课时我先不进行过多的演唱,而是让同学先看几段男女配合的新疆民族歌舞,引起孩子们的兴趣以后,我再让大家从慢到快地感受节奏(例如读出或拍出节奏),再加上几个舞蹈动作(例如动脖、遮眉、托帽等),让他们在舞蹈中自然地找到歌曲的速度;然后再加入齐唱部分,铺垫下一课时的合唱。第二课时中的合唱训练更是难点,这个难点依然借着舞蹈延续,新疆歌舞大部分都是由男女搭配的形式来完成表演,塔塔尔族也不例外,女生的演绎犹如一声部的旋律,明亮、悠扬、有曲线,而男生就是二声部,仿佛是舞蹈动作中的跪转,飒爽灵活,顿挫有力度。如下谱:

经过这样一番讲授,同学们就能很好地理解,我把同学们分成一、二声部,女生温婉自信的动作配合上高音的绚丽,男生的俏皮且刚强的动作则配合低声部的结实,这样,孩子们带着兴趣和快乐重复几遍,就将难点解决了。这样最大的好处就是大家因为情趣使然,不仅仅掌握了自己的声部,还主动地轻而易举地学会了两个声部。就这样,大家又在快乐中背唱下了一首歌曲。我认为,老师与众不同的教学方法才是让孩子掌握和攻克所有音乐中难点的指明灯。教师不用告诉学生必须要去学什么,而应在不经意中让学生掌握所谓的难点。

小学低年级学生活泼好动，对音乐的感受通常会通过“摇头晃脑”来表达。由于孩子年龄比较小，完整一节课是很难坐住的，对音乐的理解也比较浅显，所以我在“唱游”这种教学模式中悟出了一种更能吸引学生、能让孩子在快乐中学好演唱课、完整背唱出歌曲的模式——表演唱，这种表演唱不是单纯意义上的随便表演动作，而是动作编排贴近歌词，并且加入少儿舞蹈动作，让学生在丰富的肢体语言中感知歌曲、感知音乐、感知艺术，从而更好地培养学生对音乐的浓厚兴趣。比如：教授一年级下学期的歌曲《数鸭子》时，我会先将整首歌曲的表演动作故事性地排出来，表演给孩子看，这样他们就具有画面感，知道歌词唱了什么，不但学会了表演也能够准确地背唱出歌曲。再比如，低年级孩子在音乐符号的认知上有技巧，例如反复记号，我会告诉学生，反复记号就是“两个小孩儿在山谷的两边喊话，两条小节线就像是张着的嘴巴，而那两个点儿，就是圆圆的眼睛，在山上喊话是有回音的，所以唱完一遍还要再唱一遍”。这样学生就可以更好地记忆了。我希望在循序渐进的教学中，让孩子们都找到自己的定位。孩子们的能力是不可估量的，只要用对了方法，他们就会自觉自愿地学习，即便在学习音乐知识时，他们也一样不会感到枯燥乏味。我在教学中加入自己设计的歌唱与表演的方式后，孩子们越发快乐地学习音乐，就连不喜欢音乐的孩子也产生了不同程度的学习音乐的欲望，这是我作为教师最大的收获。孩子学音乐知识就觉得枯燥，遇到难点就产生退意，我们要看教师是否为他们努力创设了良好的学习方式，这就需要教师不停地去悉心钻研教学，形成真正对孩子好的教学理念，这样的音乐课堂不怕孩子不喜欢，不怕孩子没有兴趣。

下面针对在演唱教学中的演唱方法，谈谈自己总结的教学观点。我是在音乐中长大的孩子，我在音乐学习道路上领悟到了很多演唱的方法和经验，我希望能将自己的经验分享给我所教的每一个孩子，让学生避免走自己之前走过的弯路。对于小学生来说，他们基本还未变声，或者是处于变声的初级阶段，声带对于他们来说需要更多的保护。如果在平时的课堂或者社团训练中，教师一味让孩子用力唱，那么在他变声的过程中会出现很多问题，甚至导致变声后他的演唱进入一个瓶颈。每个人最初的学习都将会成为他最深刻的记忆，我采用了轻唱高位置的演唱方法。每个专业学过音乐的人都知道，音乐发声的位置是很重要的，气息和肌肉的训练都是经过长时间的锻炼慢慢形成的，发声位置是最大的难题，位置不好挥直接导致用嗓太多，声带就会很快疲劳，对于孩子来说更是如此，因为孩子的各方面肌体还未成型，教师如果让他大声唱出来，对于童声阶段，他一定会更多地用到嗓音，尤其是高音处。在我接触到的西方童声演唱中，他们更多地关注高位置，没有太多又白又亮的音响效果，歌声是轻柔婉转的，这在孩子们的成长中，起到了非常重要的作用，也为其后面的音乐学习打下了良好的基础。我希望我教过的孩子即使不当歌唱家，也都能明白怎样唱歌才是动听的，更加懂得如何保护自己的声带。孩子们自己唱得好听了，掌握了美好的旋律，他们才会越发有信心，更加喜欢音乐，喜欢音乐课。

当然，要想让学生更加自愿地学习，一定还离不开他们对老师的喜爱与信任。教师对每个孩子的爱的付出，一定会得到回报，每个孩子都会感受到教师的强大的爱，也一定会回馈更多的爱。从这点来说，孩子们带给我的快乐远比我给他们的要多，我很骄傲，也深感幸福。

开展多彩假日小队活动，点亮红领巾假日生活

李　悦

少先队教育作为学校教育不可替代的一部分，在少年儿童的成长过程中起着十分重要的引导和教育作用。少先队教育具有其特殊性，它不仅仅可以体现在在校时段，还可以延伸至队员们的课余时间。于是，“红领巾假日活动”便应运而生。在这其中，少先队小队作为最基层的少先队组织，开展假日小队活动，由于其人员精简，机动灵活，便于操作，实践感强，受到越来越多的中队辅导员和队员们的喜爱。

开展红领巾假日小队活动有助于使少先队员增长见识，开阔视野；有助于提高少先队员的创造力和执行力；有助于提高少先队员的人际交往能力和团队协作精神；有助于少先队员了解社会、适应社会、服务社会。从宏观上讲，红领巾假日小队活动在增强了队员的学习和实践能力之外，对其认识社会、学会交往、增强社会责任感等有着很大的提升。

那么，如何开展好红领巾假日小队活动？

一、充分挖掘教育资源，结合队员实际情况设计活动“菜单”，有效生成教育成果

中队辅导员要擅于充分挖掘节假日、纪念日中的教育素材与教育契机，将教育主题融入红领巾假日小队的活动中去。中国传统节日有很多，如春节、元

宵节、清明节、端午节、中秋节、重阳节等，还有各种纪念节日，如学雷锋纪念日、世界地球日、世界读书日等，以及国际性的节日，如国际儿童节、国际劳动节、国际妇女节等。利用这些节假日开展丰富多彩的假日小队活动，既可以充实队员的生活，又能使队员受到教育。辅导员要将这些节日和纪念日与队员的实际生活相结合，设计符合队员年龄特点和实际情况的“活动菜单”。例如天津市南开区宜宾里小学五(一)中队的“雏鹰小队”在3月5日学雷锋纪念日的活动中，开展了“学雷锋日记”活动。“雏鹰小队”将三月定为小队的学雷锋活动月，利用假日时间，将队员们聚集在一起，在城市主干道、社区、养老院、福利院等地开展多种多样的学雷锋活动。如：在公交车站引导市民文明排队，有序礼让；摆放共享单车，美化城市环境；为养老院义务服务，为爷爷奶奶带去欢声笑语；为自闭症儿童讲故事，暖心爱护这些“星星的孩子”……活动结束后，队员们分工明确，有的记录学雷锋的点滴心得，有的画插画，进行版式设计，齐心协力，共同完成“学雷锋日记”的绘制。“学雷锋日记”这一红领巾假日小队活动被五(一)中队延续了下去，队员们每周都会开展“学雷锋日记”这一活动，以自己的一己之力为社会带去志愿奉献的温暖，为城市的文明增添一抹绚丽的色彩，同时，自己也收获了志愿奉献的快乐。

在我们的生活中，还有很多可以挖掘教育资源的教育契机，只要我们用心发现，精心设计，周密组织，每一项红领巾假日小队活动都会给队员们带来不同的教育成效。下附天津市南开区宜宾里小学某中队辅导员为三年级的队员们设计的以中国传统节日为主线的“我们的节日”主题活动菜单以及实施活动方案，仅供辅导员老师们参考。

“我们的节日”主题活动菜单及实施活动方案一览表

中国传统节日	红领巾假日小队活动菜单	具体活动内容
春节	探寻津城的年味儿	自制春联、“吊钱”，利用装饰增强家中的“年味儿”；学做传统美食，如饺子等
元宵节	元宵佳节话团圆	自创灯谜，有奖竞猜；尝试自己“包元宵”
清明节	我用白花祭英烈	参观烈士陵园，为英雄献上自己亲手制作的白花；通过网络参观其他地区的烈士陵园，学习英烈精神，争做新时代好少年
端午节	探寻端午节日之源	揭秘“端午习俗”；端午诗文共赏析
中秋节	探寻中秋来历，共享月圆时光	古诗词“话团圆”；探寻月球上的“玉兔”与“嫦娥”
重阳节	我是孝老爱亲的“红领巾”	给爷爷奶奶“放一天假”；学习按摩手艺，为家中老人按摩；走进敬老院，为那里的爷爷奶奶们带去欢乐

二、设计任务型活动，在长期的探究和观察中使队员在活动中收获，在收获中成长

红领巾假日小队活动主要靠队员们自己策划安排，小队活动一般情况下可没有中队辅导员参加，但可以自行聘请志愿辅导员指导活动。因此，中队辅导员老师要提前安排好活动的内容和方式。由于队员们的年龄特点，6 至 14 岁这一年龄段的孩子喜欢探究、探索自己未知的世界与领域，但由于这个年龄阶段的孩子喜欢新奇与挑战，因此设计长期的探究与观察活动特别有助于培养队员们的持久性与观察力。比如：主题为“忙碌的傍晚”的活动，让队员们观察并记录傍晚时人们的行踪，如结束了一天的工作去菜市场买菜的父母；忙着吆喝叫卖的水果商贩；维持交通的交警叔叔……请大家看一看，记一记，并想一想，自

己从中收获了什么。在忙碌的傍晚，有人忙碌是为自己的小家，有人忙碌是为了国家这个大家，每一个人都很充实，这便构成了我们的城市，我们的世界，看似忙碌的所有人，也在忙碌中体会着生活、工作带给我们的幸福与快乐。再如，在国际妇女节时开展感恩“护蛋”行动，同学们带着一颗生鸡蛋生活一天，做鸡蛋的“妈妈”。一天下来，有的同学的鸡蛋完好无损，有的同学虽然一整天都小心翼翼，但却不小心将蛋壳弄碎……在这样生动的“护蛋”活动中，队员们感受着母爱，体会着母亲的辛苦和对孩子的爱，活动结束后，队员们感慨万分。这种“润物细无声”的假日活动，可以带给队员一种“无声”的教育与影响。除了这些，我们还可以设计如观察昆虫、种植蒜苗等动植物观察活动，生成观察日记，在红领巾假日小队活动中使队员学习动植物生长规律，感受大自然中生物成长的美好。

三、开展假日小队活动交流会，吸取借鉴经验，分享活动成果

为了使红领巾假日小队活动更加生动、有效地开展，中队辅导员老师要及时了解和掌握各小队的活动情况，并定期组织假日小队活动经验分享与交流。交流分享可采用队长个人总结、队员集体汇报、照片视频展示等交流形式和途径，在交流的过程中达到取长补短、吸收借鉴等活动效果，以更好地开展接下来的假日小队活动。

在设计和布置假日小队活动时，中队辅导员老师需要注意以下细节：

（一）制定活动计划，做好活动预设

为保证假日小队活动开展得好，在活动前，辅导员老师要引导队员们分配小队，制定好活动计划。要帮助队员们聚焦少先队主责主业，策划好活动主线，凸显少先队的政治属性，增强少先队员的光荣感和归属感。在制定计划的过程中，要发挥每一位队员的积极性和特长，引导队员们共同制定可行的计划。制定计划期间要将问题想得全面一些，比如：活动时间问题，既不可以活动举行得太密集，又要保证活动的连贯性，让队员们时刻感受少先队组织的存在。

（二）合理分配队员，保证活动时长

在队员分配的时候要考虑到照顾居住相近和爱好相同的队员，将志同道合的伙伴加入到同一个红领巾假日小队中去。另外，要充分考虑到队员的性格、年龄以及队员所擅长的任务类型等因素，最大限度地发挥队员的优势与特长，使得活动更加充分地起到教育作用。此外，要注意保证活动时长，假日小队的活动时长应符合队员的实际年龄，如年龄较小的队员活动时长就不宜过长；室外活动的时长应结合天气等因素适当调整。

（三）选好活动地点，做好安全保障

红领巾假日小队的活动选取地点要距离队员们的居住环境近一些。活动地点不宜太远，否则会造成队员参与活动不便，活动中存在安全隐患。每一项活动要有负责的小队长以及负责安全的家长，在活动的过程中要保证安全，这样才能保证小队活动的顺利开展和进行。

红领巾假日小队活动以其丰富多彩、生动活泼的形式吸引着队员们的积极参与，其可以使队员在活动中充分体现实践教育的成果，展现自我，发扬民主，在活动中培养队员们的合作精神，使队员们学会学习、学会生活、学会交往、走进社会、了解社会，进而适应社会，通过辅导员的精心设计与布置，通过队员们的自主参与，将红领巾假日小队活动中的少先队教育完成得更加出色，使红领巾假日小队活动真正做到丰富队员课余生活、提高队员的学习生活能力。

后记

Hou Ji

今天，手捧着带着浓浓印墨雅香的《传统文化视角下的小学思政教育创新》一书，心情激动，思绪万千，老师们辛勤的汗水，终有了回报。

几年来，我和老师们凭借对学生思政教育工作的关注，选择了以“经典浸润人生”为题的教育研究，开始对思政教育进行追求与探索。我们在研究的路上踏出了一串串的脚印，这个历程有艰辛，有快乐，更有着种种的收获和感悟。每每到一个新阶段时，看到教育研究成果的不断完善成熟，我的内心都会充满感动，体味着小小的成就感和无限的幸福。这本书就是我们探究的成果，是我们耕耘的收获。在此，我们要感谢一路上支持帮助的专家老师们，他们的无私指导，成就了我们的成功。本书在编辑中倾注了大家的智慧、辛劳与汗水，参加编写的人员有：刘红、李虹燕、杨莹、董佑琪、郭静、董静、雷莹、牛会青、靳伟、周鸣宇、何淼、陈静、田方彦、吴佳忆、杨永悦、白洋、王鑫、刘伟英、张楠、杨丽华、刘晨、路丽阳、杨波、曹剑、沈晓旭、闫靳羽、李悦等，大家辛苦了，衷心感谢！无数的指导，无私的帮助和无穷的力量，时刻温暖着我们的心，激励我们更加努力，一路前行！

由于水平和能力有限，书中肯定存在不妥之处，敬请读者指正。真诚希望得到大家的帮助和指导，谢谢大家！

刘　红

2021 年 6 月